Mir reicht's!

ELIZABETH GUMMESSON

Mir reicht's!

So befreist du dich aus Perfektionismus und Burnout

Aus dem Schwedischen von Kerstin Schöps

Titel der schwedischen Originalausgabe:
Good enough. Bli fri från din perfektionism
© Elizabeth Gummesson 2009 by Agreement with Grand Agency

Zitat S. 185/186: Marianne Williamson, Rückkehr zur Liebe. Harmonie, Lebenssinn
und Glück durch »Ein Kurs in Wundern«, © 1993 Wilhelm Goldmann Verlag, München,
in der Verlagsgruppe Random House GmbH. Übersetzung: Susanne Kahn-Ackermann

Dieses Buch ist auch als E-Book erhältlich.
ISBN 978-3-407-22472-9

Wichtiger Hinweis:
Die im Buch veröffentlichten Ratschläge wurden mit größter Sorgfalt
und nach bestem Wissen von der Autorin erarbeitet und geprüft. Eine
Garantie kann jedoch weder vom Verlag noch von der Verfasserin übernommen werden. Die Haftung der Autorin bzw. des Verlages und seiner
Beauftragten für Personen-, Sach- oder Vermögensschäden ist ausge-
schlossen. Wenn Sie sich unsicher sind, sprechen Sie mit Ihrem Arzt
oder Therapeuten.

www.beltz.de

Alle Rechte der deutschsprachigen Ausgabe
© 2012 Beltz Verlag, Weinheim und Basel
Umschlaggestaltung: www.anjagrimmgestaltung.de,
Stephan Engelke (Beratung)
Umschlagabbildungen: © Elizabeth Gummesson;
Foto: Elisabeth Ohlson Wallin
Satz und Herstellung: Nancy Püschel
Druck und Bindung: Beltz Druckpartner GmbH & Co. KG, Hemsbach
Printed in Germany

ISBN 978-3-407-85944-0

2 3 4 5   16 15 14 13

Inhalt

Einleitung

Dieses Buch will nicht sagen, dass es falsch ist, nach Perfektion zu streben. Oder dass nichts perfekt sein soll.

Es beschäftigt sich vielmehr mit dem positiven und dem negativen Perfektionismus und wird dir helfen, deinen Perfektionismus dann zu aktivieren, wenn du ihn wirklich benötigst, statt ihn immer und überall wie eine Schlinge um den Hals mit dir herumzutragen.

Ich schreibe darüber, wie du mit deinem Perfektionismus umgehen kannst. Wie du lernen kannst, mit *gut genug* zufrieden zu sein, um ein harmonischeres Leben zu führen: mit mehr Gefühl, größerer Anwesenheit im Hier und Jetzt, mehr Genuss und weniger Leistungsdruck.

Ich selbst habe diese lange Reise schon hinter mir, habe dieses »perfektionistische« Leben geführt und an allen Haltestellen einen Stopp eingelegt. Ich weiß genau, wovon ich spreche, und bin seit vielen Jahren davon geheilt und frisch und frei. Ich bin gut genug!

Jetzt helfe ich anderen auf diesem Weg. In meiner Tätigkeit als Coach, Dozentin, Trainerin für Führungskräfte und Moderatorin begegnen mir eine Menge Perfektionisten, die zu meinem großen Glück bereit sind, meine Hilfe anzunehmen. Sie alle können lernen, sich von ihren Anforderungen an sich selbst zu verabschieden, ihren Ehrgeiz zu dämpfen und richtig gut zu sein, wenn es darauf ankommt.

Im Kopf eines Perfektionisten ist der Teufel los, genau genommen im ganzen Körper. Um in diesem Durcheinander aus Grübeleien, Angst und Unruhe ein bisschen für Ordnung zu sorgen, findet sich im Buch eine ganze Menge interessanter

Aufgaben. Besorge dir ein Notizbuch und schreibe deine Gedanken auf, dann wirst du den größtmöglichen Gewinn aus diesen Übungen ziehen.

Denn eines weiß ich ganz sicher: Wenn du trainierst, mehr im Hier und Jetzt zu leben, was Perfektionisten in der Regel große Schwierigkeiten bereitet, dann wirst du eine Menge neuer Erkenntnisse gewinnen, wirst in der Lage sein, über die großen und die kleinen Dinge zu reflektieren, und wirst viel über dich und andere lernen. Du wirst neue Zusammenhänge, Verhaltensmuster und Denkschemata erkennen und ein größeres Bewusstsein für deine Person entwickeln sowie dir und anderen neugieriger begegnen.

Alle Personen in diesem Buch werden nur mit ihrem Vornamen genannt und heißen in Wirklichkeit ganz anders.

Und jetzt wünsche ich dir viel Vergnügen bei der Lektüre.
Herzlich Willkommen!

Entstanden ist das Buch im Herbst 2008 und geschrieben wurde es in Sharm El Sheik in Ägypten, an der Algarveküste in Portugal sowie im Stockholmer Stadtteil Södermalm.

Elizabeth Gummesson

Perfektionismus

Atme. Lass los. Und denk dran: Dieser Moment ist der einzige, der dir wirklich sicher ist.

Oprah Winfrey, amerikanische Talkshow-Moderatorin

Wenn die Welt perfekt wäre, dann gäbe es sie nicht.

Yogi Berra, amerikanischer Baseballspieler

Was ist Perfektionismus?

- Der Glaube, dass nichts, was du tust, von Wert ist. Dass es niemals gut genug ist und deinen und den Erwartungen der anderen nie genügen kann.
- Das Streben danach, immer der/die Beste zu sein, immer deiner Idealvorstellung zu entsprechen, immer zu gewinnen. Wenn dir der erste Platz nicht sicher ist, lohnt sich für dich noch nicht einmal der Versuch.
- Eine große Angst vor dem Versagen – denn Versagen ist nicht etwa ein singuläres, persönliches Ereignis, sondern der Beweis für deine Nichtigkeit als Mensch. Versagen ist inakzeptabel, es ist nur etwas für Verlierer.
- In allen Bereichen deines Lebens musst du immer perfekt sein.
- Eine Konzentration auf die Leistung statt auf den Menschen. Jede deiner Handlungen ist für dich unmittelbar an deine Person gekoppelt – du bist die Summe deiner Leistungen und nicht deiner Persönlichkeit. Das bedeutet, dass du deinen Wert anhand deiner Leistungen bemisst.

Das Wort Perfektion kommt aus dem Lateinischen und steht für Vollkommenheit oder Vollendung. In den Lexika wird es beschrieben als Ausdruck für eine übertriebene Gewissenhaftigkeit bei der Arbeit, Hygiene, Kleidung und anderem.

Ein Perfektionist ist laut Definition ein Mensch, der alles in seinem Leben und in seinem Umfeld perfekt haben will, der weder Unzulänglichkeiten noch Versagen akzeptiert und vor allem in seinen eigenen Handlungen keinen Fehler duldet.

Er akzeptiert überhaupt keine Fehler. Unter keinen Umständen. Niemals.

Aber das ist vollkommen unmöglich, das sagt uns der gesunde Menschenverstand. Es gibt keinen Menschen auf der Welt, der in allen Lebensbereichen die ganze Zeit alles perfekt macht – Job, Familie, Verwandtschaft, Liebe, Freundschaften, Finanzen, Freizeit, Persönlichkeitsentwicklung, Aussehen, Körper, Gesundheit. Immer perfekt, ohne Unterbrechung: ohne mal weniger zu machen, Fehler zu begehen, eine Sache halbherzig zu erledigen, nur 70 Prozent zu geben, unvollkommen zu sein.

Diesen Menschen gibt es nicht. Und das ist ein großes Glück!

Ist es immer falsch, perfekt sein zu wollen?

Soll man also niemals nach einem perfekten Resultat streben? Ist der Anspruch, sein Bestes geben zu wollen, sein Äußerstes zu versuchen, einen zusätzlichen Aufwand zu betreiben, um sein Ziel zu erreichen, denn immer falsch? Ist Perfektion per definitionem verwerflich?

Absolut nicht.

Denn wer von uns will von einem Neurochirurgen operiert werden, der von seiner sonst hervorragenden Leistung abweicht? Der zwar sein Bestes, aber nicht sein Äußerstes gegeben hat, um deine OP erfolgreich durchzuführen?

Du würdest auch keine Reise bei einem Veranstalter buchen, dessen Ziel lediglich ist, dass die Kunden einen mittelmäßig guten Aufenthalt haben. Oder würdest du einen Gutachter für Wasserschäden und Baufehler bestellen, der nur die Hälfte des Hauses inspiziert, das du kaufen willst?

Nein, natürlich willst du ein perfektes Resultat und perfekte Leistungen bekommen und selbst liefern. Aber nicht immer und überall!

Camilla erzählte mir:
Alles in meinem Leben und in meinem Umfeld muss perfekt sein und ich akzeptiere weder Unzulänglichkeiten noch Versagen.

Das Dilemma der Perfektionisten

Der Perfektionist setzt sich unmögliche Ziele, deren Erreichen vollkommen unrealistisch ist. Er scheitert daran, da das Unterfangen im Prinzip von Anfang an unmöglich war. Dieses Scheitern entzieht dem Perfektionisten seine gesamte Energie, sein innerer Kritiker ist erbarmungslos. Er gibt sich selbst die Schuld und das führt zu erhöhtem Leistungsdruck.

Dann formuliert er ein neues Ziel, das noch viel größere Anforderungen an ihn stellt und noch viel unrealistischer ist, um das Scheitern zu kompensieren.

Und damit befindet sich der Perfektionist wieder am Ausgangspunkt, es ist eine Zwickmühle.

So wie die junge Frau, der ich in Malmö nach einem meiner Vorträge begegnete. Sie litt unter erheblichem Übergewicht und hatte sich seit langer Zeit nicht mehr sportlich betätigt, sondern stattdessen vor dem Fernseher gesessen und Fastfood gegessen. Aber jetzt reichte es: Sie hatte ihre Schwerfälligkeit und schlechte Gesundheit satt und wollte etwas ändern.

Ab jetzt würde alles anders werden. Sie würde sich zusammenreißen, nur noch Obst und Gemüse essen, Sport machen, abnehmen und endlich die werden, die sie sein wollte – zumindest was ihr Aussehen anging.

Nächsten Montag schon würde sie damit anfangen. (Was hat es eigentlich mit diesen Montagen auf sich? Warum kann man mit einer Sache nicht an einem ganz normalen Donnerstag anfangen?)

Sie würde also am kommenden Montag anfangen, Salat, Karotten und mageres Fleisch zu essen. Und sie würde Sport treiben. Hart trainieren. Alle möglichen Kurse im Fitnessstudio belegen: Step-up, Body-Pump, Spinning, Streetdance und so weiter. Fünfmal die Woche. Von totaler Bewegungslosigkeit zu fünfmal die Woche Training!

Ein absurdes Ziel.

Das wird niemals funktionieren, dachte ich.

Stimmt, sie hatte es schon oft versucht! Hundertmal und immer erfolglos. Und jedes Mal, wenn sie ihre viel zu hoch gesteckten Ziele nicht erreichen konnte, hatte sie sich damit bestraft, sich noch unerreichbarere Ziele zu setzen. Und mit jedem Scheitern fiel sie in ein noch tieferes Loch. Am Ende hatte es keinen Sinn, es überhaupt zu probieren. Dann konnte sie genauso gut vor dem Fernseher sitzen bleiben, schlechte Serien sehen und sich vollstopfen.

Ich habe ihr empfohlen, am Anfang nur zweimal in der Woche ins Fitnessstudio zu gehen und nur an fünf Tagen gesundes und vollwertiges Essen zuzubereiten. Wenn sie das ein paar Wochen durchhielt, konnte sie hochstufen: auf sechs Tage mit gesunden Mahlzeiten und vielleicht drei Kurse im Fitnessstudio. Und so weiter. Damit sie dieses Mal auch Erfolg hatte. Wenn sie dann zwischendurch einen Durchhänger hatte und ihre Prinzipien über Bord warf, hatte sie am nächsten Tag die Chance, sie wieder an Bord zu holen.

Und damit muss man nicht bis zum nächsten Montag warten.

Zählt nur ein perfektes Ergebnis?

Natürlich musst du ab und zu nach einem perfekten Ergebnis streben und es gibt Umstände, da zählen ausschließlich perfekte Resultate. Die Eiskunstläufer, die Pirouetten drehen, in die Luft springen und sich viermal um die eigene Achse drehen, ehe sie perfekt auf ihren Schlittschuhen landen – wie sollten sie, die Kampfrichter oder auch wir im Publikum uns mit einer weniger als perfekten Leistung zufriedengeben können? Wenn sie Gold gewinnen wollen? Viele Sportler trainieren monate- und jahrelang kleine technische Details für den einen Moment, in dem alles stimmen muss. Denn nicht nur die Technik muss sitzen, auch die mentale Einstellung, die Ernährung, die körperliche Fitness, die Atmosphäre und die gesamte Vorbereitungszeit müssen stimmen. Wir, das Publikum, erwarten von Sportlern, die an den Olympischen Spielen oder den Weltmeisterschaften teilnehmen, dass sie ihr Äußerstes geben. Wir erwarten den perfekten Sprung oder Lauf, der sich beliebig oft wiederholen lässt. Das verlangen sie sich selbst ab, und auch ihre Sponsoren, Trainer, Konkurrenten und Wettkampfveranstalter erwarten das. So läuft das an der Leistungsspitze, und wenn die jungen Nachwuchssportler diese Spitze erreichen wollen, müssen sie nach Perfektion streben.

Denn wer erinnert sich schon an den zweiten Platz?

Wenn wir uns darüber einig sind, dass Perfektionismus in bestimmten Bereichen und für bestimmte Ziele eine sinnvolle Haltung ist, dann dürfen wir im gleichen Schluss annehmen, dass der Neurochirurg, der Gutachter und der Sportler nicht in allen Bereichen ihres Lebens gleichermaßen perfekte Resultate erzielen. Vielleicht machen sie ihr Bett nie? Oder lassen das Essen immer anbrennen? Sie vergessen wichtige Jahrestage oder sind immer unpünktlich? Vielleicht staubsaugen sie immer nur die Mitte des Zimmers, wischen nie auf dem obersten Regal Staub? Oder haben den unordentlichsten Schreibtisch im Büro?

Einige der herausragendsten Künstler haben mit Absicht kleine Fehler in ihre Werke gemalt, zum Beispiel der amerikanische Pop-Art-Künstler Andy Warhol. Er wollte ein Bild der Kunst schaffen, das sich von der traditionellen Sichtweise unterscheidet.

In der Tat kann der Perfektionismus für den Kreativen und Schaffenden zu einem Hemmfaktor werden, statt eine Triebfeder zu sein. Wer nach dem perfekten Bild strebt, wird sich nie mit einem Ergebnis zufriedengeben, und allein das Wissen darum ist eine ergiebige Quelle für Stress.

Vor einiger Zeit habe ich von einem Professor gelesen, der die Teilnehmer seines Seminars nach dem Zufallsprinzip in zwei Gruppen einteilte und sie in eine Keramikwerkstatt schickte.

Gruppe 1 bekam gesagt, dass ihre Arbeit nach der Qualität des hergestellten Gefäßes bewertet würde. Jeder sollte sein eigenes herstellen.

Gruppe 2 hingegen bekam zu hören, dass ihre Arbeit nach der Quantität ihrer Produktion bewertet würde. Sie sollten so viele Gefäße wie möglich herstellen.

Die Frage war, welche Gruppe das perfekte Gefäß produzierte?

Was glaubst du?

Natürlich war es Gruppe 2!

Und warum?

Die Mitglieder machten bei der Herstellung etliche Fehler und hatten unzählige Mängelexemplare. Aber dadurch waren sie gezwungen, den Entwurf zu entsorgen und es erneut zu versuchen. Im Lauf der Zeit sammelten sie wertvolle Erfahrungen, viel mehr als die Mitglieder der Gruppe 1, die, von ihrem Perfektionsanspruch besessen, an den Gefäßen arbeiteten und so nur einen Bruchteil produzieren konnten.

Practice makes perfect.

Ist Perfektionismus eine Krankheit?

Wenn die Verhaltensmuster eines Menschen von Perfektionismus geprägt sind, dann ist das nicht nur unangemessen, sondern geradezu gesundheitsschädlich. Fredrik Saboonchi, der heute im Institut für Stressforschung in Stockholm tätig ist, hat in seiner Doktorarbeit über den Zusammenhang von Perfektionismus und Krankheitssymptomen geschrieben: Angstzustände, Wut, Müdigkeit, Schwindel, Kopfschmerzen, Fieber,

Erkältung, Allergien, Schlafstörungen, Erschöpfungszustände, Alkoholismus und Essstörungen.

Aber der Perfektionismus führt nicht nur zu physischen Beschwerden, sondern auch zu einer Verschlechterung der sozialen Bindungen, zu einer geringen Stressschwelle, zu mentalem Stress und einem schlechteren Allgemeinzustand. »Wenn alte Fehler an einem nagen und zu Selbstzweifeln und Selbstvorwürfen führen, beeinträchtigt das die Leistungsfähigkeit erheblich. Dann ist das Risiko groß, dass man aus lauter Angst in Passivität verharrt und in einem Burnout endet«, so Fredrik Saboonchi in einem Interview in der schwedischen Zeitschrift *Icakuriren* (16.8.2002).

Viele Forscher sind der Ansicht, dass Perfektionismus als psychische Störung klassifiziert werden sollte, so wie Zwangsstörungen oder andere Persönlichkeitsstörungen, weil er ebenfalls zu mentalem Stress und Dysfunktionen führt. »Perfektionisten machen sich nicht nur ihr eigenes Leben zur Hölle, sondern auch das ihrer Mitmenschen«, sagt Gordon Flett, Professor der Psychologie an der kanadischen York University in Toronto. Er hat ein Drei-Facetten-Modell entworfen, in dem er den Perfektionisten in drei Typen unterteilt:

1. **Der selbstorientierte Perfektionist** strebt nach persönlichem Perfektionismus, stellt ungeheuer hohe Ansprüche an sich selbst und riskiert aufgrund seiner ausgeprägten Selbstkritik, in Depressionen zu verfallen. Diese Menschen kommen zurecht, solange das Stressniveau niedrig ist, aber sie bekommen sofort Schwierigkeiten, wenn etwas schiefgeht. Die Motivation für das Streben nach Perfektionismus ist der Anspruch an sich selbst, perfekt zu sein. Diese Gruppe stellt die Mehrheit dar und sie weist die meisten stressrelevanten Erkrankungen auf wie Depressionen, Essstörungen, Burnout, Herzerkrankungen und anderes.

2. **Der fremdorientierte Perfektionist** verlangt auf geradezu fanatische Weise Perfektion von seiner Umwelt und zerstört dadurch häufig die Beziehungen zu seinen Mitmenschen. Wer mit diesem Typ von Perfektionisten zusammenlebt, ist

nicht auf Rosen gebettet, denn dieser Mensch ist nie mit den Leistungen der anderen zufrieden. Die Sexualität leidet darunter, und die Beziehungen zeichnen sich häufig durch viel Wut und ein hohes Frustpotenzial aus.

3. **Der sozial vorgeschriebene Perfektionist** lebt in dem Glauben, dass andere von ihm Perfektion verlangen, und versucht verzweifelt, allen Erwartungen zu entsprechen. Dieses Verhalten kann Selbstmordgedanken, Angstzustände, Burnout, Feindseligkeit und Essstörungen hervorrufen. Zu diesem Typ gehören viele leistungsorientierte Individuen, die im schlimmsten Fall selbstdestruktive Züge entwickeln, alles aufschieben (die Prokrastinierer), sich rausreden und ihre Leistungen thematisieren und problematisieren. Anstatt eine Sache anzugehen, haben sie hundert Entschuldigungen parat, warum es nicht funktionieren kann.

Die unterschiedlichen Typen haben auch unterschiedliche Probleme und Ansichten, gemeinsam ist ihnen jedoch ein tief verwurzeltes Verhaltensmuster. Keiner von ihnen hat ein besonders ausgeprägtes Interesse daran, das Problem zu erkennen, sich Hilfe zu suchen und sein Verhalten zu ändern. Dabei gibt es so viele Möglichkeiten, sich von seinem Perfektionismus zu befreien – wie stark und hartnäckig er auch sein mag!

Gordon Flett ist der Ansicht, dass der Perfektionismus erhebliche Konsequenzen hat, die beträchtliche Probleme in den zwischenmenschlichen Beziehungen und im Gefühlsleben erzeugen und zu mentalem Stress, Depressionen, Essstörungen und sogar zu Selbstmordgedanken führen können.

Der Wunsch, in einem oder mehreren Lebensbereichen perfekte Leistungen zu erzielen, ist vollkommen normal, aber wenn sich dieser Wunsch auf alle Bereiche ausweitet – Job, Zuhause, Aussehen, Freizeit – dann entstehen dadurch massive Probleme, so Flett.

Den *sozial vorgeschriebenen Perfektionisten* beschreibt er als einen sehr unsicheren Menschen, der die Einstellung hat: *Je perfekter mein Auftreten ist, desto mehr Perfektion erwarten die anderen von mir.* Da verbindet sich ein großes Maß an

Stress mit Hoffnungslosigkeit, weil der Perfektionist sich selbst in eine Ecke manövriert hat.

Der *fremdorientierte Perfektionist* dagegen hat mit seinen Beziehungen größere Schwierigkeiten als mit sich selbst. Kollegen, Freunde, Familie und die Verwandtschaft werden mit einer übersteigerten Erwartung konfrontiert, was zur Zerstörung der Beziehungen führen kann. An den eigenen Partner unangemessene Forderungen zu stellen kann zu großen Problemen führen. (Mehr dazu findest du in den Kapiteln *Ach, die Liebe …, Verwandte – Fluch oder Segen?* und *Gibt es die perfekte Freundschaft?*)

Leistungsdruck

Wie schon gesagt, konzentriert der Perfektionist seine gesamte Energie auf die Leistung. Und die häufigsten Begleiterscheinungen sind Leistungsdruck und Angst. Die Aufmerksamkeit richtet sich fast ausschließlich nach außen, auf die Umgebung, statt nach innen, zum eigenen Selbst. Das Urteil und die Ansichten der anderen sind von immenser Bedeutung, denn: »Was werden die Leute sagen?«

Der Perfektionist wird nicht müde, seine eigene Vortrefflichkeit zu betonen und weist ständig darauf hin, wie perfekt sie oder er ist oder handelt und welch großartige Leistungen er erbringt. Das bedeutet aber, dass das Leben ein niemals endender Wettkampf ist – wo nur der Sieg zählt und es darum geht, eine bessere Leistung abzurufen als bei allen vorherigen Malen. Und zwar jedes Mal aufs Neue.

Barbara erzählte mir:
Eine meiner Kolleginnen unternimmt ständig weite, teure Reisen an exotische Orte und vor allem viel häufiger, als wir uns das alle leisten können. Es ist vollkommen egal, welche Ziele wir wählen oder von welcher Reise wir erzählen: Entweder war sie schon dort oder sie plant gerade eine Reise dorthin, die alles Vorherige übertrifft. Manchmal habe ich den Verdacht, dass sie lügt, sich

das alles nur ausdenkt oder gleich nach Feierabend ins Reisebüro rennt und was bucht, um bloß nicht mit weniger dazustehen. Als würde sie niemand anderem gönnen, besser zu sein als sie.

Barbara und ihre Kollegen haben den ewigen Wettstreit ihrer Kollegin satt. Diese sucht immerzu nach Bestätigung, ihr eigentliches, dem Verhalten zugrunde liegendes Bedürfnis aber ist es, so gesehen zu werden, wie sie ist, ohne Verkleidung, mit allen Schwächen und Stärken, Eigenschaften und Stimmungen – unabhängig von Reiseplänen und anderen Leistungen.

Der Perfektionist vermeidet partout alle Situationen, in denen er oder sie nicht perfekt dastehen kann. Ausreden, Absagen, geänderte Pläne, wahnsinnig beschäftigt – alles ist besser, als eine Niederlage ertragen zu müssen.

Daniela erzählte mir:
Außerhalb der Arbeitszeiten vermeide ich jeden persönlichen Kontakt und gemeinsame Aktivitäten mit meinen Kollegen. Ich kann es nicht aushalten, Karaoke zu singen, weil ich so falsch singe, oder an einem Spiel mit zwei Mannschaften teilzunehmen und dann womöglich bei der Verlierermannschaft zu landen. Das kommt für mich einfach nicht infrage. Darum bin ich entweder immer gerade verreist, krank, muss Überstunden machen oder habe etwas anderes vor, wenn die Kollegen losziehen.

ALLES muss hundertprozentig erledigt werden, mit vollem Engagement und Gewissenhaftigkeit. Weniger ist nicht akzeptabel, 99 Prozent kommen nicht infrage. Umso enttäuschender ist es für den Perfektionisten natürlich, wenn sich zeigt, dass diejenigen am weitesten kommen, ihre Ziele auch erreichen und in der Regel die besten Ergebnisse erzielen, die große Ziele haben, sich aber dafür nicht verbiegen. Diese Menschen wissen, dass sie einen Fehlschlag überleben werden.

Ist die Gesellschaft schuld?

Es gibt einige Theorien darüber, dass der Perfektionismus in unserem modernen Zeitalter entstanden und von ihm am Leben erhalten wird, weil uns suggeriert wird, dass wir perfekt sein müssen und nur Perfektes abliefern dürfen, um Erfolg zu haben. Um der Karriere willen, aber auch, weil Perfektionismus als etwas Wünschenswertes betrachtet wird.

Allerdings ist es meistens genau umgekehrt: Der Perfektionismus und ein ausgeprägtes Kontrollbedürfnis blockieren und stehen dem Erfolg im Weg.

Wenn das Perfektionsstreben nämlich zu weit geht, wirkt es seinem ursprünglichen Ziel entgegen und wird sogar gesundheitsgefährdend. Das ist ein großes Dilemma, zumal der Perfektionist besonders stolz darauf ist, dass er oder sie sich niemals mit weniger zufrieden gibt als mit dem Allerbesten. Die bekannte Sängerin Christina Aguilera war hochschwanger, als sie von verschiedenen Seiten dafür kritisiert wurde, ein Arbeitstempo beizubehalten, das ihrem Zustand nicht entsprach. Sie aber ließ verkünden, dass sie nun einmal eine Perfektionistin sei und ihre Fans nicht enttäuschen wolle, darum würde sie auch keines der geplanten Konzerte absagen.

Noch ein paar Forschungsergebnisse

Beim Perfektionismus geht es um alles oder nichts. An der Curtin University of Technology in Australien wurde eine Untersuchung mit 256 Teilnehmern durchgeführt, denen mehrere Fragen zum Thema Perfektionismus gestellt wurden. Sie wurden mit 16 unterschiedlichen Aussagen konfrontiert, wie zum Beispiel: *Ich bin ein Mensch, der alles unter Kontrolle hat* oder *gar nichts unter Kontrolle hat* oder *Ich bin jemand, dem der Umgang mit anderen Menschen* entweder *keine Probleme* oder *große Probleme bereitet.* Es stellte sich heraus, dass die eindeutigsten Antworten von den Teilnehmern kamen, die alles in den Kategorien Schwarz oder Weiß, entweder – oder, alles oder nichts betrachteten. Je expliziter die Haltung *alles oder nichts* ausgeprägt war, desto extremer waren sie in ihrem Perfektionismus. Was sich wiederum äußerst negativ auf ihre Gesundheit auswirkte.

Auch an der University of Strathclyde und der University of Leeds haben Forscher Interessantes herausgefunden. Die britischen Psychologen Rory O'Connor und Daryl B. O'Connor haben in ihren Arbeiten über den Perfektionismus einen deutlichen Zusammenhang zwischen dem Gefühl der Hoffnungslosigkeit und psychischem Stress bei Studenten entdeckt. Bei diesen Testpersonen ging ein hohes Maß an Perfektionismus mit der Tendenz der Problemvermeidung als einer Art Lösungsstrategie einher. Bei den Studenten hingegen, die eine positive Einstellung zum Perfektionismus hatten und auch mit einem Fehlschlag umzugehen wussten, gab es keine Hinweise auf psychischen Stress.

Was zwanghaftes Verhalten und Zwangsneurosen anbetrifft, kann ein unaufgeräumter Schreibtisch bei einem Perfektionisten Krankheitssymptome auslösen. Allein der Gedanke daran, einen Auftrag unerledigt liegen zu lassen, löst bei den Betroffenen physisches Unwohlsein aus. Für sie ist es eine Selbstverständlichkeit, mehrere Stunden zusätzlicher Arbeit in einen Auftrag zu investieren, damit dieser so perfekt wie möglich erledigt wird und damit so nahe an das Idealbild heranreicht, wie es geht.

Im Laufe meiner Arbeit an diesem Buch habe ich so manche Geschichte erzählt bekommen. Von Menschen, die ihre Einkaufslisten für den Supermarkt immer wieder neu schreiben, bis zu zwanzigmal, bis sie ordentlich und einwandfrei aussehen, mit gleich großen Buchstaben, sauber untereinandergereiht und sinnvoll zusammengestellt! Ich habe von Frauen erfahren, die sich sorgfältig schminken; wenn aber nur ein Strich danebengeht, wird alles wieder entfernt und von vorne begonnen. Denn sie wollen eine Wimper nach der anderen schminken, auf beiden Augenlidern exakt gleich viel Lidschatten auftragen und die Lippenkontur akkurat nachziehen – wenn das nicht klappt, muss man eben nochmal von vorne anfangen!

Und wenn dann die Frisur nicht richtig sitzt, falsch geföhnt wurde oder nicht perfekt fällt, dann muss das Haar erneut gewaschen und das Ganze von vorne begonnen werden.

Das führt dazu, dass die Morgentoilette mehrere Stunden in Anspruch nimmt. Jeden Tag!

Was die meisten Menschen nicht einmal bemerken, ist für den Perfektionisten ein massives Versagen, dem er oder sie weder mit Akzeptanz noch mit Nachsicht begegnen kann.

Perfektionismus ist nie angemessen!

Das sagt Paul Hewitt, Professor der Psychologie, über den Perfektionismus, wenn Leute behaupten, es sei doch zwischendurch eigentlich ganz praktisch, etwas perfekt machen zu wollen und so seinen Ehrgeiz anzufeuern, um ein hochgestecktes Ziel zu erreichen.

Seit über zwanzig Jahren forscht er auf dem Gebiet der Verhaltensforschung, unter anderem zusammen mit dem bereits erwähnten Gordon Flett. Hewitt ist der Ansicht, dass keine Form des Perfektionismus unproblematisch ist – ganz unabhängig davon, ob es sich um Job und Karriere oder das Zuhause, Freizeit und Beziehungen handelt. Und er betont den Unterschied zwischen dem Wunsch, der Beste zu sein – wie bei der Eiskunstläuferin –, und dem Wunsch, perfekt sein zu wollen.

In einem Interview mit einer amerikanischen Zeitschrift sagte Paul Hewitt: »Einer meiner Patienten war ein deprimierter junger Student, der sich zum Ziel gesetzt hatte, in einem bestimmten Kurs die höchste Punktzahl zu erreichen. Er arbeitete hart dafür und übertraf alle Seminarteilnehmer. Aber danach spürte er einen noch viel größeren Druck, er hatte sogar Selbstmordgedanken. Warum? Weil er das Ergebnis als einen schwere Niederlage deutete, da er so hart hatte arbeiten müssen, um diese Note zu erhalten.«

Wie kann ich mich entspannen? – Carls Geschichte

Bei einem Auftrag sein Bestes zu geben ist etwas völlig anderes, als in ständiger Angst vor einem Fehler zu leben.

Ich habe unglaubliche Schwierigkeiten, mich zu entspannen, obwohl ich genau weiß, dass ich einer der Besten in meinem Job bin. Aber ich habe ständig Angst, einen Fehler zu begehen. Die hängt wie eine dunkle Wolke über mir und verfolgt mich auf Schritt und Tritt.

So geht es Carl, er ist Anlageberater und verwaltet die Aktien und das Geld seiner Kunden. Ihm macht sein Perfektionismus zu schaffen, gleichzeitig kann er sich den Investitionen seiner Kunden gegenüber aber auch keine gleichgültige Haltung erlauben.

Eine Fehlentscheidung kann teuer werden. Da heißt es, aus Fehlern zu lernen, nichts persönlich zu nehmen und am nächsten Tag wieder bei der Arbeit zu erscheinen. Aber Carl setzt sich selbst wahnsinnig unter Druck, jeden Tag, jahrein, jahraus. In seiner spärlichen Freizeit geht er ins Fitnessstudio, spielt Tennis, geht mit Freunden in die Bar, ist auf der Suche nach einer Freundin und widmet sich seinem großen Interesse für Inneneinrichtung und Design.

Wenn Carl am Ende eines Arbeitstages seinen Schreibtisch verlässt, sieht der aus, als wäre niemand da gewesen, sauber und leer geräumt. Er will Ordnung haben, alles soll an seinem Platz stehen. Zu Hause ist es genauso, die Anzüge hängen nach Farben sortiert, Strümpfe, Gürtel, Hemden und Schuhe – sein begehbarer Kleiderschrank sieht aus wie eine exklusive Boutique für Herrenbekleidung.

Ich zweifle keinen Augenblick daran, dass ich meine perfektionistische Seite so weit treiben könnte, dass ich davon krank würde. Ich leide unter Herzrasen, habe manchmal Schlafstörungen und Magenbeschwerden, vor allem wenn ich etwas trinke oder etwas Scharfes esse. Aber wie soll ich einen Gang run-

terschalten? So, wie mein Leben jetzt aussieht, gibt es dafür keinen Raum.

Carl lebt seit vielen Jahren mit dem Perfektionismus als Lebenseinstellung, was so viel heißt wie, dass alles, was er tut, perfekt sein muss. Wenn er den Perfektionismus jedoch als Werkzeug anwenden würde, das er hier und da einsetzt, dann würde er entdecken, wie nützlich und hilfreich er ist.

Aber wie zum Teufel stellt man das an?

Für Carl gilt die Losung: Alles oder nichts. *Gut genug* ist für die anderen. Ich aber bin der Ansicht, dass Carl sich eine andere Haltung aneignen kann, so wie er sich sein Leben lang antrainiert hat, alles perfekt zu machen. Er kann lernen, gut genug zu sein. Und es wird funktionieren.

Um sich nachhaltig von seinem Perfektionismus zu befreien, genügt es allerdings nicht, so zu tun, als ob. Carl muss sich von innen heraus aufbauen, sich selbst so annehmen und lieben lernen, wie er ist. Er muss sein Selbstwertgefühl stärken, seine eigenen Entscheidungen treffen und sich nicht von den Reaktionen und Ansichten seiner Umwelt abhängig machen. Erst dann wird er sich von dem Gefühl verabschieden können, immer nur Topleistungen abliefern zu müssen.

Kleine Schritte, große Veränderungen.

Wenn es Carl reicht, wenn er seiner Verhaltensweisen überdrüssig wird, dann wird er den Prozess starten und an sich selbst arbeiten. Er wird sich mit seiner persönlichen Entwicklung auseinandersetzen. Aber der Schmerz muss ausreichend groß sein, ehe er für eine solche Veränderung bereit ist. Oder der Genuss, der ihn auf der anderen Seite erwartet, muss ausreichend verheißungsvoll sein!

Der Schlüssel zur Veränderung ist die Entscheidung für einen positiven oder einen negativen Perfektionismus!

Mittlerweile sprechen die Forscher vom negativen und positiven Perfektionismus und begrüßen diese Einteilung, um uns nicht ganz abzuschrecken. Damit wir uns trauen, ihn einzusetzen, wenn die Umstände es erfordern.

Mit dem Begriff des negativen Perfektionismus verknüpfen sie zum Beispiel unrealistisch hochgesteckte Anforderungen, eine unerbittliche Strenge mit sich selbst und anderen und den Ausschluss von Niederlagen. Der positive Perfektionismus hingegen impliziert den großen Gedanken und eine hohe Erwartung, aber eben gepaart mit der Fähigkeit, das Ziel ohne Angst und Aufregung zu verfolgen, sich selbst Fehler zuzugestehen und daraus zu lernen. Und vor allem, nicht in allen Lebensbereichen gleichzeitig nach Perfektion zu streben.

Das charakterisiert den *negativen* Perfektionisten:

- **Er stellt extrem hohe und unrealistische Anforderungen an sich selbst.** So zwängt er sich in ein strenges Regelwerk und bestraft sich, wenn er eine Sache nicht bis zum Ende durchhält.
- **Er stellt unfassbar hohe Anforderungen an seine Umgebung.** Darüber ist sich der Perfektionist selbst oft gar nicht im Klaren. Seine Haltung seiner Umwelt gegenüber ist äußerst kritisch und fordernd.
- **Er hat eine übersteigerte Erwartungshaltung sich selbst gegenüber.** Was meist zu großen Enttäuschungen führt und quälenden Fragen: *Wie konnte ich nur so eine schlechte Leistung abliefern?* Das ist destruktiv und setzt den Perfektionisten mentalem Stress aus.
- **Auch seiner Umwelt gegenüber hat er eine (meist unausgesprochene) übersteigerte Erwartungshaltung.** Und genau das ist oft die Krux: Die Erwartungen werden nicht kommuniziert – und können deshalb nicht erfüllt werden!

- **Er urteilt vorschnell.** Dem zugrunde liegt ein starres Normdenken, das all jenen Menschen und Phänomenen mit Vorurteilen begegnet, die nicht der eigenen Norm entsprechen.
- **Er hält unermüdlich an seiner Fassade fest.** Gott bewahre, dass jemand einen Fehler oder eine Schwäche bemerken könnte!
- **Er akzeptiert weder eigene Fehler noch Niederlagen.** Wenn dem Perfektionisten ein Fehler unterläuft, bedeutet das, dass er seinen Wert als Mensch verliert, da er keinen Unterschied macht zwischen Leistung und Selbstwert. Die Redewendung *Irren ist menschlich* gehört nicht in das Repertoire eines Perfektionisten.
- **Er kann sich seine Fehler nicht verzeihen.** Er grämt sich, grübelt, denkt, denkt, denkt und entwickelt Strategien fürs nächste Mal.
- **Er hat furchtbare Angst, Fehler zu machen und Niederlagen zu ertragen.** Und begrenzt sich dadurch massiv in seiner persönlichen Entwicklung und in seinem seelischen Wachstum.
- **Er ist sehr wettkampforientiert.** Das Problem ist nur, dass jeder Wettkampf gewonnen werden muss.
- **Er kann es nicht ertragen, schlechtere Leistungen zu erbringen als andere.** Da ein Perfektionist sich nur Topresultate abverlangt, kann er unmöglich den zweiten Platz belegen.
- **Er kann es nicht ertragen, von anderen nicht akzeptiert zu werden.** Die Anerkennung seiner Umwelt ist für den Perfektionisten existenziell. Perfekt zu sein sichert ihm den Platz in der Gemeinschaft.
- **Er bittet niemals um Hilfe.** Das wäre gleichbedeutend mit Schwäche zeigen und das macht ein Perfektionist nicht. Niemals.
- **Er ist ein Fehlersucher.** Der Perfektionist muss sich geradezu zwanghaft dazu äußern, wenn jemand einen Fehler macht. Schließlich gilt: Recht muss Recht bleiben. Er lässt niemanden unbemerkt davonkommen. Außerdem steht er ein bisschen besser da, wenn jemand anderes einen Fehler begangen hat.

- **Es gibt nur zwei Alternativen: Alles oder nichts.** Schwarz oder Weiß, Gewinnen oder Verlieren. Das Leben sieht keine Grautöne, keine Nuancen vor. Der Perfektionist lässt eine Gelegenheit lieber verstreichen, als eine Sache nur halbherzig zu machen.

- **Er hat große Angst, vor anderen einen Fehler zu begehen, sein Gesicht zu verlieren und sich zu blamieren.** Darum scheut er vor öffentlichen Spielen und improvisierten Übungen zurück, hat Todesangst vor Kursen und Überraschungen, in denen er die Situation nicht unter Kontrolle haben kann.

- **Er hat große Schwierigkeiten mit Perspektive und Distanz.** Wenn ein perfektionistischer Autor neun positive Rezensionen bekommt und eine einzige negative, dann zählt für ihn ausschließlich die negative, die ihn den Wert seines Buches verwerfen und davor zurückschrecken lässt, sich erneut an den Schreibtisch zu setzen. Oder ein Angestellter, der im Mitarbeitergespräch von seinem Chef mit Lob und Komplimenten überschüttet wird und am Ende einen nebensächlichen, unbedeutenden Kommentar hört, der unter die Kategorie Kritik fällt: Dann ist das Lob wie weggeblasen und der Angestellte verlässt das Büro mit einem schlechten Geschmack im Mund. Und konzentriert sich nur auf die Kritik.

- **Er überdosiert ›sollte, müsste, könnte‹,** statt darüber nachzudenken, was er tatsächlich will. Die vielen *sollte, müsste, könnte* erdrücken den Perfektionisten, und das schlechte Gewissen umhüllt ihn wie eine nasse Decke und zieht ihn nach unten. Tonnenschwer. Nach einer Weile fängt es an, zu stinken. Dem eigenen Willen, den Träumen, Wünschen und Visionen wird kein Raum gegeben, sondern sie werden in die dunkelste Ecke seiner Seele verbannt.

- **Er ist mit nichts zufrieden.** Weil ein Perfektionist immer noch mehr, besser, schneller, schöner, höher, größer, professioneller und so weiter kann.

- **Er feiert seine Erfolge nicht.** Er konzentriert sich nur darauf, was nicht hundertprozentig gelaufen ist, statt zu feiern, was gutgegangen ist.

Das charakterisiert den *positiven* Perfektionisten:

♥ **Er stellt hohe Anforderungen, das stimmt, aber keine unrealistischen.** Seine Anforderungen an sich und andere sind zwar hoch, aber sie sind erfüllbar. Das Ziel ist von Anfang an erreichbar, weil die Anforderungen nicht *zu hoch* sind. Ein Athlet beispielsweise, der zehn Kilometer in der Regel in 50 Minuten läuft, setzt sich als Ziel, sie in 49 Minuten zu schaffen. Das Ziel ist also realistisch, es werden nicht von Anfang an 45 Minuten gewählt, obwohl das am Ende das Ergebnis sein könnte.

♥ **Er denkt viel nuancierter.** Seinen Weg zum Ziel teilt der positive Perfektionist in viele Einzeletappen auf und gewinnt dadurch eine größere Distanz und eine bessere Perspektive auf sein Vorhaben. So sieht er leichter die Gesamtheit des Projekts und die Zusammenhänge. Er ist sich der unzählig vielen Grautöne zwischen Weiß und Schwarz bewusst!

♥ **Der Weg zum Ziel ist lustvoll.** Weil nicht nur das Erreichen des Ziels zählt, nicht nur das Ergebnis, hat der positive Perfektionist viel mehr Vergnügen auf seinem Weg dorthin.

♥ **Er verzeiht sich Fehler und lernt aus ihnen.** Er begreift sie als singuläre Ereignisse, die mit den Umständen zu tun haben, und sieht sie als Chance, daraus zu lernen.

♥ **Er ist in der Lage, Leistung und Persönlichkeit voneinander zu trennen.** Sein Selbstwertgefühl ist durch ein Scheitern nicht bedroht.

♥ **Er lässt sich nicht leicht aus der Ruhe bringen,** sondern geht davon aus, dass es für alles eine Lösung gibt.

♥ **Er kann zwischen dem Streben nach einem perfekten Ergebnis und dem Gefühl, gut genug zu sein, hin- und herwechseln.** Und spart sich seine Energie und Konzentration für den Moment auf, in dem es wirklich um alles geht. Denn das tut es nicht immer.

♥ **Er hat eine gesunde Distanz zu sich selbst.** Und nimmt sich selbst nicht so wichtig, was ansonsten leicht zur Selbstüberschätzung führen kann.

Erkennst du dich in einigen der oben angeführten Punkte wieder? Tendierst du eher dazu, ein positiver Perfektionist zu sein, oder gehörst du eher zu den negativen Perfektionisten? Wenn du die meisten Treffer in der Liste des negativen Perfektionisten hast, wird es Zeit, dich ernsthaft damit zu beschäftigen.

Negativer Perfektionismus ist keine Erfolg versprechende Methode, der positive Perfektionismus hingegen kann es sein. Ich persönlich verwende den Perfektionismus als eine Methode, ein Handwerkszeug. Als ich dieses Buch hier geschrieben habe, wollte ich selbstverständlich, dass es so gut wie möglich wird. Ich wollte ein Manuskript abgeben, das gut lesbar und verständlich geschrieben ist. Viele sollten das Buch lesen und es mögen, aber vor allem – und das ist wahrscheinlich das Wichtigste – es als eine Inspiration sehen, um ihre Lebensqualität zu verbessern.

Früher hätte ich alles doppelt und dreifach überprüft und bis zur Selbstaufgabe daran gearbeitet, um ein perfektes Ergebnis zu erzielen. Heute sehe ich das anders: Ich habe diese Seiten geschrieben, sie bestehen aus meinen Gedanken und Erlebnissen, Erfahrungen und Kenntnissen, und ich freue mich, wenn sie dir als Leser/Leserin gefallen. Aber ich werde es nicht persönlich nehmen, wenn das nicht der Fall ist. Ich habe eine ausreichende Distanz dazu. Und selbst wenn niemand dieses Buch haben und kaufen will, kann ich trotzdem dazu stehen, werde aber daraus für mein nächstes Projekt meine Lehre ziehen. Denn dann hat meine Arbeit trotzdem einen Nutzen gehabt.

Woher kommt der Perfektionismus?

Wie bei den meisten psychischen Zuständen müssen wir uns den Kern des Verhaltens ansehen, bevor wir etwas daran ändern können. Wie kommt es dazu, dass es Menschen gibt, die ernsthaft der Ansicht sind, dass man immer und in allen Lebensbereichen der oder die Beste sein könnte?

Wie oft hast du, lieber Leser, als Kind gehört, dass du brav und fleißig warst, wenn du etwas geleistet hast? Wie häufig hast du Lob bekommen, wenn du etwas abgeliefert oder erreicht hast? Je größer die Leistung, desto größer das Lob?

Was geschehen sein kann, ist, dass du gelernt hast, deinen Wert zu bemessen anhand 1. deiner Leistungen und/oder 2. anhand des Lobes von anderen. Das ist gar nicht besonders kompliziert: Leistung – Lob – Zufriedenheit und Wertschätzung, mehr Leistung – mehr Lob – mehr Zufriedenheit und Wertschätzung. Und am Ende warst du ein Lobjunkie?

Was am meisten unter der emotionalen Abhängigkeit von Bestätigung und Lob durch andere leidet, ist dein Selbstwertgefühl. Und das ist grundlegend und absolut essenziell, um ein schönes Leben in Harmonie mit dir selbst und deiner Umgebung zu führen. (Mehr dazu findest du im Kapitel *Selbstwertgefühl = lebensnotwendig*.) Ein mangelndes Selbstwertgefühl macht dich verletzlich und anfällig, vor allem für Ansichten und Kritik von außen. Ein verständlicher Verteidigungsmechanismus und eine vorbeugende Maßnahme sind es da – genau! –, perfekt zu sein!

Vom Tag deiner Geburt an wirst du bewertet: Ob es der erste Blick der Verwandten in den Kinderwagen ist, die sagen, dass du süß bist, oder die Bemerkung, dass du schon sehr früh krabbeln oder mit dem Löffel essen kannst, es sind Bewertungen. Aber du wirst nicht nur bewertet, sondern auch unablässig zurechtgewiesen: Halte den Löffel richtig, begegne Fremden höflich, sitz gerade am Tisch und rede ordentlich.

Im Laufe der Jahre gewinnen diese Bewertungen und Zurechtweisungen immer mehr an Bedeutung. In der Schule gibt es Noten, später musst du dich im Arbeitsleben behaupten, wirst in Bewerbungs- oder Personalgesprächen bewertet: wenn du jemanden kennenlernst, in deinem sozialen Umfeld, von den Schwiegereltern und in der Schule als Eltern. Und die ganze Zeit schwebt über dem Ganzen die Formel, dass du etwas leisten musst, um Anerkennung zu erhalten.

Sind deine Leistungen nicht gut genug, bekommst du

schlechtere Noten. Wenn du dich nicht genug anstrengst, bekommst du eine Verwarnung und danach fliegst du unter Umständen raus. Bist du nicht aufregend genug, ruft er oder sie dich nicht wieder an. Und so weiter und so weiter.

Aufgabe 1

Welche Beurteilungen und Bewertungen hast du im Laufe deines Lebens zu hören bekommen?

Schreib deine Gedanken dazu auf.

Viele Forscher sind der Ansicht, dass Perfektionismus im sozialen Umfeld des Einzelnen entsteht, weil man schon als Kind mit zu hohen Anforderungen konfrontiert wird. Es entsteht der Druck, eine Leistung zu erbringen, und zwar eine perfekte Leistung. Dieser Druck wird von den Eltern, der Schule, dem Verein und anderen sozialen Umfeldern erzeugt und durch die Medien und die Gesellschaft verstärkt. Wenn ein Elternteil, denn einer genügt, ein Perfektionist ist, besteht die große Gefahr, dass dieses Verhalten in die nächste Generation weitergegeben wird, weil Eltern nun einmal eine Vorbildfunktion für ihre Kinder haben.

Die allermeisten Eltern wollen für ihre Kinder nur das Beste, sie sollen erfolgreich sein, glücklich, ihre Träume verwirklichen können und ein schönes Leben haben. Aber wenn die Eltern zu großen Druck ausüben, zu sehr anstacheln und zu viel wollen, erreichen sie das genaue Gegenteil – das Kind wird nicht glücklich sondern unglücklich, fühlt sich ausgeliefert, unsicher, unzufrieden und steht unter ständigem Druck.

Forschungen haben ergeben, dass Kinder, die nur wegen ihrer Leistungen und niemals wegen ihrer persönlichen Eigenschaften Bestätigung und Anerkennung erfahren haben, eher Gefahr laufen, Workaholics zu werden. Denn sie wachsen in dem Glauben auf, dass nur harte Arbeit, Leistung und Ergebnisse zählen. Dass es nicht genug ist, ein mitfühlender, warmherziger, zärtlicher Mensch zu sein, der Liebe und Respekt gibt und erwidert bekommt.

Kein Elternteil würde ernsthaft zu Missbrauch von Alkohol, Nikotin oder anderen Drogen oder gar zum Missbrauch von Sex und Beziehungen aufrufen. Aber der Missbrauch von Leistungen und Lob ist – auf der psychischen Ebene – genauso schlimm, und vor allem weitaus verbreiteter! Die Zahl der Drogentoten ist zwar wesentlich höher, aber auch Lobjunkies sterben früher als andere. Die Todesursachen dort sind meistens stressrelevante Krankheiten und ihre Folgen.

Sollte die Forschung in der Zukunft feststellen, dass Perfektionismus genetisch bedingt ist, trägst du dennoch die Verantwortung dafür, wie dein Leben aussieht und wie viel Raum dein Perfektionismus einnehmen darf.

Die Konsequenzen des Perfektionismus

Mangelndes Selbstwertgefühl

Wenn du dich nie okay finden durftest, dann werden dir Selbstachtung und Wertschätzung fehlen, und dein Selbstwertgefühl ist am Boden. Weder deine Leistungen noch du als Person sind gut genug.

Bitterkeit

Kim erzählte mir:
Da habe ich beinahe mein ganzes Leben als Perfektionistin verbracht, und je mehr ich mich jetzt davon befreie, desto deutlicher wird mir, wie viel Zeit ich für Unwesentliches verschwendet habe. Das ist eine furchtbare Erkenntnis.

Wenn du dich selbst und deine Umwelt andauernd zu noch größerer Perfektion antreibst, aber deine Ziele nie erreichst –

weil sie ja von Anfang an vollkommen unrealistisch sind –, führt das ganz schnell zu Bitterkeit. Du erkennst, wie viel du in eine Sache investiert hast, die doch nicht so wird, wie du es dir erhofft hast. Ein Leben voller Bitterkeit ist ein beklemmendes, graues, fast schwarzes und einengendes Leben. Da ist der oberste Knopf des Hemdes zu, die Luft ist knapp und es gibt weder Glück noch Freude.

Schuld

Wenn du deinen Mitmenschen Achtlosigkeit und auch dir zu große Nachlässigkeit vorwirfst, weil deine Leistungen nicht perfekt geworden sind, dann schleichen sich die Schuldgefühle durch die Hintertür herein. Schuld und Scham wiegen schwer in dem Rucksack, den du mit dir herumträgst, und sie werden immer schwerer und schwerer, je länger sie dort liegen und nicht bearbeitet werden.

Der Perfektionist empfindet auch deshalb Schuld, weil er sich für alle zwischenmenschlichen Beziehungen verantwortlich fühlt und an dieser übermächtigen Aufgabe scheitert. Am Ende bleibt nur ein konstant schlechtes Gewissen.

Neid

Wenn du unsicher bist und dich der Welt ausgeliefert fühlst, ist es natürlich schwer, mit offenem Herzen anderen Menschen ihren Erfolg zu gönnen. Du wirst neidisch, wenn jemand eine gute Leistung präsentiert, die du selbst gerne erreicht hättest.

Wenn du aber ein starkes Selbstwertgefühl hast und eine innere Sicherheit spürst, dann kannst du dich für deine Mitmenschen freuen und dich höchstens fragen, wie ihm oder ihr das oder jenes gelungen ist. Aber so großzügig kannst du als Perfektionist nicht sein, dir steht zu viel im Weg: das ewige Vergleichen, dein geringes Selbstwertgefühl, Leistungsdruck und Selbstkritik.

Pessimismus

Da dein Idealbild im Prinzip unerreichbar ist, kann es auch praktisch nicht verwirklicht werden. Wenn du das erkennst, verfällst du in Pessimismus. Und da du dich so sehr unter Kontrolle hast, gibt es für Optimismus keinen Raum.

Depression

Der Anspruch, immer das maximale Ergebnis zu erzielen, kostet unglaublich viel Kraft. Und da du immer seltener in der Lage bist, deine Ziele zu erreichen, verlierst du dich in destruktiven, niederschmetternden Gedanken.

Selbstkritik

Wenn es dein Ziel ist, in allem, was du tust, perfekt zu sein und alles perfekt zu machen, dann ist es kein Wunder, dass du sehr selbstkritisch wirst. Selbstkritik ist in manchen Situationen nützlich und hilfreich, wenn man eine größere Distanz zu den Dingen benötigt und sich von außen betrachten muss, um daraus zu lernen und sich weiterzuentwickeln. Unentwegt mit einer selbstkritischen Grundhaltung herumzulaufen, ist dagegen kein besonders angenehmes, wertschätzendes Dasein. Vor allem kannst du dir keine neuen Fähigkeiten aneignen, sondern verachtest und bestrafst dich für deine Fehler und Mängel.

Inflexibilität

Deine Kontrollsucht und deine Einstellung zu dir und deinem Leben machen dich unflexibel. Du hast Schwierigkeiten, spontan zu sein, bist nicht offen gegenüber unerwarteten Vorschlägen, Impulsivität oder neuen Lösungswegen.

Leistungsdruck

Perfektionisten prassen wie Reiche, wenn es um Leistungen geht: Doch wenn es um Freude geht, hungern sie wie Arme. Leistungen sind so ungefähr das Einzige, worauf es beim Perfektionismus ankommt: Leistung, Leistung, Leistung, damit alle sehen können, was man erreicht hat. Der bloße Gedanke an das Scheitern löst Ängste aus, Ängste, den eigenen Erwartungen oder deiner Vorstellung von den Erwartungen anderer nicht zu entsprechen.

Kontrollsucht

Da du als Perfektionist sehr großen Wert auf Details legst, willst du die Kontrolle über alles haben und vertraust nicht darauf, dass andere die Dinge auf die richtige Weise, das heißt auf deine Weise, erledigen. Deine Kontrollsucht ist so ausgeprägt, dass du alles doppelt und dreifach kontrollieren und überprüfen musst, um überhaupt funktionieren zu können. Der Motor der Kontrollsucht ist der Wunsch, jedes Versagensrisiko zu eliminieren. Für das du sonst nämlich verantwortlich wärst.

Fehlende Motivation

Wenn es ohnehin unmöglich ist, warum soll ich es überhaupt versuchen? Du verlierst sofort die Motivation für ein Projekt, wenn in deinem Inneren bereits die Gewissheit gewachsen ist, dass es dir nicht gelingen wird.

Selbstvertrauen

Da es dir nie gelingt, dein unrealistisches Ziel zu erreichen, verlierst du schnell das Vertrauen in dich selbst, in deine Fähigkeiten und Kompetenz.

Zwangsgedanken

Du gestaltest dein Leben mithilfe starrer Muster, Routinen, rigider Strukturen und bist gezwungen, jedes Muster auf die gleiche Weise zu wiederholen, jede noch so strenge Regel zu befolgen. Damit erhältst du die Ordnung in deinem Leben aufrecht. Unordnung = undenkbar!

Wut

Da ein Perfektionist niemals so etwas wie Zufriedenheit spürt, türmen sich in seinem Inneren Gefühle wie Irritation, Unzufriedenheit und Zorn auf und wachsen zu einer immensen Wut heran. Und die sucht sich in unregelmäßigen Abständen ihren Weg aus dem menschlichen Körper, wie bei einem Vulkan, und es kommt zu vehementen Wutausbrüchen. Wenn man sich stattdessen gut genug fühlen kann und eine innere Harmonie empfindet, raubt man der Wut ihre Nahrung.

Aufgabe 2

Welche Auswirkungen hat dein Perfektionismus oder der deiner Mitmenschen bisher auf dein Leben gehabt?

Schreib deine Gedanken dazu auf.

Es gibt eine englische Redewendung, mit der man seinen Nächsten dazu auffordert, seine wahre Persönlichkeit zu zeigen und der panischen Angst vor einer Niederlage einen Strich durch die Rechnung zu machen: Do your worst! – Gib dir bloß keine Mühe!

Wenn du es ertragen kannst, dir auch mal keine Mühe zu geben, dann fühlt sich gut genug richtig prima an!

Meine Reise

Teil eins

Der Schmerz ist unerträglich.

Meine Beine geben unter mir nach und ich kann mich in letzter Sekunde mit den Händen auffangen, bevor mein Körper auf dem Boden aufschlägt. Instinktiv lege ich meine Hände auf den Magen, wie so oft im vergangenen Jahr. Meine Atmung ist kurz und stoßhaft.

Die Stimmen in dem großen Redaktionsraum werden dumpfer und verwischen. Ich schließe die Augen, und als ich sie wieder öffne, sehe ich verschwommene Gestalten, die sich über mich beugen und mich stützen.

Atme, atme. Kurze, harte, stoßhafte Atemzüge. Ich bekomme keine Luft, versuche, noch hektischer Luft zu holen, das Atmen fällt mir schwer. Ich taumele zwischen Bewusstsein und Bewusstlosigkeit hin und her, als bestünde mein Leben aus einzelnen Diabildern.

Der Schmerz ist unerträglich. Er raubt mir meine gesamte Energie. Er ist nicht wie sonst nur im Bereich zwischen den Hüften und der Brust, im Unterleib, an den Seiten und am Rücken. Der Schmerz hat meinen ganzen Körper in Besitz genommen, er ist überall, es gibt keinen Anfang und kein Ende.

Aus dem Augenwinkel sehe ich meine älteste, damals fünfjährige Tochter, die ihr Lieblingskuscheltier, ein Kaninchen, fest umklammert hält. In ihren Augen steht die blanke Angst, und ich kann nichts tun, um sie zu beruhigen. Ich bekomme keine Luft, um mich herum wird alles schwarz.

Was danach folgt, ist eine Irrfahrt durch Stockholms Straßen im Feierabendverkehr. Es sind nur noch drei Tage bis Weihnachten und wir schreiben das Jahr 1999. Meine Kollegen haben den Notarzt gerufen, aber dann wird doch entschieden, mich selbst mit dem Pkw in die Notaufnahme zu fahren. Die Stadt ist schließlich mit Menschen verstopft, die von einer Weihnachtsfeier zur nächsten fahren, der Notarztwagen schafft es vielleicht nicht rechtzeitig, so geht es bestimmt schneller. Mein Mann fährt bis vor die Tür der Notaufnahme des großen Krankenhauses, ich liege zusammengekrümmt auf dem heruntergeklappten Beifahrersitz, die Hände auf meinen Unterleib gepresst, nach Luft schnappend, und taumle von einer Ohnmacht in die nächste. Mein Mann ist über sämtliche roten Ampeln und Zebrastreifen gefahren, mit 200 Sachen, im Zickzack zwischen den Autos, Bussen und Menschen mit Einkaufstüten hindurchgerast – es ist ein Wunder, dass nichts passiert ist.

Jemand hebt mich aus dem Wagen, mein Blick fällt auf meine Kinder auf dem Rücksitz, ich werde auf eine Trage gelegt und in den OP gerollt. Um mich herum herrscht hektische Betriebsamkeit, Menschen in Weiß und in Grün. Der Schmerz lässt ein wenig nach, ich tauche wieder auf ins Leben, in die Gegenwart, und mir wird bewusst, was da gerade geschieht, an einem späten Dezembernachmittag. Der Schnee wirbelt vom Himmel und ich habe noch so viel zu tun bis Weihnachten, noch so viele Dinge zu erledigen.

Es folgen unzählige Untersuchungen, Röntgenaufnahmen, Blutproben, Ärzte, Anästhesisten, Infusionen, Morphin (das war mein bestes Weihnachtsgeschenk ...), und am Ende stand eine Operation. Meine Gallenblase ist entzündet, sie hat die Größe einer Hand und ist zum Bersten gefüllt mit Eiter. Wäre sie geplatzt, hätte sich der Eiter in meinen Bauchraum ergossen und dann hätte es für mich dieses Jahr kein Weihnachten gegeben und auch in keinem anderen Jahr mehr. Neben der Galle liegt die Leber und schnauft, auch sie ist krank. Sie hat ganz schlechte Werte, nachdem sie so lange neben einer infizierten und angeschwollenen Galle gewohnt hat.

Ich bin kurz davor, zu sterben.

Ich bin 30 Jahre jung.

Ich habe zwei Töchter und zwei Bonuskinder, ein Haus, einen Ehemann und einen Job, Träume, die ich mir noch erfüllen möchte. Weihnachten steht vor der Tür und ich bin kurz davor, zu sterben. Und die Ursache dafür bin ICH SELBST.

Lass mich von vorn anfangen. Ich werde 1969 geboren und wachse mit meinen Eltern und meiner großen Schwester in einem Haus außerhalb von Stockholm auf. Meine Eltern arbeiten bei einer Fluggesellschaft, dort haben sie sich auch kennengelernt: Meine griechisch-norwegische Mutter ist Stewardess und lernt meinen schwedischen Vater kennen, der Pilot ist. Sie verlieben sich ineinander. Wir reisen viel, in die USA und in den Iran, nach Griechenland, Dänemark, Österreich, Norwegen, Spanien, Frankreich, Brasilien, England, Italien. Wir wohnen eine Zeit lang in Rom, ich besuche dort eine Montessorischule und weine jeden Morgen bitterlich; meine Eltern müssen sich heimlich wegschleichen, weil ich sonst einen hysterischen Anfall bekomme, wenn sie gehen.

Ich bin furchtbar schüchtern und ängstlich, traue mich nicht, mit anderen Erwachsenen zu sprechen, außer mit meiner italienischen Montessorilehrerin Miss Lorenzo. Ich bin unglaublich niedlich und alle wollen mir über die Wange und den Kopf streicheln, auf irgendeine Weise mit mir in Kontakt kommen, aber ich verstecke mich hinter meiner Mutter oder meinem Vater, halte mich an ihren Röcken und Hosen fest und spreche kein Wort.

Dann ziehen wir zurück nach Schweden und ich gehe auf eine staatliche Schule, spiele gerne mit mir allein, aber auch mit Freunden, am liebsten mit den Nachbarskindern, drei Schwestern, die direkt nebenan wohnen. Wir sind oft im Wald hinterm Haus unterwegs und versinken in Rollenspielen. Wir sind fast immer arm und krank, gebeutelt von Krisen und Katastrophen, jemand liegt schwer krank im Unterholz und benötigt dringend Medizin. Aber der Weg zum nächsten Krankenhaus ist weit, bis zu dem großen Stein dahinten, ein großes

Drama spielt sich dort im Gehölz ab … bis eine unserer Mütter zum Essen ruft.

Mama und Papa fliegen in der Weltgeschichte herum, meine Schwester trainiert für Schwimmmeisterschaften, ich tanze Ballett und schreibe kleine Erzählungen. Das Leben verläuft in ruhigen Bahnen wie bei jeder normalen Familie, als sich eines Tages in nur wenigen Sekunden alles ändert.

Mein Vater stürzt mit seiner Maschine ab.

Er ist sofort tot.

Ich bin neun Jahre alt.

Dass wir uns nie wiedersehen werden, daran denke ich am meisten, dass wir uns nie, nie, nie mehr wiedersehen werden. Das ist für eine Neunjährige eine unfassbare Vorstellung, er war doch vorhin noch da. Morgens war er noch da, außerdem steht die Sauna im Keller noch nicht ganz, an der er schon so lange baut und die bald fertig ist, aber eben nicht ganz.

Das Haus ist voller Menschen, und für das kleine, schüchterne Mädchen ist das keine leichte Situation. Es kommen viele Leute, einige kenne ich, andere habe ich noch nie in meinem Leben gesehen.

Und das Haus ist voller Blumen, unglaubliche Blumensträuße, und meine Mutter stellt sie alle ins Wohnzimmer, in dem es aussieht wie in einem Blumenladen.

Und das Haus ist voller Trauer.

Die Trauer ist beängstigend, unbekannt und tastet sich voran. Und sie ist unbeständig. Sie kommt und geht, manchmal ist das Haus erfüllt von Lachen und Spiel und dann wieder von Tränen, Schweigen und Sehnsucht. Es dauert, ehe der Alltag wieder Einzug hält, aber nach einiger Zeit kehre ich in die Schule zurück. Meine Lehrerin weiß Bescheid, alle wissen Bescheid. Ich habe mich verändert.

Auf dem Sommerfest haben alle Kinder ihren Vater dabei, nur ich nicht. Ich bin neidisch auf sie, ich will auch einen Papa haben, der meine Hand hält, hinter dem ich mich verstecken kann, einen Papa, der sich mit meiner Lehrerin, den anderen Kindern und Eltern unterhält.

Mein Opa und ich unterhalten uns oft, er macht jeden Tag

einen Mittagsschlaf, und dann lege ich mich dazu und wir reden über meinen Vater und seinen Sohn. Mein Opa sagt, wir sollten die Erinnerungen an ihn lebendig halten, denn es werden keine neuen dazukommen. Und dann erinnern wir uns. Und wir erzählen uns die Erinnerungen gegenseitig. Wir lachen viel, denn mein Vater war ein unglaublich lustiger und chaotischer Mensch, der immer für einen Spaß zu haben war und sich Scherze und Spiele ausdachte und sich kindisch verhielt. Zum Beispiel sprach er in unterschiedlichen Dialekten und mit Akzent, damit die Leute dachten, dass er woanders herkam, er versteckte sich und erschreckte einen und er rief meine Mutter an, um sie an der Nase herumzuführen. Oder er reichte uns das Buttermesser und hatte den Griff mit Butter eingeschmiert, sodass unsere Hände voll davon waren, er liebte es, sich zu verkleiden und Scharade zu spielen. An all das erinnerten sich mein Opa und ich. Den meisten Erwachsenen fällt der Umgang mit einem trauernden Kind sehr schwer, darum bin ich froh und dankbar, dass ich die Stunden mit meinem Opa hatte.

Wir hatten auch beschlossen, uns an die Sachen zu erinnern, die uns Papa beigebracht hatte, und wollten nach diesen Grundsätzen leben. Oder zumindest wollten wir uns einige davon aussuchen und sie durch uns am Leben erhalten: zum Beispiel Spaß haben, positiv sein, neugierig in die Welt sehen und viele Reisen unternehmen, die Freude am Leben spüren, Quatsch machen und spielen. Heute kann ich so leben, spüre mein Leben richtig, aber das hat viele Jahre und viele »mir reicht's« gedauert.

Nach ein paar Jahren zogen wir in die Stadt, meine Mutter, meine Schwester und ich. Das war das Ende meiner Schüchternheit. Hier kannte mich keiner, niemand wusste, wer ich war, und so fiel es mir leicht, meine Schüchternheit abzulegen und so zu sein, wie ich sein wollte, wenn ich mich traute. Ich wollte offen, fröhlich und lustig sein und viele Freunde haben. Und ich könnte damit vom ersten Schultag an anfangen. Was ich auch tat! Ich lernte Anna kennen, eine lebhafte 13-Jährige, mit der ich bis zur mittleren Reife zusammen war.

Teenager auf Östermalm. Schickes Apartment, knarrender Parkettboden. Erwachsene, die in der Wohnung mit Schuhen herumliefen! Sonntagsessen mit der Familie, Wochenendtrips in die Schären in Sommerhäuser von Freunden. Ich besuchte den humanistischen Zweig auf der Östra-Realschule, arbeitete nebenbei als Model, in kleinen Boutiquen, an der Rezeption eines Fitnessstudios, in der Markthalle in Östermalm und in einem Süßigkeitenladen, um mir ein bisschen extra Taschengeld zu verdienen. (Weil ich aber den Obdachlosen, die oft in den Laden kamen, zu viel schenkte und der Schwund zu groß wurde, warf mich mein Chef raus.) Ich schrieb kleine Novellen und Kolumnen, die erste wurde in der Zeitung *Expressen* veröffentlicht, da war ich 18. Ich träumte davon, Schriftstellerin zu werden, und ich wollte mit Menschen arbeiten, denen das Leben schwer zugesetzt hatte, die wirklich Hilfe benötigten.

Zu Hause herrschte penible Ordnung. Meine Mutter war sehr pingelig, meine Schwester auch. Außerdem achtete sie genau darauf, dass ich die Regeln einhielt, sie wurde praktisch zu einer Art Ersatzelternteil, da ja mein Vater fehlte. Ich war furchtbar schlampig, mein Zimmer war unordentlich, ich half kaum im Haushalt und hatte große Schwierigkeiten mit der Pünktlichkeit. Aber ich war wenigstens nicht unfreundlich oder unverschämt, habe meiner Mutter keine Schimpfwörter an den Kopf geworfen und keinen Alkohol getrunken.

In der Schule lief es so einigermaßen, ich wollte einfach etwas anderes machen, war der Ansicht, dass ich für meine Ziele keine Ausbildung benötigte (denn ich wollte ja nur schreiben und Menschen helfen). Wenn ich heute eine Sache bereue, dann ist es die Tatsache, dass ich nicht fleißiger war und damals nach der Schule keine Ausbildung begonnen habe. Ich habe das alles erst später gemacht, nun gut, heute habe ich vier verschiedene Ausbildungen! Einige Menschen müssen einen anderen, manchmal längeren Weg gehen.

Nach meiner mittleren Reife war ich eine Zeitlang in den USA, um Englisch zu lernen. Als ich wieder nach Schweden zurückgekehrt war, lernte ich bei einem Abendessen einen Mann kennen, der mir von seinem Projekt erzählte. Er plante, einen neuen Fernsehsender zu gründen, und fragte mich, ob ich nicht mitmachen wolle.

Das war die Geburtsstunde von TV 4, und natürlich wollte ich dabei sein.

Insgesamt siebzehn Jahre lang war ich bei TV 4 angestellt und in den unterschiedlichsten Abteilungen tätig. Am Ende wurde ich sogar Projektleiterin für die landesweite Informationskampagne zur Einführung des Digitalfernsehens.

Im Laufe dieser siebzehn Jahre habe ich einen Mann geheiratet, ein Haus gebaut, drei Töchter zur Welt gebracht, den Vater der Kinder wieder verlassen und bin zweimal am Rande des Todes gewesen.

Ich lebte mich schnell in die Rolle der Hausfrau und Mutter ein. Ich habe begeistert Wäsche gewaschen und Essen gekocht. Gesaugt und geschrubbt, jedes noch so kleine Stoffstück gebügelt. Alles sollte ganz sauber und schön, glatt und rein sein. Die Betten mussten jeden Tag gemacht werden, das Abendessen wurde immer gemeinsam eingenommen. Alle Lebensmittel wurden selbst gemacht, bei uns gab es keine Fertigwaren. Ich rollte Fleischklöße, panierte Fischstäbchen, es gab Filet mit Kartoffelgratin, mit extra viel Sahne und Knoblauch drin. Ich backte Zimtschnecken, Brot und Kekse.

Wenn wir Gäste hatten, wollte ich, dass sie sich besonders willkommen fühlten. Also schickte ich ihnen vorher kleine Postkarten mit Sternen und Glitzer drauf, die am Tag vor der Einladung in ihre Briefkästen purzelten – obwohl ich sie telefonisch eingeladen hatte. Der Weg zum Haus wurde mit Fackeln gesäumt, im Haus standen überall Kerzen und frische Blumen. Den Tisch hatte ich mit großer Sorgfalt gedeckt, es gab Platzkarten und kleine Präsente an jedem Sitzplatz. Natürlich sahen die Platzkarten jedes Mal anders aus. Ich erinnere mich an eine Abendgesellschaft, für die ich alte Fotos der Gäste herausgesucht hatte, die sie selbst kaum kannten. Ich fand sie in alten Fotoalben und im Internet und verwendete sie für die Platzkarten. Das war ein riesiger Erfolg. Aber was für ein Aufwand!

Es gab nie weniger als drei Gänge und die leckersten Nachspeisen, die du dir vorstellen kannst. Ich habe Parfaits zubereitet, die zu kleinen Türmen geformt waren und obendrauf mit kleinen Schokoladenfiguren verziert wurden. Selbstverständlich hatte jeder eine individuelle, zu ihm passende Figur! Ich habe Baisertorten und Himbeertörtchen gebacken, Mousse au Chocolat mit Pfefferminz und Erdbeerkuchen.

Ganz penibel notierte ich mir alles in einem Heft, so wusste ich immer genau, welchen Freunden und Bekannten ich in den vergangenen Jahren welche Gerichte serviert hatte. So konnte ich Wiederholungen vermeiden, wusste, wer was besonders gerne oder gar nicht mochte, wer gegen welche Lebensmittel allergisch war, und konnte überprüfen, in welcher Zusammensetzung die Abende stattgefunden hatten.

Wenn Freunde über Nacht blieben, waren die Betten schön bezogen, auf dem Nachttisch lagen ein kleines und ein großes Handtuch, daneben standen eine Vase mit frischen Blumen, eine Wasserkaraffe, ein Glas, und ein Stück Schokolade lag auf dem Kopfkissen. Zum Frühstück brach der Esstisch fast zusammen unter dem Angebot: frisch gebackene Scones, Marmelade, Rührei, gebratene Putenbrust, Gemüse, Saft, Obstsalat und frisch gebrühter Kaffee.

Ich vermute, du kannst die Konturen einer wahren Perfektionistin bereits erahnen?

Als Mutter und Bonusmutter engagierte ich mich sehr für meine Kinder, und zwar unabhängig von den biologischen Banden. Ich nahm an sämtlichen Elterngesprächen, Elternabenden, Klassenfesten, Ausflügen, Kindergartenveranstaltungen, Tagen der offenen Tür teil und war Elternvertreterin, fuhr freiwillig mit auf Klassenreisen und Exkursionen, lud die Klassen meiner Kinder in die Redaktion von TV 4 ein und machte Führungen, veranstaltete Picknicks bei uns im Garten und begleitete jedes der Kinder mindestens einmal pro Schulhalbjahr einen ganzen Tag lang in die Schule. Ich kannte alle Lehrer und alle Erzieher. Als unser Kindergarten sich im Rahmen einer EU-Kulturförderung um einen Zuschuss für die Renovierung bewerben wollte, um mit den Geldern einen Abenteuerspielplatz, eine Ritterburg, einen Garten und anderes zu bauen, übernahm ich die Aufgabe, die Eingabe zu verfassen. Ich schmückte den Text aus und beschrieb und zeichnete unsere Vorstellungen und Visionen in so glühenden Farben, dass wir am Ende den Zuschlag erhielten.

Aber ich habe nicht nur dafür geschuftet, eine gute und engagierte Mutter und Hausfrau zu sein, die großartige Dinners zaubern konnte, ein blitzblankes und aufgeräumtes Heim hatte, ihr Äußeres pflegte und ein einwandfreies Make-up sowie geschmackvolle Kleider trug. Ich war auch eine sehr effektive Mitarbeiterin, die ihre Aufträge immer pünktlich ablieferte, die kein noch so kleines Detail übersah, der keine Fehler unterliefen, die niemals die Kontrolle verlor. Die den eigenen hohen Ansprüchen treu blieb und versuchte, ihren gigantischen Erwartungen zu entsprechen. Und selbstverständlich war ich auch eine fantastische Freundin!

Für jeden hatte ich ein offenes Ohr und eine Schulter zum Ausweinen. Ich hatte immer Zeit für Zusammenbrüche und Depressionen. Stundenlang sprach ich mit meinen Freunden, Kollegen, Bekannten oder sagen wir eher, sie redeten mit mir. Sie schüttete mir ihre Herzen aus, weinten sich aus und thematisierten alles von Scheidung, Untreue, Sexleben über jobinterne Streitigkeiten, Probleme in der Verwandtschaft, unter Freunden, mit ihren Kleinkindern, den großen Kindern oder mit den Kindern anderer Leute. Und ich hörte ihnen zu, analysierte ihre Geschichten und unterstützte sie, wo ich nur konnte. Damals sagte ein Freund zu mir: »Du solltest Coach werden!« Und ich lachte und erwiderte: »Das bin ich doch schon!«

Ich stand niemals still, machte keine Pause. Alles, was ich mir vornahm, wurde in rasender Geschwindigkeit erledigt. Ich war schnell, effektiv, energisch und rastlos. Ich raste durch mein Haus, durch den Job und durch das Leben und putzte und räumte und erledigte und arbeitete und rannte. Keine Minute reflektierte ich über mein Tun, sondern war unablässig mit der Frage beschäftigt, was meine Umwelt von mir halten könnte, wie ich dastand.

So war mein Leben und es schien mir undenkbar, dass es anders sein oder sich anders anfühlen könnte. Zwar wusste ich tief in mir, dass ich von anderen Dingen träumte, vor allem von einer tiefen, mentalen Ruhe. Aber die war unerreichbar, also warum sich darüber Gedanken machen?

Es war besser, gar nicht erst darüber nachzudenken.

Denn stell dir vor, es könnte wehtun!

Was würde ich dann machen?

Ich hatte eine Riesenangst davor, nicht von allen gemocht zu werden. Wenn ich nur das geringste Anzeichen von Missfallen spürte, drehte ich noch mal richtig auf und setzte alle Hebel in Bewegung, um die betreffende Person wieder für mich zu gewinnen. Mich sollten alle mögen. Sonst stimmte etwas nicht. Und diese Unstimmigkeit musste auf der Stelle beseitigt werden.

Ich entwarf Strategien und Pläne, grübelte und führte lange Diskussionen mit mir selbst. In meinem Kopf fanden ständig Konferenzen statt, aber es waren keine qualitätsverbessernden Reflexionen, sondern Panikentscheidungen und Krisensitzungen. Ich drehte mich nur um mich selbst und um meine Wirkung auf andere. Ich wollte meinen Mitmenschen nur das Beste, wollte helfen, unterstützen, aufmuntern, sie für Dinge begeistern, gleichzeitig aber hatte ich eine furchtbare Angst und war unsicher. Doch das durfte keiner sehen.

Ich war für alle anderen Menschen immer wie der Zusatz »mit allen Extras«. Zum Beispiel, als eine Freundin von mir ihre alte Mutter zu Grabe tragen musste. Da habe ich ihr Schokoladenmuffins gebacken, sie in eine schöne Tüte gelegt, diese mit Seidenband verschlossen und sie ihr nach Hause gebracht (was eine Autofahrt von 90 km hin und zurück bedeutete, da sie in einer benachbarten Stadt lebte!). Ich habe sie ihr an die Tür gehängt und einen Zettel daran befestigt, auf dem stand: *Heute musstest du stark und mutig sein. Vielleicht tut dir eine kleine Süßigkeit gut. Kuss.* Und ich weiß, dass sie ausgeflippt ist vor Freude, weil es genau das war, was sie sich in diesem Augenblick gewünscht hatte.

Oder ich habe an einem normalen Sonntagmorgen Scones

gebacken und einfach die doppelte Menge gemacht. Dann habe ich ein paar Scones für uns abgezweigt und die restlichen in kleine Tüten getan und sie bei Freunden an die Tür gehängt oder angeklopft: *Guten Morgen, schönen Sonntag noch, hier sind ein paar Scones zum Frühstück.*

Oder wenn ein Kollege nach längerer Krankheit wieder ins Büro kam und eine kleine Streicheleinheit und bevorzugte Behandlung brauchte, ja, dreimal darfst du raten, wer sich darum kümmerte!

Ich erinnere mich vor allem an eine Torte, die ich für meinen Kollegen Peter gebacken habe. Es war eine außergewöhnlich leckere und saftige Marzipantorte mit Glasur und Blumendekoration. Darauf hatte ich geschrieben: *Willkommen zurück, Peter!* Die Zeit schien für einen Augenblick stillzustehen, als ich sie auf den Tisch stellte. Alle hielten den Atem an und schüttelten erstaunt ihre Köpfe.

Nun solltest du noch wissen, dass ich 1992 mit einer Ausbildung zur Journalistin begann und neben meinem Job bei TV4 freiberuflich Aufträge annahm – ich hatte also zwei Jobs und arbeitete doppelt so viel. Ich hatte fünf bis zehn feste Kunden, denen ich einmal im Monat einen Text ablieferte, und hatte zusätzlich freie Aufträge, die kamen und gingen.

Meine freiberufliche Tätigkeit habe ich sehr genossen, ich durfte schreiben – was ich ja immer wollte, außerdem hatte ich ein eigenes kleines Unternehmen, stand auf eigenen Füßen, und jeder neue Auftrag war eine neue Herausforderung. Da ich schnell, effektiv und gewissenhaft arbeiten konnte, war es kein Problem, die beiden Jobs miteinander zu koordinieren. Energie hatte ich genug.

Du ahnst wahrscheinlich schon seit einer ganzen Weile, dass es so nicht ewig weitergehen konnte. Und das tat es auch nicht.

Schon immer – zumindest seit ich erwachsen bin – hatte ich eine unglaublich hohe Schmerzgrenze. Ich habe so starke Schmerzen ausgehalten, dass es gesundheitsschädlich war. Bei der Geburt meiner ersten Tochter fiel mir das zum ersten

Mal auf (mehr darüber erfährst du im Kapitel *Fehlerfreie Eltern?*). Aber obwohl ich danach noch eine weitere Geburt erlebt hatte, die ähnlich dramatisch verlief wie die erste, reagierte ich nicht besonders beunruhigt, als ich im Herbst 1998 plötzlich fürchterliche Bauchschmerzen bekam.

Meine zweite Tochter war gerade mal drei Wochen alt, als es zum ersten Mal passierte. Ich hatte eine Gallenkolik, was ich damals allerdings nicht wusste. Ich wachte mitten in der Nacht auf und hatte stechende Schmerzen im Bauch. Da ich zu diesem Zeitpunkt bereits eine Meisterin im Verbergen war und immer die Fassade aufrechterhielt, keine Gefühle zeigte (wenn es sich nicht um Freude oder Glück handelte) und niemandem gegenüber meine Schwächen offenbarte, weckte ich keines der Familienmitglieder. Stattdessen schlich ich mich aus dem Schlafzimmer und rief beim Notarzt an und später auf der Entbindungsstation. Selbstverständlich forderten sie mich auf, sofort ins Krankenhaus zu kommen – Bauchschmerzen bei einer frisch entbundenen Frau konnten etwas Ernstes sein und mussten untersucht werden.

Aber ich fuhr nirgendwohin.

Ich dachte, dass es bald wieder aufhören würde, dass ich es schon aushalten würde, bis der Morgen anbrach und alles wieder verflogen war.

Das war die erste von vielen, vielen Koliken und Schmerzattacken. Im Laufe der Zeit wurden die Schmerzen immer stärker, die Koliken dauerten länger und mein Körper litt sichtbar darunter. Saß der Schmerz am Anfang im Bauch, hinter der Leber auf der rechten Seite, strahlte er zunehmend in den gesamten Bauchraum aus, in den Rücken und in den Unterleib. Ich bewegte mich, als laste das doppelte Gewicht auf mir, wenn ich mich überhaupt bewegen konnte. Der einzige Ort, an dem es einigermaßen auszuhalten war und die Schmerzen sich lindern ließen, war im Auto, mit eingeschalteter Sitzheizung. Die Wärme beruhigte und entspannte mich. Also meldete ich mich bereitwillig für Fahrdienste, um die Kinder von A nach B zu bringen, Hauptsache, ich konnte im Auto sitzen. Ein Jahr und vier Monate hielt ich das durch, bis ich auf Befehl meines Mannes den Arzt anrief. Da hatte ich an einem Sonntag zwölf Stunden am Stück diese Schmerzen gehabt und war nicht mehr in der Lage gewesen, den Ernst der Situation zu verbergen.

Drei Tage vor Weihnachten begab ich mich also zu unserem Betriebsarzt, in jeder Hand ein Kind, da ich an diesem Tag keine Kinderbetreuung hatte.

Der Arzt tastete meinen Bauch ab, konnte aber nichts Auffälliges feststellen. Allerdings gefielen ihm die Symptome nicht (natürlich hatte ich bei meinem Bericht etwa 70 Prozent der Dramatik abgezogen!), und darum gab er mir eine Überweisung zum Röntgenologen und einen Termin zwischen den Jahren. Unwillig ließ er mich gehen, wir wünschten uns frohe Weihnachten und ich nahm meine Kinder mit zur Arbeit.

Nur wenige Minuten später brach ich unter einer weiteren Attacke zusammen.

Die Schmerzen waren stärker als alles, was ich je zuvor erlebt hatte. Zum Glück arbeitete mein Mann im selben Haus, und jetzt haben wir den Bogen zum Beginn des ersten Teils meiner Reise geschlagen.

Teil zwei

Mein zuständiger Arzt war ein sehr netter, ernster und etwas älterer Mann. Er hatte selbst eine Tochter in meinem Alter, die vor Kurzem ihr erstes Kind bekommen und ihn damit zum Opa gemacht hatte. Lange sprach er mit mir über den Ernst der Lage, dass meine Kinder jetzt ohne Mutter dastehen könnten, dass ich mein bisheriges Leben überdenken und ändern müsse. Schließlich hatte ich eine zweite Chance bekommen. Ein zweite Chance, zu leben.

Diese Haltung kollidierte selbstverständlich mit meiner. Zu Hause wartete genug Arbeit auf mich, es musste geputzt und gefegt, Neujahr vorbereitet, Leute getroffen und sonstige Dinge in den Weihnachtsferien erledigt werden. Und dann, ja dann wollte ich auch wieder zur Arbeit, ich war durch die Krankheit ganz schön in Verzug gekommen.

Dazu musst du wissen, dass ein Weihnachtsfest bei dieser besonderen Perfektionistin aussah wie in einem Katalog. Es gab selbst gemachten Pfefferkuchenteig, aus dem ein Pfefferkuchenhäuschen gebaut wurde, das aussah wie unseres, mit Balkons, Gartenzaun und allem Drum und Dran. An weit über hundert Menschen wurden Weihnachtskarten geschickt, alle selbst entworfen und auf dem Küchenfußboden mit Zimtstangen, rotem Seidenband, Goldsternen, Schablonen, Glitzerspray und Kunstschnee verziert. In den Fenstern hingen Apfelsinenscheiben mit Nelken zum Trocknen, der Weihnachtsbaum suchte seinesgleichen, alle Geschenke waren wunderschön eingepackt, jedes erdenkliche Weihnachtsgebäck wurde gebacken, in jeder Ecke saß ein kleiner Weihnachtswichtel und es gab ein imposantes Weihnachtsbuffet.

Und all das hatten wir dieses Jahr ausfallen lassen müssen.

Wir hatten uns um Leben und Tod kümmern müssen und hatten andere Sorgen.

Die geplante große Weihnachtsparty wurde abgesagt, mein Mann kümmerte sich um die Kinder, die den Ablauf an Weihnachten selbst bestimmen durften und sich dafür entschieden, schon am Morgen, gleich nach dem Aufstehen, alle Pakete aufzureißen und den restlichen Tag vor dem Fernseher zu verbringen. Nur unterbrochen von einem kurzen Besuch bei Mama im Krankenhaus, die in einem merkwürdigen Bett lag, schlief und überall Schläuche hatte.

Wie auch immer, ich hatte auf jeden Fall keine Zeit, über ein anderes Leben und eine zweite Chance nachzudenken. Ich begriff nicht, was für eine immense Bedeutung die Worte des Arztes eines Tages für mich haben würden, denn die Erschütterung war nicht gewaltsam genug gewesen. Ich konnte nach wie vor die Fassade aufrechterhalten und ließ keine Gefühle in diese Richtung zu.

Aber irgendwo tief in mir hatte ich offenbar doch verstanden, dass ich mein Tempo drosseln musste. Dass es mir jetzt wirklich reichte. Und das Erste, was ich tat, war NEIN sagen zu lernen.

Uiuiui. Stell dir vor, dass einem so ein kleines Wort so große Schwierigkeiten bereiten kann!

Nie zuvor hatte ich mir Gedanken darüber gemacht, was ich wirklich will oder schaffe oder wozu ich wirklich Lust hatte. Mein Hauptaugenmerk lag immer nur darauf, was der oder die andere benötigte, wie ich am besten helfen konnte und natürlich wie ich die vermeintlichen Erwartungen an mich erfüllen konnte.

Meine Jungfernfahrt im Neinsagen machte ich auf einem Elternabend. Die Familie hatte mich mit den Worten verabschiedet: »Wenn du auch nur mit einem einzigen Auftrag zurückkommst, bleibt die Tür für dich verschlossen!« Herzlich, aber bestimmt! Ich begriff, dass sie es ernst meinten, und beschloss, zu gehorchen, meiner eigenen Gesundheit zuliebe. Und als die Lehrerin dann in die Runde fragte, wer denn das Protokoll schreiben könne oder für eine geplante Veranstaltung im kommenden Frühling zur Verfügung stehe, ja, da versank ich vor Scham im Boden. Weil ich mich nicht gemeldet hatte, weil ich mich nicht engagieren wollte. In meinen Armen zuckte es, sie wollten in die Höhe fliegen, sich zeigen, aber ich machte mich so klein, wie ich konnte. Und die Scham wuchs ins Uferlose, als ich direkt angesprochen wurde und ablehnen musste, mir ein Nein herauspresste und mich damit entschuldigte, dass ich so viel anderes zu tun hätte.

Ich kam also ohne Auftrag zurück nach Hause und wurde herzlich empfangen.

Zum ersten Mal in meinem Leben hatte ich Nein gesagt.

Tatsache ist, dass die meisten Leute mir zustimmen, aber sich auch winden wie Würmer, sobald dieses Thema aufkommt: dass man eigene Grenzen setzen muss, dass man Nein sagt, wenn man Nein meint, und Ja, wenn man Ja meint!

Ich fing an, häufiger Nein zu sagen. Zu Aufgaben, die ich nicht erledigen wollte oder einfach nicht schaffen konnte. Zu Dingen, denen ich in meinem Alltag, meinem Plan, meinem Leben keinen Raum geben wollte. Früher hatte ich keinen Gedanken daran verschwendet, ob ich Lust zu etwas hatte, sondern aus Gewohnheit und in Eile zugesagt. Jetzt hatte ich mir angewöhnt, mich zu fragen, ob es mir gerade passte, ob es mir Spaß machen würde und ob es sich richtig anfühlte.

Natürlich fiel mir das ungeheuer schwer. Da ich mich mein Leben lang darauf konzentriert hatte, was meine Umwelt dachte und meinte, lag es viel zu nahe, dass ich mich auch für die Gefühle meiner Mitmenschen verantwortlich fühlte. Ich wollte ja auch niemanden vor den Kopf stoßen. Aber ich wurde zu der Einsicht gezwungen, dass jeder die Verantwortung für seine eigenen Gefühlen hatte, und das galt auch für die Menschen in meinem engsten Umfeld.

Der nächste Schritt war, JA zu sagen. Um Raum für mein Ja zu schaffen, hatte ich einige Neins benötigt, und um herauszufinden, wozu ich Ja sagen wollte, musste ich mir darüber erst einmal Gedanken machen und Klarheit verschaffen.

Nachdenken.

Gründlich.

Womit verbrachte ich meine Lebenszeit eigentlich? Wie verbrachte ich meine 24 Stunden am Tag? Wenn ich einfach ins Blaue träumen dürfte, mein Leben von Neuem beginnen könnte wie ein leeres Blatt Papier und ganz von vorne anfangen würde, jeden Tag aufs Neue – würde das Leben dann so aussehen wie mein jetziges?

Ich hatte eine Familie, Freunde, wohnte in einem schönen Haus, aß gutes Essen, konnte reisen, mir schöne und mitunter auch teure Kleider kaufen, was wollte ich mehr?

Bedeutsamkeit. Mir fehlte das Gefühl, bedeutsam zu sein.

Abgesehen von meiner Aufgabe als Mutter tat ich nichts, was wirklich von Bedeutung war. Denn in meiner neuen Welt galt ein Abendessen mit Platzkarte und Dessert nicht als bedeutsam. Das kollidierte mit meiner neuen Art, zu denken. Und sich für andere abzurackern war erst recht nicht bedeutsam.

Was könnte mir diese Bedeutsamkeit geben?

So kam ich wieder auf meinen alten Wunsch, anderen zu helfen. Jeden Morgen fuhr ich auf meinem Weg ins Zentrum von Stockholm den langen Stadsgårdskajen hinunter. Und jeden Tag sah ich die Obdachlosen, die in der Schlange vor der Unterkunft der Stadtmission standen. Vor Kurzem hatte ich einen Artikel über obdachlose Frauen gelesen, denen es an all den Dingen fehlte, die für uns Frauen ganz selbstverständlich waren, die wir jeden Tag verwendeten und bei Bedarf einfach nachkauften. Da ging es um Binden, Unterwäsche, Duschgel, Schminke, Shampoo, Zahnbürsten und Ähnliches.

Da ich ab jetzt Aufträge ablehnte, zu denen ich keine Lust hatte, meinen Bekanntenkreis sondiert, aussortiert und mein soziales Leben auf diejenigen konzentrierte hatte, mit denen ich meine Zeit verbringen wollte, hatte ich auf einmal viel Zeit zur Verfügung, um etwas Bedeutsames zu machen.

Also begann ich, für die obdachlosen Frauen zu sammeln. Ich telefonierte mit großen Unternehmen, die nützliche Dinge herstellten, und fragte sie, was sie für die Menschen entbehren konnten, die gar nichts hatten.

Alle Firmen – bis auf eine einzige – schenkten großzügig und schickten mir die Sachen zu. Und zwar zu mir nach Hause, in meine Garage. Die war zum Bersten voll (und es ist eine große Garage!) mit Seifen, BHs, Hautcremes und Lippenstiften. Ich packte alles zusammen und brachte es zu den Obdachloseneinrichtungen.

Dann beschloss ich, einen alten Traum von mir in Erfüllung gehen zu lassen: Beim BRIS (Barnens rätt i samhället, wörtlich übersetzt: Das Recht des Kindes in der Gesellschaft, Anm. d. Übers.) arbeiten, einer Organisation ähnlich dem Kinderhilfswerk, deren Arbeit ich schon lange beobachtet hatte. Dort wollte ich ehrenamtlich tätig werden, als Beraterin, und Kindern helfen, die Schlimmes erlebt und niemanden zum Reden haben.

Ich schrieb die Organisation an und wurde zu einem Gespräch eingeladen. Eigentlich verfügte ich nicht über die notwendigen beruflichen Voraussetzungen, da ich weder Ärztin, Psychologin noch Lehrerin war. Da ich aber als Journalistin viele Artikel über Kinder geschrieben hatte, gab es doch eine Art professionelle Anbindung.

Sie sagten mir sofort zu und fügten hinzu, dass es eine leichte Entscheidung für sie gewesen sei.

An meinem ersten Tag bei BRIS fühlte ich mich zum ersten Mal (abgesehen von den Geburten meiner Kinder) hundertprozentig akzeptiert und bei mir angekommen. Und dieses Gefühl wurde mein Leitfaden für den Prozess, in dessen Verlauf ich meinen Weg, meine Bedeutsamkeit und das Leben, das ich führen wollte, finden würde.

Je mehr ich mich durch diese Arbeit gestärkt fühlte, desto deutlicher traten die Dinge hervor, die in meinem Leben nicht stimmten. Beziehungen, in denen ich nicht glücklich war. Aufgaben, die mir vollkommen sinnlos erschienen. Seiten an mir, die ich nicht mochte und die sich in bestimmten Situationen verstärkten.

Hast du dir schon einmal darüber Gedanken gemacht, dass du in der Gesellschaft unterschiedlicher Menschen auch unterschiedlich schön bist? Dass unterschiedliche Menschen in dir das Schönste, aber auch das Schlimmste zum Vorschein bringen?

Als mir das klar wurde, erkannte ich auch, dass ich meine Zeit im Büro nur absaß, nichts Bedeutungsvolles bewerkstelligte. Mich ärgerte es, dass der Sender meine Ressourcen nicht besser nutzte; ich war eine junge Frau mit viel Energie und Berufserfahrung, ich war ausgesprochen effektiv und dynamisch, kollegial und fröhlich und konnte außerdem auf eine lange Berufserfahrung zurückblicken, da ich von Anfang an mit dabei war. Ich hatte diesen Wunsch schon früher gehabt, aber noch nie war ich deswegen wütend gewesen. Jetzt war ich es. Es reichte!

Und plötzlich wurde mir eine Projektleitung anvertraut!

Ich sollte als Koordinatorin arbeiten, würde freie Hand haben und viel mehr Verantwortung als bisher. Ich würde viel reisen dürfen, Leute treffen, neue Kontakte knüpfen und meine Arbeitszeit frei einteilen können. Es hätte nicht besser kommen können.

Also legte ich wieder mit voller Kraft los, und ich meine: VOLLE KRAFT!

Nur einen Monat später hatte ich das Land bereist, alle

möglichen Leute getroffen, mich zum Essen verabredet und mehrere Meetings gehabt. Ich hatte tonnenweise Artikel gelesen, zu allen Themen recherchiert, eine Homepage entworfen und sie mit Informationen, Material, Bildern und anderem coolen Zeug bestückt.

Ich setzte mich selbst ganz schön unter Druck und musste mir selbst und auch den anderen einiges beweisen. Schließlich hatte ich gesagt, dass ich schwerere Aufgaben meistern kann.

Viele meiner Kollegen waren schon viel länger mit diesen Projekten beschäftigt, trotzdem verglich ich mich mit ihnen und wartete eigentlich die ganze Zeit darauf, dass jemand erkannte, dass es ein Fehler war, mich mit dieser Aufgabe betraut zu haben. Immerhin ging es darum, die Firma in dieser Frage zu vertreten.

Mein Selbstvertrauen lag am Boden, aber ich schaffte es, die Rolle professionell auszufüllen. Ich musste die Verantwortung übernehmen und bekam Unterstützung und Aufmunterung.

Dann kam der Tag der großen Tournee, die uns durchs Land führen sollte. Ich war Teil einer riesigen Werbeaktion in sieben Städten Schwedens und schaffte zwei, ehe mein bisheriges Leben erneut in sich zusammenfiel.

Es war an einem Samstagmorgen, ich war zu Hause. Ich hatte gerade gefrühstückt, als die Bauchschmerzen kamen. Zuerst dachte ich, ich hätte etwas Falsches zu mir genommen, darum ging ich ich mit den Worten aus dem Zimmer, mir gehe es nicht so gut und ich würde mich eine Weile hinlegen und ausruhen.

Aber kaum lag ich im Bett, explodierte der Schmerz in mir, es tat so wahnsinnig weh, dass mir die Worte fehlen, um es zu beschreiben. Leider hatte ich die Schlafzimmertür geschlossen, und meine Stimme, die ansonsten stark und kraftvoll ist, war schwach und nicht mehr als ein Wispern. Vor der Tür spielten die Kinder, ich hörte sie lachen und herumtollen, ich hörte auch meinen Mann, der sie weggeschickte, damit ich nicht gestört werde.

Aber ich wollte nichts lieber als gestört werden!

Ich hatte solche Schmerzen, dass ich die Notwendigkeit eines Notarztes begriff. Sonst würde ich das hier nicht überleben.

Zum Glück hörte meine mittlere Tochter mein Wimmern. Sie öffnete die Tür und ich konnte sie bitten, ihrem Papa Bescheid zu sagen, dass er den Notarzt rufen muss.

Dann begann es hektisch zu werden, es wurden Anrufe gemacht, der Notarztwagen gerufen und Sachen eingepackt.

Obwohl ich schon so einiges mitgemacht hatte: Todesangst hatte ich noch nie zuvor gehabt.

Nicht bis zu diesem Tag, als ich in meinem Bett lag und auf den Krankenwagen wartete.

Unter Schmerzen stieß ich hervor, dass sie nochmal anrufen sollten, um herauszufinden, wie lange es noch dauert. Gleichzeitig wuchs in mir die Gewissheit, dass sie es nicht rechtzeitig schaffen würden.

Die Schmerzen waren zu groß.

Ich würde in meinem Bett sterben.

36 Jahre alt, an einem gewöhnlichen Samstagmorgen in der Mitte meines Lebens.

Ich hatte doch noch so viel zu tun, so tolle Kinder, die ich aufwachsen sehen wollte. Ich liebte es, Geschichten vorzulesen, zu schaukeln, Lego zu spielen und mit meinen Kindern zu backen. Und das alles würde ich nie wieder tun können? Auch sie würden mit einem alleinerziehenden Elternteil aufwachsen, so wie ich, und sich ein Leben lang fragen, wie wohl der andere Elternteil gewesen ist, wie das Leben mit ihm gewesen wäre? Was hätten wir gemeinsam unternommen, gesehen, gehört, welche Reisen zusammen gemacht, worüber hätten wir gesprochen, gelacht?

Das war so ungerecht. Ich überlegte, ob ich mich schon von meiner Familie verabschieden sollte, denn ich dachte immer wieder, dass sie es wohl nicht rechtzeitig schaffen würden, dieses Mal ging es um Leben oder Tod, sie würden es nicht rechtzeitig schaffen.

Sie schafften es.

Was folgte waren Blaulicht, Sirenen und Höchstgeschwindigkeit. Ich war auf der Trage festgebunden, hatte eine Sauerstoffmaske auf dem Gesicht und fuhr ein zweites Mal in die Notaufnahme des Krankenhauses, in dem ich vor sechs Jahren meine zweite Chance bekommen hatte.

Und wieder lag ich im OP, Magensonden, Sauerstoffsonde und Kanülen wurden eingeführt, um das Magengeschwür zu behandeln, das sich gebildet hatte.

Vier Tage lag ich im Krankenhaus. Weitere Untersuchungen, Proben, Arztvisiten folgten. Ich sagte eine berufliche Reise ab und ließ mich krankschreiben. Ich war abgemagert, die Schlüsselbeine stachen hervor, als hätte ich einen Kleiderbügel verschluckt, der quer saß.

Nach meiner Genesung setzte ich meine Tournee durchs Land fort. Aber die Ereignisse hatten mir die Augen geöffnet, es galt, einen Tag nach dem anderen zu begehen. Jeder Tag war ein neues Geschenk, das ich mit Sorgfalt behandeln musste. Jeder einzelne Tag zählte. Ab jetzt würde es keine halben Tage mehr in meinem Leben geben. Ich würde meine Fehler im alten Leben nicht wiederholen.

Ich begann, neue Pläne zu schmieden. Ich wollte unbedingt etwas Sinnvolles, Bedeutungsvolles tun. Ich war voller Energie und wusste, dass es mir dieses Mal gelinge würde.

Seit 2003 war ich bei BRIS als ehrenamtliche Mitarbeiterin tätig (und bin es immer noch). Immer, wenn ich mit den Kindern arbeitete, fühlte ich mich, als wäre ich bei mir angekommen. Ich war im Fluss und spürte Zuneigung, fühlte mich kompetent und gebraucht, begegnete Wärme und Anerkennung und kam zu meinem Recht. Auch das Spendensammeln für die Obdachlosen verlieh mir dieses Gefühl.

Aber schließlich musste ich auch Geld verdienen. Die Rechnungen wollten bezahlt werden, ich musste Essen kaufen, wollte reisen und die Welt sehen.

Bei meiner Tätigkeit als Koordinatorin lernte ich vor allem zwei wichtige Dinge. Da ich für alle öffentlichen Auftritte in den Medien zuständig war, konnte ich mir auf diesem Gebiet sehr viel Wissen und Routine aneignen. Und davon kann ich auch heute noch profitieren, da ich regelmäßig im Fernsehen, in Zeitschriften und im Radio auftreten muss. Ich habe gelernt, schnell leicht verständliche Antworten zu formulieren, und weiß, was für einen 30-Sekunden-Clip im Fernsehen notwendig ist. Ich kann den Anruf einer Zeitung parieren, die von mir auf die Schnelle ein Zitat für einen Artikel benötigt oder in einer Livesendung im Radio auf Fragen von Zuhörern reagieren.

Die zweite Fähigkeit war, dass ich lernte, vor Publikum zu sprechen.

Ich glaube, meine Premiere hatte ich in Katrineholm, wo ich zusammen mit drei anderen Organisationen und einem Unternehmen einen dreißigminütigen Vortrag halten sollte. Meine Kollegen hatten tolle Powerpoint-Präsentationen, zwei waren bedeutend älter und erfahrener als ich, und alle waren superprofessionell.

Als ich an der Reihe war, schlich ich auf die Bühne, noch mager nach meinem Krankenhausaufenthalt, gut angezogen, aber noch ein bisschen blass, schrieb meinen Namen aufs Whiteboard und hielt einen exakt fünfminütigen Vortrag mit mechanischer Stimme, bedankte mich beim Publikum und huschte, so schnell ich konnte, auf meinen Sitz zurück.

Und so ging es eine ganze Weile weiter, bis ich meinen Platz gefunden und gelernt hatte, mir Gehör zu verschaffen. Ich hatte auch eine dankbare Thematik: Mit Fernsehkonsum und Medienverhalten können alle was anfangen, also veränderte ich meinen Vortrag, arbeitete an der Dramaturgie, baute Bilder und Berichte ein, warf ein paar Zahlen und Informationen in den Raum und schmückte alles mit Erklärungen, Anekdoten und natürlich hier und da einem kleinen Scherz aus. Und da mein Material im Lauf der Zeit immer aussagekräftiger wurde und eigentlich für sich selbst stehen konnte, hatte ich die Möglichkeit, mich auf mein Auftreten und meine Rhetorik zu konzentrieren.

Etwa ein halbes Jahr später hatte ich die Aufregung überwunden, setzte mein Bildmaterial nur noch als Häppchen für das

Publikum ein, tanzte mich durch mein Referat, bekam spontanen Applaus während meiner Vorträge und donnernden Beifall am Ende. Danach fühlte ich mich stundenlang wie high.

Nach kurzer Zeit schon wusste ich, dass ich diese neuen Kenntnisse eines Tages in einem ganz anderen Kontext einsetzen würde. Denn wenn ich die Vortragstechniken erlernen konnte, dann würde ich das auch mit anderen Dingen tun können, mit wichtigeren Sachen wie dem Leben und der Liebe, mit Schwächen und Stärken und meiner persönlichen Entwicklung. Ich wollte so viele Menschen wie möglich erreichen, sie inspirieren und begeistern und in ihren Augen kleine, glitzernde Sterne entzünden.

Da mir diese Arbeit so sehr am Herzen lag, entschied ich mich für die Ausbildung zum Coach. Und ich hoffte, dass mich die Ausbildung nicht überfordern würde, weil ich seit Jahren im privaten Bereich gecoacht hatte. Es würde der Auftakt für eine lange Ausbildung werden, denn mein Coach-Zertifikat war für mich nur der erste Schritt in meiner neuen Schule des Lebens, und ich habe seitdem nicht aufgehört, mich weiterzubilden.

Von Anfang an hatte ich mehr Klienten, als mir lieb war, aber ich war sehr zielsicher, wusste genau, wie und wofür ich arbeiten wollte. Und um dieses Ziel erreichen zu können, lernte ich, soviel ich konnte, ich las eine Menge, traf Leute, hörte ihnen zu, beobachtete alles genau, sog jede verfügbare Information und jedes Wissen in mich ein und stellte mich immer größeren Herausforderungen. Ich gewöhnte mir an, immer JA zu sagen, wenn ich eigentlich Angst vor etwas Neuem hatte, und NEIN, wenn mein Bauchgefühl mir davon abriet, weil ich in einem bestimmten Kontext nicht gesehen werden wollte oder weil ich mit diesen Leuten nicht zusammen sein wollte.

Diese Entwicklungsphase offenbarte aber auch noch andere, weitaus beängstigendere Dinge: die übertrieben hohen Ansprüche, die ich an mich gestellt hatte, an mein Auftreten, meine Leistungen und meine Belastbarkeit. Wie mein Zuhause aussah, meine Kinder sich aufführten, wie die Beziehungen zu meinen Freunden waren, wofür ich mich engagierte. Meine Ehe, meine Gesundheit, meine Träume und Visionen.

Was das Glück anbetraf, das ich spürte, mein Selbstwertgefühl, meine Lebensfreude und die Chance, mich weiterzuentwickeln, da hatte ich nicht vor, mich mit *gut genug* zu begnügen. Aber was meine Leistungen anging, meine Erwartungen an mich selbst und den Druck, den ich dadurch erzeugte, da würde ich mich in Zukunft mit gut genug zufrieden geben.

Heute bin ich gut genug.

Meistens gelingt es mir, eine positive Perfektionistin zu sein. Das bedeutet, dass ich bei jedem neuen Auftrag nach dem besten Ergebnis strebe, es darf auch gerne perfekt werden. Ob es sich dabei um einen Vortrag handelt, ein Seminar für Führungskräfte, eine Kolumne, eine Coachingsitzung oder einen Auftritt in den Medien, ich möchte zurückblicken und sagen können: »Ich bin zufrieden und ich würde es nicht anders machen, wenn ich es noch einmal wiederholen würde.« Und wenn ich nicht mein Bestes geben kann, wenn etwas schiefläuft oder etwas Unvorhergesehenes passiert, bemühe ich mich, daraus zu lernen, und frage mich, wie ich mich verhalten werde, wenn ich wieder in eine ähnliche Situation gerate. Ich muss denselben Fehler ja nicht unbedingt zweimal begehen.

Außerdem kann auch kaum etwas so richtig schiefgehen, weil ich nicht mehr so verkrampft und ängstlich bin wie früher. Heute kann ich mit unerwarteten Situationen umgehen, ich fühle mich sicher und ruhe in mir selbst. Meine Persönlichkeitsentwicklung, meine Reise vom Perfektionismus über *Mir reicht's* zum Gefühl von *gut genug* hat viele Jahre in Anspruch genommen. Aber jetzt bin ich angekommen.

Vor ein paar Tagen war ich abends mit Freunden zum Essen verabredet. Ich war todmüde, am liebsten wäre ich zu Hause geblieben und hätte vor dem Fernseher Süßigkeiten gegessen. Gleichzeitig aber wollte ich meine Freunde sehen. Zehn Minuten bevor ich loswollte, brach ich heulend zusammen. Dann trocknete ich mir die Tränen ab, stieg aufs Fahrrad und fuhr los. Früher hätte ich meine Gefühle weggedrückt, ein Lächeln aufs Gesicht gezaubert und behauptet, dass es mir hervorragend gehe. Stattdessen aber erzählte ich meinen Freunden, wie es mir ging, dass ich saumüde sei und gerade geheult hätte. Und was machten die? Sie nahmen mich in den Arm und bestellten Sekt!

Heute räume ich mir selbst genug Platz ein, was dazu geführt hat, dass meine Beziehungen zu anderen auf Gegenseitigkeit basieren. Denn wie sagte vor Kurzem ein Freund zu mir: »Wer will schon mit einem perfekten Menschen befreundet sein?«

Bei uns zu Hause sieht es mittlerweile so aus, wie eben es aussieht. Da ich zurzeit von zu Hause aus arbeite, stapeln sich in meiner Arbeitsecke Berge von Unterlagen, Fachbücher, Papiere, Ordner, Artikel und Zeitungsausschnitte. Eines Tages stand ich in diesem Chaos und stöhnte: »Hilfe, wie sieht es hier bloß aus!« Da erwiderte meine älteste Tochter: »Ja, aber Mama, das ist doch total gemütlich, es sieht aus, als würde hier jemand wohnen!«

Vielen Dank. Das kann man nicht falsch verstehen. Überall hängen und kleben Zeichnungen, Liebesbriefchen, Tickets, Fotos und Erinnerungen an schöne Momente. In diesem Haus sind Leben und Bewegung. Hier gibt es keine Pedanterie mehr, es ist gut genug. Und das genügt uns.

Auch als Mutter bin ich gut genug. Ich tue mein Bestes, und an meiner Liebe zu meinen Kindern gibt es keine Zweifel. Ich finde, das sind die drei großartigsten, nettesten, coolsten, wunderbarsten und herrlichsten Menschen! Und ich will, dass sie ihre Persönlichkeit so entwickeln können, wie sie gedacht ist. Es ist wichtig, zwischendurch die Zeit stillstehen zu lassen und sich nicht rauszureden mit: »Ich muss noch mal eben schnell ...«, sondern sich Zeit für sie zu nehmen und ihnen offen und aufmerksam zu begegnen, wenn sie es wollen oder brauchen. Wenn ich etwas getan habe, was blöd war, entschuldige ich mich. Auch Erwachsene dürfen Fehler machen, auch sie müssen lernen. Ich gehe zu so vielen Elternabenden, wie ich es einrichten kann. Aber nicht mehr, um mich den anderen Eltern zu zeigen, sondern weil ich ein ehrliches Interesse habe.

Ich lebe jetzt in einer Beziehung mit einem wunderbaren Mann und erlebe eine Liebe, die so überwältigend ist, dass ich mir ab und zu in den Arm kneifen muss. Endlich ruhe ich in mir selbst und habe ein gesundes Selbstwertgefühl, um zu erkennen, wenn ich einen Fehler gemacht habe, und ihn korrigieren zu können.

Ich bin ich und er ist er. Ich bin stark und breche nicht zusammen, wenn ich keine Schulter habe, an die ich mich anlehnen kann. Gleichzeitig genieße ich aber die Zweisamkeit und das Leben mit ihm.

Schon immer habe ich viel Energie, bin aktiv und zielsicher und verwirkliche meine Pläne und Vorstellungen. Aber heute kann ich diese Eigenschaften positiv für mich nutzen, das heißt, sie rauben mir keine Kraft, sondern geben mir welche und tragen mich. Ich kann meine Energie an- und ausschalten. Im Alltag bedeutet das, zwischen den einzelnen Sitzungen oder Meetings einen »power nap« einzulegen, das Telefon auszuschalten, wenn Schweigen angesagt ist, mir freie Zeit in den Terminkalender einzuplanen oder in einem fesselnden Buch zu versinken.

Ich mag mich, bin neugierig und will weiterwachsen und eine Menge lernen. Ich will viel lesen, hören, sehen und erleben, will reisen, alles Mögliche und Unmögliche ausprobieren. Meine Ergebnisse sind von unterschiedlicher Qualität, mal bin ich sensationell gut, mal nur so lala. Aber dann versuche ich, herzlich darüber zu lachen.

Ich lebe ein bedeutungsvolles Leben, das *mein* Leben ist, ich gebe und empfange Liebe und es reicht mir, gut genug zu sein.

Und ich habe keine Bauchschmerzen mehr.

Ach, die Liebe ...

Wir verschwenden unsere Zeit damit, nach dem perfekten Geliebten zu suchen, anstatt die perfekte Liebe zu erschaffen.

Tim Robbins, amerikanischer Schauspieler und Regisseur

Vielleicht stimmt es ja, dass es weder den perfekten Mann noch die perfekte Frau und erst recht nicht die perfekte Beziehung gibt. Aber es klingt ganz schön traurig und wenig tatkräftig.

Aber dafür gibt es nette Menschen, die sich voneinander angezogen fühlen, gemeinsame Interessen und Wertvorstellungen haben und Leidenschaft und Lust füreinander empfinden. Die ihr Leben miteinander teilen wollen, morgens in den Armen des anderen aufwachen und abends eng umschlungen einschlafen wollen und die alle Sorgen und Freuden des Lebens miteinander tragen, Fest- und Alltag, die Bedürfnisse des anderen erkennen und jeden Tag aufs Neue neugierig auf den anderen sein wollen.

»Den Richtigen« treffen ...

Es ist so sinnlos und vergeudete Zeit, Checklisten anzufertigen, wie der oder die Richtige aussehen und sein soll. Wenn du so hohe Ansprüche stellst und dadurch die Erfüllbarkeit deiner Vorstellungen auf ein Minimum reduzierst, weil nur eine ganz geringe Anzahl von Menschen auf der Welt ihnen überhaupt entspricht, dann bestiehlst du dich selbst. Du beraubst dich der Möglichkeit, andere interessante Menschen kennenzulernen, die auch eine hervorragende Wahl sein könnten! Du begrenzt von vornherein deine Wahlmöglichkeiten und verpasst unter Umständen große Chancen auf dem Weg.

Lucia erzählte mir:
Ich bin jetzt schon seit vier Jahren auf der Suche nach dem perfekten Partner, ohne Erfolg. Darum habe ich Zweifel bekommen, ob es ihn vielleicht gar nicht gibt. Eine Bekannte sagte mir, dass ich einfach ausgehen und neue Leute kennenlernen solle. Damit ich wieder lerne, Männer als Menschen zu sehen und nicht nur als potenzielle Partner. Vielleicht würde ich so neue Freunde finden und mich später sogar in einen von ihnen verlieben können. Das ist eine ganz neue Sichtweise auf die Dinge. Ich sollte es vielleicht mal ausprobieren.

Katja erzählte mir:
Meine Eltern sind noch immer zusammen und haben eine sehr liebevolle, fantastische Beziehung. Ich finde das toll. Allerdings habe ich dadurch sehr große Erwartungen an meine Beziehung zu einem Mann. Wir müssen mindestens genauso perfekt zusammenpassen wie meine Eltern. Ich habe das Gefühl, als würden sie von mir erwarten, dass ich das aus meiner Kindheit in mein Leben übernehmen und mich nicht mit weniger zufriedengeben sollte. Ich finde es ja richtig, hohe Ansprüche zu haben, aber das setzt mich enorm unter Druck. Darum bin ich wohl auch Single.

Rosie erzählte mir:
Er soll durchtrainiert, fröhlich, aufmerksam, höflich und romantisch sein, er soll einen interessanten Job haben, genug Geld verdienen, eine nette Verwandtschaft haben, mit der er sich gut versteht, er soll mir ab und zu Rosen schenken und gerne putzen.

Bill erzählte mir:
Sie soll einen schönen Hintern haben, lustig, frech und sport-

lich, aber gleichzeitig auch weiblich sein. Sie soll selbstständig sein, ihr eigenes Geld verdienen, meine Kumpels mögen und Kinder haben wollen.

Eva erzählte mir:
Ich habe eine Checkliste, wie mein Traummann aussehen und sein soll, aber ich habe ihn bis jetzt noch nicht gefunden. Immer stimmt etwas nicht, ein Haken auf der Liste fehlt immer. Wie bei meinem letzten Date zum Beispiel: total nett, gut aussehend, super angezogen, toller Job, interessiert, und wir konnten uns sehr gut unterhalten, aber er schmatzte und aß mit offenem Mund, und da war er sofort durchgefallen.

Einige Menschen verbringen den größten Teil ihres Lebens damit, den perfekten Partner zu suchen. Natürlich sind sie ziemlich einsam. Genauso wenig, wie es den perfekten Partner gibt, ist auch der oder die Suchende perfekt. Aber wenn einem der Perfektionsdrang im Wege steht, fällt es schwer, die eigenen Begrenztheiten und Mängel zu sehen. Oder, was noch schlimmer ist, es ist unmöglich, sie zu erkennen und zu akzeptieren, was in der Konsequenz bedeuten würde, dass man mit ihnen umgehen und aus ihnen lernen könnte.

Die perfekte Hochzeit, aber klaro

Eine Hochzeit ist der geeignete Anlass für einen Perfektionisten, um sich selbst zu übertreffen. Ein Traum! Alles muss wie am Schnürchen klappen. Die Beziehung soll untermauert werden, alle sind da, nichts kann man in letzter Sekunde noch ändern, alles ist live und online.

Alle Nerven liegen blank.

Das Brautpaar ist unter ständiger Beobachtung.

Ich habe einmal geheiratet. In weißem Brautkleid, mit einem Haufen Gäste, Riesenabendessen und dem ganzen Klimbim. Natürlich wollte ich, dass alles perfekt wird. Und das wurde es auch, aber auch ziemlich komisch: Etwa eine Viertelstunde vor der Trauung, ich saß mit meiner kleinen Bonustochter – die Blumenmädchen sein sollte – in der Limousine auf dem Weg zur Kirche. Auf einmal musste ich dringend auf Toilette, ich wusste genau, dass ich unmöglich die Trauung überstehen würde – ich musste vorher auf die Toilette gehen.

Aber das war gar nicht so leicht! An diesem Samstagnachmittag im Frühsommer hatte kein Geschäft oder Restaurant geöffnet. Wir fuhren also auf der Insel Ingarö herum, bis wir ein Sommerhaus fanden, in dessen Garten Leute zu sehen waren. Die Besitzerin, die zwischen den Büschen zugange war, lächelte mich an und sagte mir, wo ich die Toilette finden würde. Ich stapfte also direkt in das Sommerhaus hinein, mit Brautkleid, Unterröcken, Schleier und Schleppe. Ihr Mann, der meine Unterhaltung mit seiner Frau nicht gehört hatte, stand am Herd und briet Klopse. Er hatte keine Ahnung, wer da plötzlich in sein Haus gestürmt kam. Seinen Blick werde ich nie vergessen: aufgerissene Augen und geöffneter Mund. Wie ein Fisch sah er aus.

Ich erleichterte mich.

Und kam 22 Minuten zu spät zu meiner eigenen Hochzeit.

Von Hochzeiten gibt es immer viele lustige Geschichten zu erzählen: unerwartete Ereignisse, hysterische Schwiegermütter und nervöse Bräutigame, betrunkene Gäste, peinliche Reden, Exfreunde und so weiter.

Wenn so viele Gefühle, Erwartungen und Vorstellungen involviert sind, ist für einen Perfektionisten »all time high«, es zählen Höchstwerte. Aber eine Hochzeit soll ja keine Show werden, sondern ein Akt der Liebe sein.

Wenn du in einer Beziehung mit einem Perfektionisten steckst, hast du einiges, womit du dich herumplagen musst. Du wirst dich mehr als anstrengen müssen, um alles richtig zu machen. Und es wird trotzdem nie genug sein.

Beziehungen: eine heikle Angelegenheit für Perfektionisten

Für Perfektionisten gehören die Beziehungen zu anderen Menschen im Allgemeinen und zu einem Liebespartner im Besonderen zu den größten Herausforderungen des Lebens. Das Dasein als Perfektionist im Berufsleben ist um ein Vielfaches leichter, schließlich geht es meist darum, einen exzellenten Job zu machen, seine To-do-Liste abzuarbeiten und keinen Fehler zu begehen. Dasselbe gilt für die eigenen vier Wände, die peinlich sauber gehalten werden wollen, genauso wie der Körper, die Kleidung und das Aussehen. Wenn es aber um zwischenmenschliche Beziehungen geht, entstehen neue Probleme, weil es sich eben um Menschen und keine Gegenstände handelt. Menschen, die unter Umständen nicht das tun, was du möchtest, nicht deinen Erwartungen entsprechen, Menschen, die viel phlegmatischer und langsamer sind, die weniger engagiert sind als du, weniger gewissenhaft, kompetent, ehrgeizig, oder was auch immer du von deinen Mitmenschen erwartest.

Der Kern des Problems ist, dass ein Perfektionist anderen gegenüber äußerst intolerant ist – schließlich tun sie nicht das, was er will! Und der Perfektionist weiß immer alles besser! Außerdem will er alles unter Kontrolle haben, was fürchterlich anstrengend und auch mühsam ist, und das wiederum erhöht seine Intoleranz.

Intoleranz und Kontrollsucht.

In einer Beziehung ist das nicht besonders sexy, oder?

Die University of British Columbia in Vancouver, Kanada, hat mehrere Studien durchgeführt und festgestellt, dass Perfektionisten weitaus größere Schwierigkeiten in ihren Beziehungen und Freundschaften haben als andere. Der Perfektionismus hat einen ausgeprägt negativen Einfluss auf Beziehungen.

Insgesamt 74 Paare, die länger als vier Jahre verheiratet waren oder zusammengelebt hatten, nahmen an den Studien teil. Diejenigen, die mit einem Perfektionisten liiert waren, gaben an, dass ihre Partner auch von ihnen verlangten, Perfektionisten zu werden. Die Perfektionisten waren in den meisten Fällen sarkastischer, nörgelten häufiger am anderen herum, was zu viel mehr Konflikten als bei den Paaren führte, bei denen keiner von beiden Perfektionist war. Das Perfektionistenpaar (bei dem also einer der Partner Perfektionist war) empfand seine Beziehung als nicht befriedigend und schmerzvoll und äußerte sich weitaus weniger positiv über die Beziehung als andere. (Mehr über diese Studien erfährt man auf der homepage www.ubc.ca, Suchwort: Perfectionism and Sexual Satisfaction in Intimate Relationships)

Da Perfektionisten lieber barfuß über glühende Kohlen laufen würden, als sich Schwächen in ihrer Beziehung einzugestehen, können sie auch nicht um Hilfe bitten. Also ist das Paar seinen Problemen und Schwierigkeiten allein ausgeliefert. Und außen herum ist eine Mauer mit einer schönen Fassade.

Statt sich mit seinen Beziehungsproblemen auseinanderzusetzen, stürzt sich der Perfektionist oft überambitioniert auf alles andere: Er ist ein Teufelskerl im Job, trainiert wie ein Besessener, ist perfekt gekleidet, sieht strahlend aus, hat eine blitzblanke Wohnung, ist aufgeräumt, hat tausend Eisen im Feuer und ist wahnsinnig nett – ja, du weißt bestimmt, was ich meine. Er tut alles, um sich nicht mit sich und seiner Beziehung beschäftigen zu müssen. Den Mut, sein wahres Ich zu zeigen, den hat ein Perfektionist nicht. Außerdem ist er allen Ernstes davon überzeugt, dass eine Liebesbeziehung die ganze Zeit hundertprozentig glücklich sein muss. Tiefen, schwere Zeiten, Täler und langweilige Phasen in einer Beziehung kann der Perfektionist nicht akzeptieren. Darum muss er sofort etwas unternehmen, wenn es mal ein bisschen langweilig wird, alles gerade rücken, die Stimmung ändern. Aber leider korrigiert er nur an der Oberfläche, damit alles wieder aussieht wie zuvor, perfekt eben, aber er geht nicht in die Tiefe. Denn dorthin wagt sich ein Perfektionist nicht vor.

Der Perfektionismus zerstört Beziehungen

Anna erzählte mir:
Ich weiß, dass mein Perfektionismus unsere Beziehung zerstört
hat. Meine hohen Ansprüche, gepaart mit meiner Ungeduld und
einer sehr geringen Toleranzschwelle, haben dazu geführt, dass
es mein Lebensgefährte am Ende nicht mehr mit mir ausgehal-
ten hat. Er war immer häufiger bis spät abends unterwegs,
machte Überstunden, und wenn er zu Hause war, saß er meis-
tens schweigend vor dem Fernseher.

Anna musste erkennen, dass ihre Beziehung wegen ihres Perfektionismus zugrunde ging, der sie und ihr Leben in eisernem
Griff hielt. Und es schon immer getan hatte. Da sie das nicht
wiederholen will, beschäftigt sie sich mit dem Gut-genug-Ge-
danken, setzt sich nur kleinere, undramatische Zieletappen
und versucht, sich in einem anderen Licht zu sehen.

Perfektionisten und Sex

Einige Theorien behaupten, dass Perfektionisten ein proble-
matisches Verhältnis zu ihrer Sexualität haben. Das hängt damit zusammen, dass es Kopfmenschen sind, die ihre Gedanken immer und immer wieder durchgehen und beleuchten.
 Als Perfektionist eine Beziehung zu führen ist nicht leicht,
weil man gegen alles Intime, jede Nähe, alle Gefühle und Verletzlichkeit einen Schutzwall errichtet. Das führt gleichzeitig
zu einem hohen Maß an Frustration, die wiederum in Aggres-
sion und Wut mündet.
 Du musst immer alles unter Kontrolle haben, kannst dich nie
entspannen. Aber was ist Sex anderes als totale Entspannung?
Seine Umgebung vergessen, das Rauschen und Zippen und
Zappen. Handys, Fernseher, die Umwelt abschalten und sich
ganz dem Körper des anderen und dem Genuss hingeben. Beim
Sex geht es nicht vorrangig um Kontrolle. Es ist ein Zustand
größten Genusses, wenn alle Anspannung von einem abfällt.

Ach, uns geht es soooo gut –
Jacquelines Geschichte

Da stand sie vor mir und lächelte, den Kopf zur Seite geneigt
sagte sie:

Nein, ehrlich, uns geht es soooo gut. Geradezu genial fantas-
tisch. Jetzt in Wirklichkeit, so ist es und das ist so wunderbar.

In Jacquelines Herz brach jedes Mal etwas entzwei, weil sie
wusste, dass sie sich belog, dass sie ihre Gefühle mit Füßen
trat, weil sie sich nicht traute, sie zu zeigen. Sie gestand sich
noch nicht einmal ein, dass sie welche hatte, denn die waren in
der hintersten Ecke des Seelenkellers versteckt worden. Und
jedes Mal, wenn sie an die Kellertür klopften und an die Luft
und ans Licht wollten, kaufte sie ein neues, dickeres Schloss.
Denn diese Tür sollte niemals geöffnet werden.
  Und das Merkwürdigste war, dass sie selbst glaubte, was sie
da sagte.

Ich habe mir sehr schnell ein Muster angeeignet. Wenn ich nur
fest daran glaube, dass alles gut wird, dass sich alles regeln
wird und ich eine Lösung finde, dann ist es perfekt! So nach und
nach eben. Dann würde es wahr werden, ich war nur noch nicht
in der Wirklichkeit angekommen. Außerdem dachte ich, dass
niemand sah, womit ich zu kämpfen hatte. Und wenn jemand
mich gefragt hat, war ich eine Expertin darin, eine noch höhere
Mauer um mich zu errichten, dicker, breiter, noch undurch-
dringlicher. Und ich war von meiner Strategie überzeugt – aber
mein Gott, was mich das an Kraft gekostet hat, all die Jahre die
Augen zu verschließen.

Ihr Verhalten, unablässig in einer Fantasiewelt zu leben und
an dem Glauben festzuhalten, dadurch eine Tages eine perfekte Ehe zu führen, verursachte mehr Schaden als Nutzen.
Jacqueline schadete sich selbst, ihrem Partner und beiden als
Paar. Sie verharrte in dem Glauben, dass alles, was schmerzte,

vorbeigehen würde – dass ihr Mann alles bestimmte, sie ausschimpfte und mit ihr stritt, zu viel trank und manchmal gewalttätig wurde (obwohl er sie nie schlug). Es würde vorbeigehen.

Ohne dass sie selbst handeln musste.

Denn was würde dann geschehen?

Wenn sie dem Problem ins Auge sehen würde?

Nur ganz langsam gewann sie neue Kraft, vor allem durch einen neuen Arbeitsplatz. Sie erfuhr Bestätigung von außen, nahm eine Funktion in einem anderen Kontext ein, wurde angerufen, gebraucht, wegen ihrer Kenntnisse gesucht, um ihretwillen.

Am Ende reichte es mir. Ich hielt es nicht mehr aus, meine Augen vor den Zuständen in meiner Ehe zu verschließen. Ich war gezwungen, für mein Leben Verantwortung zu übernehmen, und ich wollte Verantwortung übernehmen. Mir wurde bewusst, was ich alles ausgehalten hatte, wie ich all die Jahre behandelt und gekränkt worden bin und was ich mit mir habe machen lassen. Aber ich erkannte auch meinen Anteil daran. Es war ein Teufelskreis: Mir ging es schlecht in meiner Ehe, ich litt unter meinem Mann, aber wenn ich das niemandem zeige, sondern weiterlebe und so tue, als sei hinter der Fassade unserer Ehe alles perfekt, dann muss ich selbst auch nicht genauer hinsehen. Ich habe alles durch ein feinmaschiges Sieb gefiltert. Aber so ist mir auch der Weg versperrt, Hilfe zu bekommen, ich kann niemanden um Hilfe bitten und auch von meinem Mann keine Veränderung fordern. Ich musste mich unseren Problemen stellen, bevor ich etwas dagegen unternehmen konnte.

Die Beziehung der beiden hielt nicht. So ist das manchmal. Das Leben nimmt einen anderen Weg als der auf der Karte mit ihren Pfeilen und Hinweisen. Und Jacqueline hatte sich die Karte so dicht unter die Nase gehalten, dass sie den Weg zu ihren Füßen nicht gesehen hat.

Heute führt sie ein ganz anderes Leben, doch ihre Reise hat lange gedauert und ist schmerzhaft gewesen. Aber es war ein anderer Schmerz als in ihrer Ehe. Sie hatte sich von ihrem Perfektionismus befreit, der sie vor den eigentlichen Schmerzen beschützt hatte. Heute sieht sie die Zusammenhänge, versteht ihre Gefühle, Gedanken und ihr Verhalten von damals. Und sogar ihren Exmann.

Mit viel Mut, Willensstärke und mit liebevoller Unterstützung ist es Jacqueline gelungen, zu begreifen, dass ihr damaliges Leben nicht mehr aufrechtzuerhalten war. Die Schmerzen waren unerträglich geworden, und Veränderung war ihre einzige Chance. Als ihre Fassade in sich zusammenstürzte und der Perfektionismus langsam, aber sicher nachließ, konnte sich ihre Persönlichkeit endlich entfalten, mit allen Schwächen und Stärken. Sie wurde toleranter, neugierig auf sich und andere und begegnete dem Leben und ihren Mitmenschen mit mehr Gelassenheit.

Wenn mich heute jemand fragt, wie es mir geht, dann denke ich erst nach, bevor ich antworte. Ich spüre in meinem Inneren nach, und dann gebe ich eine ehrliche Antwort, wie mir in genau diesem Moment zumute ist. Sagen zu können, dass es mir nicht gut geht, wenn dem tatsächlich so ist, empfinde ich als eine große Befreiung.

Aufgabe 3

Welche Auswirkungen hat dein Perfektionismus oder der deiner Mitmenschen bisher auf deine Liebesbeziehungen gehabt?

Schreib deine Gedanken dazu auf.

Du kannst nur dich selbst verändern

Hast du jemals versucht, deinen Partner zu ändern?
    Damit er oder sie besser zu dir passt?
    Da bist du nicht allein.

Wenn er nur ein bisschen sozialer wäre ...
Wenn er nur ein bisschen ordentlicher wäre ...
Wenn er nur ein bisschen mehr an den gleichen Sachen interessiert wäre wie ich ...
Wenn er mich nur ein bisschen besser verstehen würde ...

Man kann unendlich viele dieser Parameter nennen, die auf der Wunschliste für den perfekten Partner stehen könnten. Und es gibt tatsächlich Menschen, die solche Listen anfertigen.

Aufgabe 4

Von der amerikanischen Sängerin Barbra Streisand stammt dieses Zitat über den Wunsch, seinen Partner zu ändern: »Warum arbeitet eine Frau zehn Jahre lang daran, die Gewohnheiten ihres Mannes zu ändern, um sich dann darüber zu beklagen, dass er nicht mehr der Mann ist, den sie geheiratet hat?«

Darüber darfst du dir einen Augenblick Gedanken machen. Stell zum Beispiel eine Liste darüber zusammen, was du an deinem Partner zu ändern versucht hast. In welche Eigenschaft deines Partners oder früherer Lebensgefährten hast du dich verliebt? Was zeichnet für dich eine Liebesbeziehung aus? Was schätzt du?

Schreib deine Gedanken dazu auf.

Alex erzählte mir:
Bevor ich meiner Frau begegnete, hatte ich nur Beziehungen zu Nichtperfektionisten. Meine Frau ist eine Superperfektionistin. Jetzt räume ich immer auf und halte Ordnung, auch wenn sie verreist ist, als hätte ich mich bei ihr angesteckt. Meine Ansprüche sind gestiegen, sowohl an mich als auch an meine Umwelt. Ich glaube, man wird entweder genauso perfektionistisch oder das genaue Gegenteil, wenn man mit so einem Menschen zusammenlebt. Wenn ich die Zimmer der Kinder geputzt und auf-

geräumt habe, kommt meine Frau und gibt dem sozusagen den letzten Schliff. Denn die Kinderbücher müssen der Größe nach sortiert im Regal stehen, und die Deckel müssen auf den Spielzeugkisten liegen. Auch die Fernbedienungen im Wohnzimmer liegen der Größe nach sortiert auf dem Couchtisch, sie bemerkt sofort, wenn etwas verändert wurde. Meine Domäne ist die Küche. Ich kann kein Geschirr stehen lassen, sondern muss es sofort wegräumen. Sonst kann ich nicht in Ruhe vor dem Fernseher sitzen.

Magnus erzählte mir:
Meine Frau packt die Koffer, wenn wir verreisen. Sie packt schon drei Tage vor der Abreise, und danach darf ich nichts mehr in den Koffer legen, sonst gibt es eine Katastrophe. Wenn wir aufs Land fahren, nimmt sie eine bestimmte Tasche mit einem Reißverschluss mit, der immer verschlossen sein muss, damit keine Ameisen reinklettern können. Wenn wir nur für eine Nacht weg sind, bleibt die Kleidung in dieser Tasche, aber ich darf sie nicht öffnen, sonst bringe ich alles durcheinander. Ich muss meine Frau fragen, damit sie mir das Kleidungsstück herausholen kann. Wenn ich allein verreise, stopfe ich meine Sachen einfach so in eine Tasche, und das funktioniert genauso gut.

Andrea erzählte mir:
Mein Lebensgefährte ist für die Wäsche zuständig. Ich darf mich da nicht einmischen, nur wenn er mich ausdrücklich darum bittet. Wenn die Sachen in die Schränke sortiert werden, darf ich nur meine eigenen Kleidungsstücke nehmen. Nicht die der Kinder, denn die liegen nach einem bestimmten System. Will man zum Beispiel ein T-Shirt anziehen, das aber an dritter Stelle auf dem Stapel liegt, muss man die oberen zwei herunternehmen, das gewünschte herausholen und die anderen wieder ordentlich auf den Stapel zurücklegen.

Ich kenne die Geschichte einer Frau, die alles tat, was in ihrer Macht stand, um ihren Mann – einen Perfektionisten – zufriedenzustellen. Nichts war gut genug, noch nicht einmal in der Nähe davon. Sie mühte sich ab wie ein Tier, um seinen Ansprüchen gerecht zu werden, und war am Ende so gebrochen, dass sie Selbstmordgedanken hegte. Sie wollte einen Abschiedsbrief verfassen, aber auf halbem Wege wurde ihr plötzlich klar, was sie da gerade tat. Da fasste sie den Beschluss, die Beine in die Hand zu nehmen und sich aus dieser Beziehung zu verabschieden.

Bedürfnisse erkennen – der Schlüssel zur Veränderung

Ein einzelner Mensch kann unmöglich alle Bedürfnisse eines anderen Menschen befriedigen. Das übernehmen mehrere unterschiedliche Menschen auf den verschiedensten Ebenen und zu unterschiedlichen Zeitpunkten. Unverhältnismäßige Erwartungen an den Partner sind unerfüllbar, zumal sie oft gar nicht ausgesprochen werden, sondern stillschweigend vorausgesetzt wird, dass der Partner das Bedürfnis sieht und erfüllt.

Es fällt schwer, seinen wahren Bedürfnissen Ausdruck zu verleihen und das als Fundament für ein frohes Leben zu betrachten. Aber man kann jederzeit anfangen, es zu üben!

Als Perfektionist bist du eine tickende Gefühlszeitbombe, die jederzeit explodieren kann, wenn etwas schiefgeht.

Deshalb ist es für einen Perfektionisten auch schwer, zwischen einer Meinungsverschiedenheit und einem ausgewachsenen Problem zu unterscheiden – allem wird mit der gleichen gefühlsmäßigen Intensität begegnet. Das wiederum macht es dem Partner fast unmöglich, zu erkennen, wann es Ernst ist oder wann nicht. So, als würde man ständig nach dem Wolf rufen, du kennst doch die Fabel »Der Junge, der Wolf schrie« von Aesop. Und wenn der Wolf dann tatsächlich eines Tages auftaucht, dann reagiert keiner mehr auf die Hilferufe. Weil man zu oft gerufen hat.

Perfektionisten gehen oft mit vollem Einsatz in eine Diskussion und sind dann unglaublich frustriert, wenn sie nicht ernst genug genommen werden. Das Gefühl, missverstanden zu sein, ist bei ihnen stark ausgeprägt. Die Frustration darüber, dass die Leute nicht das sehen, was für den Perfektionisten überdeutlich ist. In dieser Situation ist ein Blick darauf hilfreich, welches Bedürfnis gerade nicht befriedigt wird: ein Weg zu mehr Verständnis, Wohlbefinden und schließlich zu Glück.

Grundlegende menschliche Bedürfnisse sind:

♥ unsere Träume, Ziele und Wertvorstellungen selbst bestimmen dürfen

♥ selbst bestimmen können, wie wir unsere Träume verwirklichen, unsere Ziele erreichen und nach unseren Wertvorstellungen leben wollen

♥ Beständigkeit

♥ Glaubwürdigkeit

♥ Kreativität

♥ Bedeutsamkeit

♥ Selbstwert (Selbstwertgefühl)

♥ Gewissheit

♥ Ungewissheit

♥ Ordnung

♥ Luft

♥ Wasser

♥ Essen

♥ Sport und Bewegung

♥ Schutz gegen Gefahren (Gewalt)

♥ Ruhe

♥ Sexualität

♥ Berührung

♥ den Verlust eines geliebten Menschen oder ein anderes trauriges Erlebnis oder Trauma betrauern dürfen

♥ unsere Erfolge feiern

♥ Harmonie

♥ Schönheit

♥ Inspiration

- ♥ Spiel
- ♥ Lachen
- ♥ Humor
- ♥ Spiritualität
- ♥ Stille
- ♥ Akzeptanz
- ♥ Verständnis
- ♥ Nähe
- ♥ Gemeinschaft
- ♥ Fürsorge
- ♥ zur Bereicherung des Lebens beitragen dürfen
- ♥ gefühlsmäßige Geborgenheit
- ♥ Empathie
- ♥ Ehrlichkeit (sich selbst und anderen gegenüber)
- ♥ Liebe
- ♥ Ermutigung/Zuspruch
- ♥ Respekt
- ♥ Unterstützung
- ♥ Vertrauen
- ♥ Wärme

Wenn unser Bedürfnis befriedigt wird, empfinden wir:
- ♥ Optimismus
- ♥ Energie
- ♥ Glücksgefühl
- ♥ Enthusiasmus
- ♥ Neugierde
- ♥ Euphorie
- ♥ Begeisterung
- ♥ Freude
- ♥ Hoffnung
- ♥ Inspiration
- ♥ Freiheit
- ♥ Erleichterung
- ♥ Dankbarkeit
- ♥ Geborgenheit
- ♥ Tatendrang

Wird unser Bedürfnis nicht befriedigt, dann empfinden wir:

- ♥ Wut
- ♥ Enttäuschung
- ♥ Irritation
- ♥ Frustration
- ♥ Niedergeschlagenheit
- ♥ Unruhe
- ♥ Angst
- ♥ Zweifel
- ♥ Aufgewühltheit
- ♥ Erschöpfung
- ♥ Gleichgültigkeit
- ♥ Trauer
- ♥ Nervosität
- ♥ Hilflosigkeit
- ♥ Verrat

Aufgabe 5

Nimm deine Beziehung einmal genau unter die Lupe und überlege, welche Bedürfnisse du hast, welche befriedigt werden und welche nicht. Wenn du dich gerade nicht in einer Beziehung befindest, dann betrachte deine früheren Partnerschaften und wie damals mit deinen Bedürfnissen umgegangen wurde. Kannst du ein Muster erkennen? Hast du ein starkes Verlangen nach physischer Nähe, Berührung und Sex, das aber nie gestillt wurde? Oder hast du ein großes Bedürfnis nach Anerkennung, Ermunterung und Unterstützung? Bekommst du das von deinem Partner?

Schreib deine Gedanken dazu auf.

Aufgabe 6 (gehört zu Aufgabe 5)

Jetzt hast du dir vielleicht schon ein Bild machen können von den Dingen, die dir fehlen, wonach du dich sehnst. Wenn du eine Beziehung hast, ist es nun Zeit, deine Wünsche zu artikulieren. Nicht einfordern, niemals einfordern, sondern nur wünschen.

Tanja erzählte mir:
Ich habe ein großes Bedürfnis nach Berührung, ich wünsche mir, dass wir uns häufiger berühren, uns an den Händen halten und uns öfter umarmen – öfter, als wir es tun.

Wenn du deine Wünsche formulierst, ist es wichtig, dass du deutliche Worte dafür wählst, damit dein Partner es versteht – und deinen Wunsch erfüllen kann. Ein Bedürfnis nach Berührung kann alles sein von aneinandergekuschelt im Bett liegen und schlafen über eine allabendliche Massage bis hin zu fünf Umarmungen am Tag.

Überleg zuerst genau, was du willst, und dann kommuniziere deine Wünsche so explizit wie möglich.

Schreib deine Gedanken dazu auf.

Der Perfektionist im Streit

Als Perfektionist wird dir Kritik an deinem Partner wahrscheinlich leicht über die Lippen gehen. Oder nicht?

Da deine Ansprüche und Erwartungen an dich und häufig auch an deinen Partner unangemessen hoch sind, wirst du meistens enttäuscht. Und deine Frustration darüber, dass es nicht perfekt wird, nicht so, wie du es dir vorgestellt hast, muss sich irgendwo entladen.

Zu kritisieren ist leicht. Kritik liegt immer bereit, man muss sie nur über den ausschütten, der einem am nächsten steht.

Ein paar Gedanken, die du mit auf den Weg nehmen kannst

♥ Kritisiere niemals deinen Partner (oder jemand anderen) als Person, sondern konzentriere dich auf einzelne Ereignisse und Handlungen: Das heißt, was die Person getan hat, nicht, wie sie ist. Starte keinen persönlichen Angriff.

♥ Hör genau zu und bemühe dich, deinen Partner zu verstehen.

♥ Sprich von deinen Gefühlen und Bedürfnissen.

♥ Versuche dich auf eine mögliche Lösung zu konzentrieren, statt dich am Problem festzubeißen.

♥ Bleib bei der Sache, keine alten Rechnungen.

♥ Wähle deine Worte mit Sorgfalt.

♥ Respektiere dein Gegenüber, auch wenn ihr unterschiedlicher Ansichten seid.

♥ Sei versöhnlich.

♥ Und zum Schluss: Vermeide Diskussionen, wenn ihr müde, hungrig, gestresst oder nicht nüchtern seid – nehmt euch zehn Minuten Time-out oder meinetwegen auch zwei Tage, bis ihr euch beruhigt habt und in normalem Ton miteinander sprechen könnt.

Worum geht es hier eigentlich? – Tinas Geschichte

Vor ein paar Jahren kam eine junge Frau zu mir, die mich um Hilfe bat. Sie litt unter ihrer ausgeprägten Kontrollsucht, die ihre Ehe infiziert und freudlos gemacht hatte. Sie war eine Perfektionistin bis in die Fingerspitzen. Sie wusste genau, wie sie die Dinge haben wollte: Tisch decken, alle Schuhe im Flur in Reih und Glied, die gemachten Betten sahen aus wie in einem Hotel, blitzblanke Arbeitsfläche in der Küche, kerzengerade aufgehängte Wäsche – das ganze Paket.

Sie war ein fröhlicher und aufgeweckter Mensch, aber in ihren Augen lag eine Traurigkeit. Ihre Erwartungen und Ansprüche an ihre Umwelt waren unrealistisch hoch, und wenn sie nicht erfüllt wurden, war ihre Enttäuschung maßlos.

Am Ende reichte es ihr. Sie war es leid, so hohe Ansprüche zu stellen, die niemand erfüllen konnte, sie war es leid, kein Verlangen mehr nach ihrem Mann zu haben, sondern genervt zu sein, sobald sie sich im selben Raum befanden, sie war es leid, nicht jeden Tag über etwas lachen zu können.

»Worum geht es hier eigentlich?«, fragte ich sie.

Etwas in Tina bedrückte sie so sehr, dass es wehtat. Der Schmerz war so groß, dass man nicht einfach wegsehen oder nur an der Oberfläche kratzen konnte.

Tina benötigte Hilfe bei der Beziehung zu sich selbst, denn erst dann würde sie sich ihrer Ehe zuwenden können. Sie liebte ihren Mann und wollte ihn nicht verlieren oder verlassen. Das stellte sie von Anfang unserer Gespräche an klar und hielt daran die ganze Zeit fest.

Sie begann also, nach innen zu hören und sich wahrzunehmen. Sie lernte, etwas abzulehnen, wenn es sich nicht richtig und gut anfühlte. Sie lernte, eine aufrichtige Antwort *in sich* zu finden: Wollte sie bei dieser Aktion oder bei diesem Essen dabei sein oder lieber nicht?

Sie trainierte, sich von der Meinung ihrer Umwelt frei zu machen und sich darum zu kümmern, wie sie selbst sich als Person sah, welche Vorstellungen sie von sich als Mensch hatte.

Tinas Reise dauerte ungefähr ein halbes Jahr, dann fühlte sie sich wieder besser. Ihr Mann hatte sie auf der Reise begleitet, auch wenn er immer einen Schritt zurücklag. Da begann für die beiden die Arbeit an ihrer Beziehung, sie bauten sie von Grund auf wieder auf. Und in diese Arbeit flossen alle Bedürfnisse ein, die großen und die kleinen, weil Tina im Laufe unserer Arbeit aufmerksamer auf sie wurde und lernte, sie zu erkennen und zu artikulieren.

Tina und ihr Mann entdeckten da, dass sie ganz unterschiedliche Bedürfnisse hatten. Tina war verspielt und hatte ein großes Verlangen nach sozialen Kontakten, ihr Mann hingegen wünschte sich Stille, Ordnung und Ruhe.

Aber jetzt waren sie in der Lage, ihre gegenseitigen Bedürfnisse in einem ganz neuen Licht zu sehen und sich anders zu begegnen.

Gib deinem Schatz eine Chance

Frida erzählte mir:
Ich traue ihm nicht zu, dass er es richtig macht. Darum ist es am besten, ich mache es selbst.

Olivia erzählte mir:
Zuerst schimpfe ich und beschwere mich. Danach renne ich rum und knurre vor mich hin und spiele die Märtyrerin und will, dass alle sehen, hören und verstehen, wie viel ich allein machen muss, weil mein Partner so unfähig ist und alles falsch macht. Ich tue mir selbst am meisten leid. Aber ich weiß auch, dass es total idiotisch ist und nirgendwohin führt.

Wenn ein kleines Kind zu dir kommt und dir seine Zeichnung zeigt, wirst du sagen: »Oh, wie schön!«, oder: »Du kannst aber schön zeichnen!« Und kurz darauf kommt das Kind mit weiteren Zeichnungen, zwei, vier, zehn oder sechzehn, bekommt von dir Lob und Bestätigung und ist froh und inspiriert.

Stell dir vor, du hättest stattdessen geantwortet: »Tja, das Bild ist dir nicht so richtig geglückt, was? Da und dort fehlt ja noch das eine und andere, und es sieht übrigens auch nicht wirklich wie ein Boot aus, findest du nicht auch? Nein, da musst du wohl nochmal von vorn anfangen und es das nächste Mal besser machen!«

Glaubst du, das Kind würde noch einmal zu dir kommen und dir seine Zeichnung zeigen?

Nelly erzählte mir:
Wenn er die Wäsche aufhängt, dann liegen da nur dicke, verknotete Würste auf der Leine. Er streicht die Sachen vorher nicht glatt, so wie ich das tue. Wir können doch nicht in knittrigen Sachen herumlaufen!

Nein, Himmel, wie würde das denn aussehen?

Diana erzählte mir:

Nichts, was Thomas tut, ist gut genug. Ich finde, er verdient viel zu wenig, wenn man bedenkt, wie sehr er sich für seinen Job aufreibt. Er interessiert sich nicht für dieselben Sachen wie ich und findet ganz andere Dinge wichtig als ich. Genau genommen könnte ich eine ganz lange Liste erstellen.

Ihre Ansprüche sind so hoch, die wird Thomas niemals erfüllen können.

Das ist praktisch von Anfang an zum Scheitern verurteilt.

Was er allerdings tun kann ist, sich zu entscheiden, wie er sich den Anforderungen seiner Partnerin gegenüber verhält: Will er Dianas Forderungen schlucken und versuchen, ihnen Genüge zu tun, oder will er dem Perfektionismus verbieten, zu großen Einfluss auf ihn zu nehmen und ihn zu begrenzen?

Im letzteren Fall müsste er es sehr, sehr deutlich ausdrücken. Zum Beispiel so:

Ich habe festgestellt, dass ich den Erwartungen, die du an mich hast, nicht entspreche. Das führt dazu, dass ich mich unzureichend, minderwertig, wertlos und unbrauchbar fühle. Aber ich habe das Bedürfnis, wertvoll zu sein und Bedeutsames zu tun. Darum bitte ich dich, sprich mit mir über deine Erwartungen, deine Werte und Ideale, damit wir über die Gestaltung unserer Beziehung sprechen können. Glaubst du, dass du meine Bitte erfüllen kannst?

Jetzt denkst du wahrscheinlich: Jetzt aber mal im Ernst, soll er das wirklich so sagen?

Ja, genau das sollte er sagen, wenn er will, dass nicht mehr auf ihm herumgetrampelt wird und er der Beziehung eine ehrliche Chance geben will. Außerdem wird ihre Kommunikation an Tiefe gewinnen, weil sie anfangen können, über die Beweggründe ihrer Erwartungen zu sprechen.

Wechsle deine perfektionistischen Gedanken aus

- **Alter Gedanke:** Alles liegt auf der Treppe rum, er könnte auf dem Weg nach oben sein Zeug mitnehmen, aber er sieht das gar nicht.
- ♥ **Neuer Gedanke:** Was ich auf der Treppe liegen gelassen habe, das nehme ich mit nach oben, seine Sachen muss *er* nach oben tragen. Eigentlich keine große Sache.

- **Alter Gedanke:** Dass er seine Klamotten nicht ordentlich zusammenlegen kann! In seinem Schrank sieht es aus wie auf den Krabbeltischen beim Schlussverkauf!
- ♥ **Neuer Gedanke:** Ich kümmere mich um meine Sachen und er sich um seine. Das wird einfach.

- **Alter Gedanke:** Ich denke nicht daran, angekrochen zu kommen und um Entschuldigung zu bitten! Er hat die meiste Schuld.
- ♥ **Neuer Gedanke:** Ich werde für meinen Anteil an der Diskussion Verantwortung übernehmen und er trägt die Verantwortung für seinen Anteil.

- **Alter Gedanke:** Wie kann der jetzt nur in aller Ruhe herumlaufen und vor sich hinsingen, die Gäste kommen doch gleich?!
- ♥ **Neuer Gedanke:** Wie schön, dass er so entspannt sein kann. Wie macht er das nur? Ich würde das auch gerne können.

Versuch es mit GFK – und es klappt mit der Kommunikation

Es gibt keine – mir bekannte – Kommunikationsmethode, die effektiver, liebevoller und respektvoller ist als die gewaltfreie Kommunikation (GFK). Ihre vier Komponenten sind Beobachtung, Gefühl, Bedürfnis und Bitte.

Der Amerikaner Marshall B. Rosenberg entwickelte das Konzept der gewaltfreien Kommunikation in den 1970er-Jahren. GFK setzt voraus, eine Beobachtung nicht mit Bewertungen oder Auslegungen zu vermischen, in Kontakt zu seinem Gefühl zu kommen und es zu beschreiben, das unerfüllte Bedürfnis hinter dem Gefühl zu erkennen und deutlich zu kommunizieren und die Bitte als Wunsch zu äußern statt als Forderung.

So einfach. So realisierbar. So klärend.

GFK hat sich im Laufe der Jahre von einer Kommunikationsform zu einer Lebenseinstellung entwickelt. Rosenberg stellte fest, dass Menschen, die kommunizieren konnten, auch funktionierende Beziehungen hatten, was wiederum ihr Wohlbefinden und ihre Lebensfreude steigerte.

Bei der GFK geht es vor allem darum, seine Selbsterkenntnis zu vergrößern (etwas elementar Notwendiges, um sich von seinem Perfektionismus zu befreien) und Mitgefühl für sich und andere zu entwickeln. Es geht darum, empathisch den Bedürfnissen und Gefühlen seiner Mitmenschen gegenüber zu sein und seine eigenen Bedürfnisse und Gefühle zu äußern.

In aller Kürze:

Die Beobachtung wird ohne jede Interpretation, Beurteilung, Kritik oder Wertung vorgenommen: »Ich beobachte, dass du zu allen unseren Verabredungen zu spät kommst.«

Das Gefühl ist getrennt von Gedanken und Handlungen: »Das macht mich traurig.«

Das unerfüllte Bedürfnis wird ausgedrückt: »Mir ist es wichtig, dass meine Zeit respektiert wird.«

Die Bitte wird ohne Forderung formuliert: »Darum wünsche ich mir, dass du ab jetzt pünktlich zu unseren Treffen kommst.«

Heutzutage wird die GFK in der ganzen Welt angewendet, auf der persönlichen, zwischenmenschlichen Ebene, in Unternehmen und Organisationen. Es gibt ausgebildete Coaches, die selbst ausbilden können und Seminare anbieten. Mehr über die gewaltfreie Kommunikation erfährst du bei der internationalen Organisation *The Center of Non Violent Communication* (www.cnvc.org).

Perfektionisten sind wie zugeschnürt und haben darum große Schwierigkeiten, Dinge nachzufühlen, in sich hineinzuhören und sich ihre Bedürfnisse genau anzusehen: Sind sie befriedigt oder sind sie es nicht?

Die gewaltfreie Kommunikation ist für alle Beziehungen hervorragend geeignet. Aber besonders eignet sie sich für Liebesbeziehungen, weil du da meistens sehr viel verletzlicher bist als in anderen Verbindungen.

Aufgabe 7

Setze die gewaltfreie Kommunikation in deiner Beziehung ein, um deine Bedürfnisse zum Ausdruck zu bringen! Teste es eine Woche lang und sieh zu, was geschieht.

Wie hören sich eure Gespräche jetzt an?

Hat sich die Tonlage geändert?

Was geschieht mit deinem Partner, wenn du mit ihm oder ihr auf eine neue Weise kommunizierst?

Schreib deine Gedanken dazu auf.

Fehlerfreie Eltern?

Perfekte Eltern? Das sind Eltern, die ihre Kinder nicht anschreien und die ab und zu Nein sagen, damit man nicht zu verwöhnt wird. Und die ihren Kindern ganz oft sagen, dass sie sie lieb haben.

Alexandra Gummesson, 10 Jahre

Tolle Eltern sind Eltern, die einen nicht zwingen, Fisch zu essen.

Max Gummesson, 7 Jahre (heute 18 Jahre)

Perfekt von Anfang bis Ende

Es fängt eigentlich direkt nach der Geburt an, dieses Streben, alles richtig zu machen und perfekt zu sein. Kaum ist das Wunderwerk auf der Erde gelandet, soll man stillen. Aber das ist oft ein schwerer Weg.

Linda erzählte mir:
Das Stillen hat überhaupt nicht funktioniert. Ich habe sofort einen Milchstau bekommen, Fieber, wunde Brustwarzen, und mein kleiner Axel schrie wie am Spieß vor Hunger. Die Krankenschwestern waren unerbittlich und zwangen mich, weiterzumachen, obwohl ich solche Schmerzen hatte. Irgendwann habe ich dann entschieden, dass wir mit der Flasche und Milchersatz anfangen. Oh, war das fantastisch! Mit einem Mal war alles wieder gut! Ich werde nie wieder versuchen, einer Erwartung gerecht zu werden, die ich nicht bewältigen kann.

Der Druck, den frisch entbundene Mütter auf sich nehmen, damit das Stillen ihres Babys funktioniert, ist sowohl für Mutter als auch Kind so groß, dass es am Ende manchmal gar nicht mehr geht. Und dass man sich dafür auch noch rechtfertigen und seinen Entschluss erklären muss, kostet zusätzliche Kraft.

Wenn du dein Kind nicht stillst, entsprichst du nicht dem Bild einer guten Mutter. Was eine Perfektionistin, die Mutter wird, natürlich erfüllen muss. Und sie wird sich ordentlich unter Druck setzen dafür. Und dann kommt das ersehnte große Glück, das einen durchflutet. Oder etwa nicht?

Ich war nicht im Glücksrausch – Carolines Geschichte

Anton ist jetzt 12 Jahre alt, und seine Mutter Caroline liebt ihn über alles. Sie ist seit 16 Jahren mit Antons Vater Clas verheiratet, wohnt in einer Wohnung in Malmö und führt ein zufriedenes Leben.

Vor zwölf Jahren jedoch war das nicht so. Caroline und Clas hatten viele Jahre lang vergeblich versucht, ein Kind zu bekommen. Aber plötzlich, eines Tages, war Caroline schwanger!

Der Bauch wurde immer größer, sie hatte eine unkomplizierte Schwangerschaft, richtete das Kinderzimmer ein, kaufte einen Kinderwagen und wartete sehnsüchtig auf die Geburt. Anton kam an einem frühen Morgen im Frühling nach einer dreißigstündigen Geburt auf die Welt. Mutter und Kind waren wohlauf, aber müde und blieben ein paar Tage auf Station, um sich auszuruhen. Das Stillen war problematisch, Anton wollte nicht trinken, schrie viel und Caroline hatte keine Kraft.

Am liebsten hätte ich ein paar Wochen Urlaub genommen, von allem: von Anton, dem Muttersein und den Leuten, die anriefen und Blumen vorbeibrachten. Stillen war ungefähr das Letzte was ich wollte, ich konnte Antons körperliche Nähe kaum ertragen.

Tage und Wochen vergingen und es wurde immer schlimmer und schlimmer.

Das ging so weit, dass ich ihn nicht einmal mehr im Arm halten konnte. Und das passierte ausgerechnet mir, die eine so gute Mutter sein wollte! Ich spürte keine Mutterliebe und wollte eigentlich nur schlafen. Clas musste alles machen, Windeln wechseln, anziehen und ausziehen, nachts aufstehen, ihn herumtragen, bespielen, umarmen und mit ihm kuscheln. Ich machte stattdessen Essen, putzte, kümmerte mich um den Haushalt und beschäftigte mich mit anderen Dingen – sofern ich die Kraft dazu hatte.

Caroline hatte eine postnatale Depression, erfuhr sie im Krankenhaus. Das würde wieder vorbeigehen, sagten sie ihr. In der Zwischenzeit sollte sie dennoch versuchen, eine Verbindung zu dem Kind zu entwickeln.

Aber das war schwerer, als sie dachte, sie wollte Anton einfach nicht im Arm halten.

Zu Hause hatte sie sich ein System ausgedacht, wie Clas ihr das Kind zum Stillen an die Brust anlegte. Nachdem Anton getrunken hatte – Caroline hatte überraschenderweise genug Milch –, nahm sein Vater ihn sofort wieder weg. Das ging so einige Monate lang, bis die Depression sich langsam auflöste und Carolines Gefühl sich mit kleinen Schritten von dem unerwünschten Zustand zu einer hingebungsvollen Mutterliebe entwickelte.

Und dann überfielen mich plötzlich furchtbare Schuldgefühle. Ich schämte mich so sehr, dass ich nicht für Anton da gewesen bin. Ich war unerbittlich mit mir selbst.

Heute führt die kleine Familie ein gutes Leben wie viele andere Familien auch. Das Bild von einer glücklichen Mutter aber hatte sich in Caroline festgesetzt, und aus lauter Angst, das Gleiche noch einmal erfahren zu müssen, wagte sie keine weitere Schwangerschaft. Obwohl sie sich nichts sehnlicher wünschte, als die erste Zeit mit einem Neugeborenen bewusst erleben zu können. Es war eine schwere Entscheidung, aber die Angst hatte gesiegt.

Heute habe ich eine ganz andere Haltung Müttern oder Eltern gegenüber. Ich bin viel toleranter und würde niemanden verurteilen, der den traditionellen Vorstellungen vom Bild einer perfekten Mutter nicht entsprechen will. Aber für mich kommt das nicht infrage. Ich weiß, dass es so viele Betrachtungsweisen und Ansichten gibt.

Druck, Druck und noch mehr Druck

Babyschwimmen, Babygymnastik, Babydisco, Babysingen, Babyyoga, Babytanz, Babytheater, Babykino, Babysalsa, Babymassage, Babygottesdienste. Krabbelgruppen und offene Vorschule. Wir stellen unglaublich hohe Anforderungen an diese kleinen Wesen. Wir wollen alle Sinne gleichzeitig stimulieren. Kein Zeitfenster versäumen. Die Liste möglicher Aktivitäten ist lang, und meine 93-jährige Großmutter würde wahrscheinlich sagen: »Was ist das bloß für ein Firlefanz?«, wenn sie hören würde, wo wir unsere Babys überall hinschleppen.

Mittlerweile gibt es vollkommen erschöpfte Mütter auf Elternzeit.

Später wird der Stundenplan noch ausgeweitet, wenn die kleinen Wunder in die Schule kommen. Denn es genügt nicht, zur Schule zu gehen, Hausaufgaben zu machen und danach zu spielen – nein, da wird nahtlos angeschlossen mit Fußballtraining, Gymnastik, Tennis, Ballett, Reiten, Basketball, Handball, Eiskunstlauf, Schwimmen, Fechten, Pfadfinder, Klavier, Zeichenkurs, Gitarrenunterricht, Theater AG, Showdance. Um nur einige zu nennen.

Olivia erzählte mir:
Johanna kann sich kaum mit einer Freundin verabreden: Montags hat sie Basketballtraining, dienstags und sonntags ist Fuß-

ball, mittwochs und samstags Tennis und Tanzen am Freitag. Da bleibt eigentlich nur der Donnerstag übrig, aber dann müssen auch alle an dem Tag Lust dazu haben.

Die Frage ist erlaubt, für wen Johanna das alles eigentlich macht? Hat Johanna wirklich ein so brennendes Interesse an diesen ganzen Sportarten? Oder haben die Eltern diesen Turboterminplan ausgearbeitet, weil sie glauben, dass man das heutzutage so macht? Oder hat Johanna alles vorgeschlagen und die Eltern haben nichts abgelehnt, aus Angst, nicht wie die anderen zu sein?

Es gibt viele Kinderpsychologen, die empfehlen, mit seinen Kindern einen Waldspaziergang zu machen, eine Sandburg zu bauen, zu spielen, zusammen Essen zu machen und sich zu unterhalten, statt diese künstlichen Aktivitäten zu verwalten, die uns heutzutage fast überfluten, die Großen wie die Kleinen. Hier sind ein paar von ihnen und was sie darüber denken:

♥ Der amerikanische Kinderarzt **Benjamin Spock** war vehement dagegen, Kleinkinder unter Leistungsdruck zu setzen. Er war der Ansicht, dass unsere Gesellschaft ohnehin sehr wettbewerborientiert ist. Wir sollten uns stattdessen auf unsere Werte besinnen, um gut zusammenzuarbeiten und nett und freundlich zu sein.

♥ Eine ebenfalls amerikanische Ärztin und Kinderpsychologin, **Sylvia Rimm**, betonte in ihrer Arbeit mit Kindern und Eltern, dass die Ziele der kindlichen Entwicklung und Aktivitäten realistisch und ausgewogen sein müssen.

♥ **Jesper Juul** ist ein dänischer Familientherapeut, der schon viele Bücher veröffentlicht hat (*Das kompetente Kind, Was Familien trägt* etc.) Er fordert uns auf, nicht darüber nachzudenken, was die Kinder NICHT sind, sondern was sie sind – nämlich im Hier und Jetzt! Er ist der Ansicht, dass wir die Augen verschließen, wenn es unseren Kindern nicht gut geht, und dass wir große Schwierigkeiten haben, darüber zu sprechen. »Unsere Unsicherheit als Eltern führt dazu, dass wir die Rolle der perfekten Eltern nur spielen, statt den Kindern unser wahres Ich zu zeigen«, so formulierte es Jesper Juul in einem Interview in der schwedischen Zeitung *Dagens Nyheter* vom 15.12.2005. Diese Eltern, so sagt er, müssten sich ihrer perfektionistischen Seite zuerst bewusst werden und dann beginnen, im Hier und Jetzt zu leben, so wie es die Kinder tun. Wenn man sein ganzes Leben damit verbringt, den Ansprüchen anderer gerecht zu werden, endet das häufig damit, dass man ein geringes Selbstwertgefühl hat. »Traut euch, ihr selbst zu sein!«, fordert er die Eltern auf, denen er begegnet. »Zeigt eure Gefühle und gebt euch nicht als Übermenschen aus!«

♥ Von **Bent Hougaard**, Kinderpsychologe und ebenfalls Däne, stammt der Ausdruck der »Curling-Eltern«. Er meint, dass Eltern ihren Kindern keinen Gefallen damit tun, ihnen die Bahn – also das Leben – so glatt wie möglich zu polieren wie beim Curling. Die Kinder gehen nämlich dann davon aus, dass es ihr ganzes Leben so weitergeht. Und das tut es ja nicht.

Der Druck, der auf die Kinder ausgeübt wird, hat Auswirkungen, mit denen wir nicht gerechnet haben. Beim Lernen und Leben einem zu großen Stress ausgesetzt zu sein, kann zu Blockaden führen, und dann lernen sie überhaupt nichts mehr.

Sehr viele Eltern übertreiben: Sie erhöhen den Druck auf ihre Kinder, statt sie zu stimulieren.

Und wenn alles schnell, schnell, schnell gehen soll und ganz viel, viel, viel unternommen wird, übersehen wir etwas wirklich Wichtiges, und das sind die Stimmungen der Kinder, ihre Signale, mit denen sie uns zeigen wie es ihnen geht, ihre Werte, Gefühle und Gedanken.

Nichts wird so, wie man es sich vorgestellt hat

Das sagte mir jemand kurz vor der Geburt meiner ersten Tochter 1994. Schon damals gab es haufenweise Bücher, die ich eigentlich hätte lesen und am besten auswendig lernen und sklavisch befolgen sollen. Es gab Geburtsvorbereitungskurse, die ich hätte besuchen können und in denen ich mit wildfremden Menschen über nächtliche Wadenkrämpfe und geschwollene Beine reden sollte.

Man kann sich 24 Stunden am Tag vorbereiten, alles lesen, hören, erfragen, in sich aufsaugen, aber es wird doch nichts so, wie man es sich vorgestellt hat.

Ich hatte mir über die verschiedenen Möglichkeiten der Schmerzbetäubung Gedanken gemacht, überlegt, was in meine Krankenhaustasche sollte, und durchgesprochen, was wir mit den beiden Kindern meines Mannes machen sollten, falls die Wehen nachts einsetzen würden. Und wir hatten erwogen, ob ich bei der Geburt stehen, sitzen oder liegen sollte oder ob ich eine Wassergeburt wollte. Wir hatten Pläne geschmiedet, ausgearbeitet und besprochen.

Dennoch wurde nichts so, wie ich es mir ausgemalt hatte.

Mein erstes Goldstück kam zwanzig Minuten nach unserem Aufbruch von zu Hause auf die Welt.

Niemand glaubte mir, als ich auf die Entbindungsstation kam, schließlich war ich eine Erstgebärende und dazu auch noch eine Woche vor Termin.

»Woher weiß ich eigentlich, dass es losgeht?«, hatte ich nur zwei Tage vorher eine Verwandte gefragt. »Also, Elizabeth, das wirst du schon nicht verpassen. Das sind nämlich ziemliche Schmerzen, musst du wissen, stärker als du sie dir vorstellen kannst.«

Leider waren ausgerechnet Schmerzen nicht der geeignetste Gradmesser für mich, da ich eine extrem hohe Schmerzgrenze habe.

Ich nahm meine Verwandte beim Wort. Und wartete.

Ich wartete, bis ich dachte, dass es weh genug tat, dass die Schmerzen stärker waren, als ich mir vorstellen konnte. Erst da brachen wir ins Krankenhaus auf. Kaum dort angekommen, hatte ich noch ungefähr eine Presswehe und schon hatte ich das schönste kleine Wunderwerk zur Welt gebracht, das ich je gesehen hatte.

Eine Frau, die ich vor vielen Jahren kennengelernt habe, hatte mir damals erzählt, dass sie sich eine Schwangerschaft nicht zutraute, weil sie vor der Geburt Angst hatte. Sie hatte nämlich gehört, dass dabei so viele peinliche Dinge passieren könnten, über die man keine Kontrolle hat. Einige Frauen würden sich während der Geburt übergeben, pinkeln, schreien und aggressiv werden. Und so etwas sollte ihr auf keinen Fall passieren.

Eines Tages bekam sie dann doch eine Tochter, allerdings mit geplantem Kaiserschnitt. Hübsch ordentlich und passend zum Terminkalender. Alles unter Kontrolle. Wahrscheinlich wird es ihr nicht erspart geblieben sein, sich im Laufe ihres Lebens doch noch einmal mit Dingen, die außerhalb ihrer Kontrolle passieren, beschäftigen zu müssen.

Aufgabe 8

Welche Auswirkungen hat dein Perfektionismus oder der deiner Mitmenschen bisher auf deine Elternschaft gehabt?

Schreib deine Gedanken dazu auf.

Da es vollkommen unrealistisch ist, über einen Zeitraum von zwanzig Jahren – und gerne auch länger – perfekte Eltern sein zu können, ist allein der Versuch schon total absurd. Trotzdem treibt genau dieser Ehrgeiz eine Unzahl von Eltern an. Das Kind soll die meisten Tore schießen, die besten Noten bekommen, früher als alle anderen laufen können, von der Lehrerin gemocht werden, viele Freunde haben, höflich und normalgewichtig sein und möglichst keine »Buchstabenkombinationen« haben wie ADHS oder ADS, es soll sich ordentlich benehmen und am liebsten in den meisten Dingen der oder die Beste sein. Oder eben in allen.

Perfekte Eltern – gibt es die überhaupt?

Vor einigen Jahren kam eine Kollegin zu mir und gestand mir ihre Frustration. Sie war endlich mit ihrem ersten Kind schwanger, nachdem sie es viele Jahre vergeblich versucht hatte. Endlich hatte es geklappt und jetzt fühlte sie sich überschwemmt von Werbefilmen, Vorschriften und Behauptungen, was sie sich unbedingt vor der Ankunft des Himmelsgeschenks anschaffen müsse.

Mia erzählte mir:
Ich werde noch verrückt! Alle quatschen mir rein und sagen, dass ich dieses und jenes unbedingt brauche. Alles von der Babyrassel bis zu speziellen Frotteehandtüchern mit Kapuze! Woher soll ICH denn wissen, was richtig und was falsch ist? Ich habe doch keine Ahnung von Kindern! Darum wollte ich dich fragen – was brauche ich wirklich, wenn das Baby da ist?

Ich stellte ihre eine Liste mit Dingen zusammen, die das Leben mit Baby erleichtern, wenn sie schon vor der Geburt angeschafft werden: Kinderwagen, Windeln, ein paar Kleidungsstücke und eine schöne, weiche Decke. Alles andere würde sich danach von allein ergeben. Ich fand sie sehr vernünftig, dass sie entschieden hatte, sich nur an eine einzige Person zu wenden, der sie vertraute, statt alles in sich aufzusaugen, was an ihr vorbeirauschte. Sie hätte natürlich jede andere Person wählen können, die schon einmal Mutter oder Vater geworden war. Die Tatsache, dass sie diesen Weg gegangen ist, gab ihr die Ruhe zurück und nahm ihr die Überforderung.

Kurz darauf bekam sie einen süßen kleinen Jungen.

Sven erzählte mir:
Meine Frau hat eine Million Bücher über Kindererziehung gelesen. Ich habe keine Chance, eine eigene Meinung zu haben. Denn mein gesunder Menschenverstand muss sich mit dem Wissen dieser Bücherberge messen. Da kapierst du schnell, dass es keinen Sinn hat.

Sven formulierte das zwar sehr ironisch, klang aber gleichzeitig nach Kapitulation. Er wollte sein Kind nach seinen Vorstellungen erziehen, nicht nach den Vorgaben, die in einem Buch standen, dessen Autor sein Kind noch nie gesehen hat.

»Elternratgeber zu lesen ist geradezu schädlich«, behauptet die Kinderpsychologin Malin Bergström. Zumindest, wenn die werdenden Eltern glauben, dass sie bestimmten Gesetzmäßigkeiten Folge leisten müssen, statt sich aus den Inspirationen, Tipps und Ermutigungen das Geeignete herauszupicken. Und das gilt nicht nur für Bücher, sondern auch für neue Untersuchungsergebnisse und Forschungsberichte, die immerzu auftauchen.

Bleib kritisch und stell Fragen, empfiehlt Malin Bergström, bilde dir deine eigene Meinung. »Ich frage mich, ob diese ganzen ehrgeizigen und belesenen Eltern wirklich alle so unsicher sind. Vielleicht wollen sie auch einfach alles richtig machen?«, sagte Malin Bergström in einem Interview im *Svenska Dagbladet* vom 30.3.2004.

Aufgabe 9

Ist das wirklich so?

Dass du einfach nur alles richtig machen willst?

Hand aufs Herz, für wen willst du alles richtig machen und als perfekter Elternteil dastehen?

Fürs Kind?

Für dich selbst?

Oder für die Umwelt?

Schreib deine Gedanken dazu auf.

Was werden die Leute sagen?

Nach einem Vortrag, den ich beim Lunch eines Frauennetzwerks gehalten hatte, kam eine der Teilnehmerinnen auf mich zu und bat mich um einen Rat. Ihre Tochter würde bald ihren sechsten Geburtstag feiern, und dieser Event lag ihr im Magen.

Was soll ich bloß veranstalten? Ich bin schon beim bloßen Gedanken daran erschöpft. Das wird in der Klasse total hochgepusht, mittlerweile buchen die Leute für die Geburtstagsfeiern Clowns oder Zauberer, veranstalten riesige Schatzsuchen, es gibt Geschenke für alle, die kommen, und was weiß ich noch. Ich weiß nicht, ob ich das schaffe!

Muss ich hinzufügen, dass diese Frau in einem großen Haus wohnte, in einem der eleganten Vororte von Stockholm? Ich fragte sie: »Hast du deine Tochter gefragt, wie sie ihren Geburtstag feiern will?« Nein, das habe sie nicht getan. Aber was spiele das auch für eine Rolle?

Da erzählte ich ihr, wie ich es mit meinen Kindern mache. Ich frage sie, wie sie feiern wollen. Beim ersten Mal hatte meine Tochter geantwortet, sie wolle mit ihrer besten Freundin ins Kino und danach essen gehen. Nichts sonst.

Und so wurde es gemacht.

»Aber das kann man doch nicht machen! Was würden die Leute dazu sagen? Vor allem wird dann mein Kind auf keinen Geburtstag mehr eingeladen!« Ich weiß nicht, was die Eltern der anderen Kinder dazu gesagt hatten, ich hatte sie nicht um Erlaubnis gefragt. Und doch, meine Tochter war danach auf vielen Geburtstagen eingeladen. Und sie hatte selbst schöne Geburtstagsfeiern. Aber sie, wie auch ihre Schwestern, durfte jedes Jahr aufs Neue selbst entscheiden, wie sie ihren Tag feiern wollte.

Ich weiß nicht, wozu sich diese Frau letztendlich durchgerungen hat, aber ich glaube, sie hat zumindest darüber nachgedacht. Oder mich einfach als verrückt abgestempelt.

Anspruch und Erwartung

Die Gesellschaft stellt hohe Ansprüche und Erwartungen an uns, alles soll mehr und größer und schneller und besser sein. Daraus folgt logischerweise, dass wir auch perfekte Eltern sein müssen. Oder du glaubst, dass du perfekt sein musst als Eltern oder zumindest nach außen hin perfekt erscheinen musst.

Was macht perfekte Eltern aus?

Die, die vollkommen ruhig und gelassen das kleine Etwas im Supermarkt vom Boden hochheben, wo es soeben eher einem Vulkanausbruch glich, weil es keine Süßigkeiten bekommt?

Die alles erklären und erklären und niemals müde werden von dem Nörgeln der Kinder?

Die bei allen Fußballspielen am Sonntagmorgen mit auf dem Platz stehen, auch bei strömendem Regen?

Die keinen Elternabend, kein Elterngespräch, keine Ausstellungseröffnung von Kinderzeichnungen verpassen und nie den Rucksack für den Ausflug oder den Turnbeutel vergessen?

Die nie NEIN sagen? Die nie »Mir reicht's jetzt« sagen?

Nein, weißt du was, die perfekten Eltern gibt es ganz einfach nicht.

Es gibt aber viele Eltern, die gut genug sind!

Und die sind genau richtig so, wie sie sind.

Aufgabe 10

Was macht Eltern von Kleinkindern aus, die in deinen Augen gut genug sind?

Schreib deine Gedanken dazu auf.

Natürlich gibt es keine perfekten Eltern. Aber es gibt Eltern, die es ihren Fähigkeiten entsprechend so gut machen, wie sie können. Und die jeden Tag etwas Neues hinzulernen, die aufmerksam sind und ihren Kindern mit Liebe und Respekt begegnen.

Meiner Meinung nach könntest du dir selbst genug vertrauen und weniger unsicher sein, wenn man dich nur in Ruhe lassen würde. Wenn die Umwelt einen mit ihren Ansichten erschüttert, will man gut gerüstet sein, um davon nicht überfahren zu werden.

Wenn das Mutterglück ins Stocken gerät

Eine Bekannte von mir bekam relativ spät ein Kind. Genauer gesagt, noch ein Kind, denn sie hatte schon drei Söhne im Teenageralter. Und dann kam die ersehnte Tochter. Sie war gerade 45 Jahre alt geworden, und viele in ihrer Umgebung hatten zweimal geschluckt und sich dann zu einem Lächeln gezwungen, nachdem sie ihre Schwangerschaft verkündet hatte, als sei die Freude etwas ganz Natürliches.

Sie musste sich gegenüber so vielen Dingen behaupten. Sie musste strahlen vor Mutterglück und dadurch beweisen, dass sie den richtigen Entschluss gefasst hatte und das Leben hellrosa und wunderbar war.

Aber so wurde es leider nicht. Es wurde anstrengender, als sie erwartet hatte. Sie schlief schlecht, will sagen, in den Nächten, in denen sie überhaupt Schlaf fand, außerdem hatte sie keine Freunde mehr mit kleinen Kindern. Entweder war sie allein mit ihrer Tochter oder verbrachte ihre Zeit mit anderen Kleinkindmüttern, die alle fünfzehn Jahre jünger waren als sie.

Sie vermisste ihren Job, ihre Kollegen, nach der Arbeitszeit noch ein bisschen länger im Büro zu bleiben, einen Wein trinken zu gehen und sich zu unterhalten. Sie vermisste es, nicht mehr wie früher spontan einen Last-Minute-Flug buchen oder schnell entschlossen ins Kino gehen zu können.

Das ersehnte Mutterglück blieb aus, obwohl sie ihre langersehnte Tochter über alles liebte.

Die Wende trat ein, als sie akzeptierte, dass ihr Leben jetzt so war, wie es war. Dass sie den Leuten, die sie gar nicht kannte, keine strahlende Mutter präsentieren musste, sondern sagen konnte, wie es ihr ging. Sie organisierte sich einen freien

Abend in der Woche, an dem sie in die Stadt ging, Freundinnen traf, sich den neuesten Tratsch und Klatsch im Job anhörte und sich mit Gleichaltrigen unterhalten konnte. Danach konnte sie die Stunden mit ihrer kleinen Madame zu Hause viel besser und ganz anders genießen. Dass sie ihre Gedanken und Gefühle erkannte und akzeptierte, gab ihr die Möglichkeit, die ganze Situation aus einem anderen Blickwinkel zu betrachten und anders damit umzugehen.

Niemals über den Rand malen

Perfektionisten sind besessen davon, nie einen Fehler zu begehen, nichts zu übersehen, niemals kritisiert zu werden oder nie mit weniger als dem Besten aufzutauchen. Das eigentliche große und sehr ernste Problem dabei ist, dass du deinem Kind vorlebst, immer perfekt sein zu müssen, sich perfekt zu benehmen, niemals Anlass für Kritik zu bieten, niemals schlechter als die oder der Beste zu sein, niemals den Turnbeutel zu vergessen, mindestens 79 von 80 möglichen Punkten zu erreichen, bloß nicht über den Rand zu malen und niemals auf seine eigene innere Stimme zu hören, sondern immer nur auf die Stimmen der anderen, um ihren Erwartungen zu entsprechen.

Das ist lebensgefährlich. Und eigentlich wünschst du deinem Kind doch kein zwanghaftes und unfreies Leben, in dem es nie loslassen kann, sich nie einfach um seinetwillen wertvoll und geliebt fühlen kann, sondern nur, wenn es 80 von 80 Punkten erreicht hat, oder?

Das heißt aber nicht, dass du es nicht unterstützen und bestärken sollst. Dazu gehörten die Hilfe bei den Hausaufgaben, über Schwierigkeiten und die Fallgruben des Lebens zu sprechen und ein Berg von bedingungsloser Liebe und Ermutigung.

Denn Liebe will bedingungslos sein. Sie will direkt aus dem Herzen kommen.

Dafür musst du aber natürlich auch Grenzen setzen. Grenzen, die sagen, was in Ordnung ist und was nicht. Grenzen für das Verhalten, die Standpunkte, den Ton und die Ausführung. Wenn du deine Grenzen formulierst, zeigst du deinem Kind deine Liebe und deinen Respekt.

Wenn du selbst nicht perfekt bist als Mutter oder Vater, dann zeigst du deinem Kind dadurch, dass man auch gar nicht perfekt sein muss. Aber das bedeutet natürlich, dass du dich auch dementsprechend verhalten und *gut genug* sein musst, damit auch dein Kind so sein darf. Kinder machen uns Erwachsene nach. Worte allein reichen darum nicht, man muss auch Taten sehen lassen.

Perfekte Kinder – gibt es die?

Rebecka erzählte mir:
Wenn ich mit meinen Kindern zum Kaffeetrinken verabredet bin, bekommen sie keine Kekse mit Füllung oder Brownies oder so. Ich halte diese verschmierten Münder nicht aus, man muss sie die ganze Zeit abwischen und ich komme selbst nicht zum Essen. Darum gebe ich ihnen meistens nur trockene Kekse, dann schmiert das wenigstens nicht so.

Eine Kindergärtnerin berichtete von einem Ereignis in ihrer Gruppe. Sie war allein mit den Kindern und zwei waren ineinandergerannt und hatten sich wehgetan. Da sie nur eines nach dem anderen versorgen konnte, bat sie einen der größeren Jungen, sich um das andere Kind zu kümmern. Sie war der Ansicht, er könne diese Verantwortung schon übernehmen, bis sie dazustoßen würde.

»Reiß dich zusammen!«, fuhr der große Junge das weinende Kind an.

Und da begriff die Kindergärtnerin, dass seine Eltern so mit ihm sprachen, wenn er sich wehgetan hatte oder traurig war.

Denn ein perfektes Kind zeigt keine Gefühle. Aber seine Gefühle zu zeigen bedeutet, zu leben, über die Vorgänge in seinem Inneren Bescheid zu wissen und sich zu spüren. Und das sollten Perfektionisten viel häufiger tun, da in ihrer Welt nur wenige Gefühlslagen existieren. Und das sind Druck und Angst, Antrieb und Leistung.

Unterschiedliche Gefühlszustände helfen uns, unterschiedliche Lebenssituationen zu bewältigen

- ♥ Die **Wut** ermöglicht uns, wichtige Grenzen zu setzen und unsere Integrität zu schützen.
- ♥ Die **Trauer** spüren und zeigen zu können bedeutet, dass wir von Gefühlen berührt werden und Empathie füreinander empfinden können.
- ♥ Die **Angst** macht uns wachsam und schützt uns vor gefährlichen und unangenehmen Überraschungen.
- ♥ Die **Freude** stärkt unsere Widerstandskraft und vermehrt die Möglichkeiten, ein harmonisches Leben zu führen.

Dem Perfektionisten fällt es schwer, seine Gefühle zu zeigen, und er erschwert dadurch auch seinen Kindern, das zu tun. Du musst den ersten Schritt machen und deine Gefühle zeigen, damit dein Kind die Chance hat, sein Gefühlsregister zu entwickeln. Gefühle, die nicht gezeigt werden können oder dürfen, werden zu unsichtbaren Mauern zwischen Menschen. Denn erst wenn du dir deine wahren Gefühle eingestehst und sie auch anderen zeigen kannst, wirst du dir selbst und anderen Menschen näherkommen können. Und Beziehungen, die sich durch Nähe auszeichnen, geben Geborgenheit und Harmonie. Und wollen das nicht alle Eltern für ihr Kind?

Viele Kinder mit Tendenzen zum Perfektionismus erstarren in dem Wunsch, alles richtig zu machen, und der Angst vor dem Versagen. Sie überspannen ihren Bogen und richten ihn auf alles und jeden – denn sie wollen alles gleich richtig machen und das alles auf einmal.

Wie geht es dir eigentlich, mein kleiner Freund? – Jennys Geschichte

Ich kenne ein kleines Mädchen, das in allem die Beste war: Jenny, die Tochter einer Bekannten.

Jenny war Klassensprecherin, hatte immer die besten Noten, pflegte viele Freizeitinteressen, in denen sie hervorragende Leistungen erbrachte, war beliebt unter den Klassenkameradinnen, hatte ein aufgeräumtes Zimmer und nutzte die Stunden des Tages sinnvoll und effektiv.

Aber irgendwann konnte Jenny nicht mehr, ihr ging es schlechter und immer schlechter, sie hatte Schwierigkeiten, einzuschlafen, verlor den Appetit, fand an nichts mehr Freude. Da bekam sie panische Angst, dass die Menschen in ihrer Umwelt von ihr enttäuscht sein könnten, wenn sie nicht mehr alles geben und immer das beste Resultat erbringen konnte. Von dem Druck, unter dem sie stand, wussten ihre Eltern nichts, denn Jenny hielt die Fassade aufrecht und wirkte entspannt und fröhlich. Aber in ihrem Inneren herrschte das Chaos.

Eines Tages fragte eine Lehrerin, wie es ihr eigentlich gehe und ob sie Hilfe benötige?

Da brachen alle Dämme. Und eine konzertierte Rettungsaktion nahm ihren Lauf.

Jenny musste mithilfe der Unterstützung von anderen lernen, auf sich und ihre Gefühle zu achten. Sie sollte regelmäßige, gesunde Mahlzeiten zu sich nehmen, sich für eine Freizeitaktivität entscheiden und die anderen beenden. Sie sollte viel in der Natur sein und alle Gerüche in sich aufsaugen: die der Bäume, Büsche, Blumen und Gräser.

Sie begann, mit ihren Eltern ins Gespräch zu kommen, unterhielt sich über die Gesellschaft, die Schule, ihre Freundinnen, über den Druck von außen und wie sie damit umgehen sollte. Und sie lernte, dass sie auch dann okay war, wenn nicht alles perfekt lief.

Hätte Jenny nicht so früh Hilfe bekommen, vielleicht hätten sich dann Essstörungen und anderes autoaggressives Verhalten wie das Ritzen der Handgelenke und Arme entwickelt.

Diese Gefahren warten hinter der nächsten Ecke, wenn ein Mädchen oder ein Junge die Kontrolle über sein Leben verliert und sich nicht mehr darin zurechtfindet.

Victor erzählte mir:
An unserem achten Hochzeitstag war ich mit meiner Frau in einem schicken Restaurant essen. Ein paar Tische weiter saß eine Familie mit zwei Kindern im Schulalter, ungefähr so alt wie unsere beiden. Die aßen ordentlich, saßen gerade am Tisch, benutzten Gabel und Messer, waren leise und benahmen sich wie kleine Erwachsene. Ich dachte an unsere Kinder und dass sie leider niemals so sein würden. Sie würden spielen und im Restaurant herumrennen und die anderen Gäste stören. Wie zum Teufel machten das diese Eltern? Wie hatten sie ihre Kinder dazu erzogen? Und was haben wir falsch gemacht?

Kinder sind keine kleinen Erwachsenen! Kinder sind Kinder! Kinder spielen. Kinder bewegen sich.

Stell dir mal vor, wie es wäre, wenn wir Erwachsenen uns mehr von unserer kindlichen Seite bewahrt hätten, wie lustig es in unserer Erwachsenenwelt sein könnte …

Perfektionismus vererbt sich

Es ist traurig, Mama Perfekt und Töchterchen Perfekt zu sehen oder Papa Perfekt mit dem Sohnemann Perfekt. Die Eltern reichen ihre Wertmaßstäbe an ihre Kinder weiter, gehören da allerdings perfektionistische Verhaltensmuster dazu, ist das weniger glücklich.

Mädchen übernehmen gerne die Rolle der Kümmerin, sie pflegen Beziehungen, halten den Freundeskreis zusammen, und sie werden allzu oft dazu ermutigt, gut in der Schule zu sein. Von Jungen hingegen erwarten wir, dass sie sportlich und wettbewerbsorientiert sind und dass sie Unangenehmes einfach abschütteln können.

Das ist sehr generalisiert, ich weiß, aber trotzdem.

Meine jüngste Tochter mag alles, was Jungskram ist: blaue Klamotten, am liebsten mit Spiderman drauf, coole Baseballkappen und freaky Sneakers, Badehosen statt Bikini. Sie ist fünf Jahre alt. Sie darf selbst entscheiden, was sie gut findet. Die bekannte Autorin und neunfache Mutter Anna Wahlgren hat mir beigebracht, dass man niemals die Kleiderwahl seiner Kinder kritisieren sollte. Denn es sei kränkend, wenn man sich ausstaffiert hat und nur eine gerümpfte Nase zu sehen bekommt und die Aufforderung, sich wieder umzuziehen.

In unserem Kindergarten führt das manchmal zu einiger Verwirrung, aber nicht oft. Sie haben sich daran gewöhnt. Und außerdem gibt es in ihrer Gruppe einen Jungen, dem es genauso geht, nur andersherum. Er liebt Kleider, alles Blumige und Rosa und Nagellack. Und das darf auch sein.

»Mädchen sind keine richtigen Jungen«, sagt meine Tochter. Und das stimmt ja auch. In gewisser Weise.

Und so wachsen die Kinder auf und sollen dann als Erwachsene und Eltern in ihren unterschiedlichen Rollen Erfolg haben – am besten in allen Bereichen, wie ein richtiger Perfektionist. Nicht etwa gut genug in den meisten Bereichen und vielleicht in einem oder zweien das Beste, sondern überall perfekt.

Was natürlich unmöglich ist.

Den meisten Frauen wird das schmerzlich bewusst, wenn sie eine Führungsposition erreicht haben. Dann kann man es sich nicht mehr leisten, Dinge auf die leichte Schulter zu nehmen, das Kontrollbedürfnis auszuschalten und sich mit all seinen Facetten zu zeigen. (Mehr dazu im Kapitel *Aber natürlich, Chef!*)

Verschrotte dein schlechtes Gewissen!

Bis dato habe ich noch nicht erlebt, dass ein schlechtes Gewissen zu irgendetwas Gutem führt. Ich wäre mehr als begierig, zu erfahren, wenn es bei irgendjemandem in irgendeiner Weise jemals einen positiven Effekt gehabt haben sollte.

Ein schlechtes Gewissen wird durch den Vorwurf ausgelöst, als Eltern zu versagen, weil du den unausgesprochenen Erwartungen nicht entsprichst. Weil du keine Kraft, Kapazität, Lust oder Energie hattest, um zu geben, zu organisieren, zu chauffieren, da zu sein, zu reparieren. Das macht ein schlechtes Gewissen.

Und die Kinder haben die Machtleiter in den eigenen vier Wänden erobert. Sie bestimmen, was Freitagabend im Fernsehen läuft, was es zu essen gibt, wohin wir im Urlaub fahren.

Dadurch hat sich auch die Elternrolle ein bisschen verändert, von einer Autorität zum Gesprächspartner, Resonanzboden und Reparateur. Aber wenn die Rollen sich auflösen und an Klarheit verlieren, wird es auch schwieriger, die Erwartungen an dich als Eltern und auch an das Kind präzise zu formulieren. Das bedeutet für dich als Perfektionist, dass du eine Heidenarbeit hast, auf so vielen unterschiedlichen Ebenen der oder die Beste zu sein. Und klare Grenzen auszusprechen fällt dir besonders schwer, weil du einem Konflikt gerne ausweichst.

Handwerkszeug für dein Elternsein

- ♥ **Vergleich dich nicht mit anderen Eltern.** Du machst es so gut, wie du es unter den Gegebenheiten kannst. Andere Eltern machen es, so gut *sie* eben können, und wenn sie Dinge anders lösen, liegt es daran, dass sie ein anderes Leben führen. *Alle anderen dürfen das, warum ich nicht?*, fragt das Kind, das lernt zu diskutieren (was eine hervorragende Fähigkeit ist – lasst das Kind trainieren!). Dieses *alle anderen* kannst du leicht überprüfen, häufig handelt es sich nur um eine einzige Person, manchmal steht gar keiner dahinter.
- ♥ **Vertraue dir und deinen Fähigkeiten.** Streck deinen Rücken gerade und glaube an dich. Wenn du zum Beispiel entschieden hast, deinen wenige Monate alten Säugling mit auf eine Party zu nehmen und ihn in einem stillen Raum schlafen zu legen, ist das in Ordnung. Wenn dann andere die Nase rümpfen und finden, *dass man mit so kleinen Kindern wirklich zu Hause bleiben sollte*, dann sage dir, dass es deren

Meinung ist. So würden sie sich entscheiden, aber du hast eine andere Entscheidung getroffen.

♥ **Trau dich, die ausgetretenen Pfade zu verlassen.** Think big, grenzenlos und spontan. Du musst nicht das machen, was alle anderen machen. Wage die Dinge zu tun, die ihr, du und deine Kinder, machen wollt. Ihr werdet es viel lustiger zusammen haben.

♥ **Lass deine Kinder an den Veränderungen teilhaben.** Erzähl ihnen, dass du daran arbeitest, gut genug statt perfekt zu sein. Kinder haben eine wunderbare Fantasie und mentale Kreativität, sie werden es lieben und eine Menge Ideen dazu entwickeln, wie ihr das umsetzen könnt.

♥ **Setz das Gut-genug-Prinzip so konkret um wie möglich.** Wenn du zum Beispiel bisher jeden Tag, siebenmal die Woche, richtiges Essen gekocht hast, keine Fertigwaren, dann kann es ab jetzt doch genügen, es nur noch an vier oder fünf Tagen zu machen? An den anderen Tagen gibt es eben etwas anderes: Ihr geht essen, macht euch Brote oder gegrillte Sandwiches, bestellt euch eine Pizza oder lasst euch von anderen zum Abendessen einladen. Und wenn du den Impuls hast, an allen Abschlussveranstaltungen, Elternabenden, Kindergartentreffen, Ausflügen teilzunehmen, dann entscheide dich, dass du entweder bei allen Events höchstens eine Stunde bleibst oder zwei Termine im Schulhalbjahr versäumen darfst – von keinen Termin versäumen auf zwei ist eine Riesenveränderung, aber nicht unmöglich.

♥ **Kommuniziere mit deinem Kind.** Je mehr ihr über eure jeweiligen Werte wisst und die Persönlichkeit des anderen kennenlernt, desto enger wird euer Verhältnis. Und es wird eine aufrichtige und ehrliche Beziehung. Mach daraus keine große, komplizierte Sache und fordere nicht, dass ihr euch hinsetzen und mal unter vier Augen sprechen müsst. Ihr könnt bei einem Spaziergang ins Gespräch kommen, wenn ihr zusammen Essen kocht oder in einem anderen alltäglichen und natürlichen Kontext.

♥ **Trau dich, deine Gefühle zu zeigen** – lachen, weinen, schwach sein, sich unsicher, stark fühlen, zweifelnd, euphorisch sein. Dadurch zeigst du deinem Kind, dass alle Gefühle zugelassen sind.

♥ **Erledige die Dinge, in denen du gut bist. Kümmer dich nicht um den Rest oder bitte jemanden um Hilfe.** Oder eigne dir zumindest eine gesunde Distanz an, indem du einsiehst, dass du eben nicht der Knaller im Organisieren der Klassendisco bist. Dummerweise bist du an der Reihe damit. Also, was kannst du gut? Erledige das und nimm Hilfe an, um die anderen Dinge zu bewältigen. Versuch erst gar nicht, alles allein zu schaffen. Es ist ein Zeichen von Mut, Hilfe anzunehmen!

♥ **Sei gut zu dir!** Dann kannst du nämlich auch gut zu deinem Lebensgefährten sein. Setz dich zwischendurch an erste Stelle, gib dir ab und zu den Vorzug. Beleg einen Kurs, wenn du Lust dazu hast. Dein Partner muss sich um die Kinder kümmern, aber geh, ohne ein schlechtes Gewissen zu haben.

Schreib deine Gedanken dazu auf.

Die perfekten Eltern von Jugendlichen – wie sehen die aus?

Mama, ich will nicht mehr, dass du einen ganzen Tag mit in die Schule kommst, wie du es früher immer getan hast. Das macht keiner der anderen Eltern, okay?

Da war mein ältestes Goldstück gerade in die sechste Klasse gekommen. Bis zu diesem denkwürdigen Augenblick hatte ich jedes meiner Kinder einmal im Schulhalbjahr einen ganzen Tag lang begleitet. Manchmal sogar noch öfter. Ich finde, da erfahre ich mehr als in einem Elterngespräch.

Aber was sie anbetraf, war diese Zeit jetzt vorbei. Das musste ich akzeptieren.

Ich war froh, dass ich noch zwei weitere Töchter hatte.

Wie sehen die perfekten Eltern für Jugendliche aus? Die sich in der Pubertät befinden, jüngere und ältere Teenager?

Was wird von mir als Mensch erwartet?

Dass ich mir jede Freitagnacht um die Ohren schlage?

Dass ich den Überblick habe, was sie im Internet anstellen, und weiß, worum es sich bei LunarStorm, MSN und Chat handelt?

Dass ich immer nett und cool und super bin und ihnen Alkohol kaufe, um ein paar Stunden geliebt und gut gefunden zu werden?

Dass ich so spreche wie sie und alles hinnehme, mir alles gefallen lasse, sie von A nach B kutschiere und immer parat stehe?

Dass ich ihnen alles kaufe, was sie haben wollen, ohne jemals Nein zu sagen? Und dass ich, wenn ich es einmal tue, also Nein sagen, das schlechte Gewissen wie Fußketten mit mir he rumschleppe?

Nein. Nicht, wenn du mich fragst. Du kannst bei deinem jugendlichen Kind genauso gut genug sein wie bei einem Neugeborenen. Du kannst eine Mama sein, die gut genug ist, oder ein Papa, ein Chef oder ein Freund. Du kannst dich über deinen Körper freuen, der gut genug ist oder über deinen gut genug gemähten Rasen.

Wenn du dir selbst und deinem Kind mit Liebe und Respekt begegnest, dann hast du schon ein langes Stück des Weges geschafft.

Aufgabe 11

Wie sehen Eltern für Jugendliche aus, die gut genug sind?

Schreib deine Gedanken dazu auf.

Verabschiede dich vom Perfektionismus in deinem Elternleben

♥ **Sprich mit anderen Eltern!** Da profitieren beide Seiten, doppelt so viel Wissen und Erfahrung für dich und für die anderen.

♥ **Nimm Hilfe an,** wenn du spürst, dass dich eine Situation überfordert und du nicht mehr weißt, was du tun sollst.

♥ **Nimm nicht alles so todernst.** Taste dich voran. Entdramatisiere das Elternsein und genieße es stattdessen, sosehr du kannst! Sei spielerisch und hab Spaß dabei.

♥ **Trau dich, zu scheitern.** Gesteh dir ein, dass es schiefgelaufen ist.

♥ **Und trau dich, der Erwachsene zu sein.**

♥ **Aber lass auch das Kind Verantwortung übernehmen.** Kinder entwickeln sich in Raketengeschwindigkeit, wenn sie Verantwortung übernehmen dürfen.

♥ **Hab Vertrauen zu dir als Elternteil.** Expertenmeinungen in allen Ehren, aber du kennst schließlich dein Kind am besten. Hör auf dein Wissen und deine Intuition.

♥ **Trainiere, gut genug zu sein.** Reduziere deine Erwartungen und sei zufrieden mit dem, was du hast, statt dich darauf zu konzentrieren, was du nicht hast.

♥ **Bedenke: Die Kinder beobachten, wie du dich verhältst – und ahmen es nach.** Australische Forscher haben eine Gruppe von Schulmädchen über ihr Verhältnis zum eigenen Körper befragt. Es stellte sich heraus, dass nur die Fünfjährigen einen unbekümmerten Zugang zu sich hatten. In den anderen Fällen hatten die Mädchen häufig Mütter zu Hause, die eine Diät nach der anderen machten und so das Selbstbild ihrer Kinder beeinflussten. Das Verhalten der Erwachsenen wird genau registriert und beobachtet. Denk darüber nach und verhalte dich verantwortlich.

♥ **Verbanne das schlechte Gewissen.** »Ich bin für nichts gut genug.« Das sagen viele Menschen über sich, vor allem Frauen. Sei anwesend. Du schaffst das, was du schaffen kannst. Basta! Wenn du einen Entschluss gefasst hast, bleib konsequent und dir treu. Aber verbanne das schlechte Gewissen aus deinem Leben, denn das bringt mehr Schaden als Nutzen.

- ♥ **Hab nicht so viel Angst davor, Fehler zu machen!** Was ist eigentlich das Schlimmste, was passieren könnte? Dass die Nachbarskinder tatsächlich mehr Taschengeld bekommen als deine? Dass dein Sonnenschein nicht alle Strophen des Weihnachtslieds auswendig kann? Dass die anderen Eltern hinter deinem Rücken tuscheln? Lass Fehler zu und entschuldige dich, wenn es notwendig ist. Dann lernen deine Kinder, wie man sich entschuldigt und dass es nicht gefährlich ist, wenn man einen Fehler macht. Man überlebt das!

- ♥ **Überschütte dein Kind mit Liebe!** Und Respekt! Und noch mehr Liebe! Setz dich jeden Abend auf seine oder ihre Bettkante und sag ihm, wie fantastisch du ihn oder sie findest, vor allem auch an solchen Tagen, an denen ihr aneinandergeraten seid. Ermuntere sie dazu, sich etwas zu trauen, zu wachsen, sich große Gedanken über sich und das Leben zu machen. Lobe sie für ihre Eigenschaften und nicht nur für ihre Leistungen.

Schreib deine Gedanken dazu auf.

PS
Heute habe ich einen ganz anderen Zugang zu meinen Kindern als früher. Wir haben eine richtige Beziehung. Ich putze weniger und spiele mehr. Heute Abend sind wir im Wohnzimmer Gummitwist gehüpft (meine mittlere Tochter sagte: »Du siehst aus wie eine Fünfjährige, Mama!«, und hat sich dabei kaputtgelacht), und dazu haben wir ganz laut die Hitparade rauf- und runtergesungen, bis die Fensterscheiben gewackelt haben.

Verwandte – Fluch oder Segen?

Gott gab uns unsere Verwandten, zum Glück können wir uns unsere Freunde selbst aussuchen.

Ethel Watts Mumford, amerikanische Schriftstellerin

Liebe Perfektionistin: Wie reagiert deine Verwandtschaft in der Regel, wenn du ein weiteres Mal ein fantastisches Essen gezaubert hast? Wenn du dich ein weiteres Mal übertroffen hast mit der Weihnachtsdekoration, Bildern aus Kunstschnee an den Fenstern, selbst gemachtem Pfefferkuchenteig und gereimten Namenskärtchen auf allen Geschenken?

Bricht da nicht großer Jubel aus? Sagen sie nicht, wie unglaublich du bist? Und loben dich für deine unglaublichen Leistungen? Und stellen ein weiteres Mal fest, dass es keine gibt wie dich?

Lieber Lebensgefährte oder Verwandter eines Perfektionisten: Wie reagierst du, wenn du ein weiteres Mal zu einem Mittsommerbuffet eingeladen worden bist, bei dem sich die Tische vor Leckereien biegen? Mit Erdbeertorte, Heringshappen, Schatzjagd, Schnaps und Tanz um die Mittsommerstange? Alles ist perfekt arrangiert, nichts wurde dem Zufall überlassen?

Klatschst du nicht auch Beifall? Und sagst, wie unglaublich großartig das alles ist? Alles ist so gut vorbereitet und schön, und wenn du das nächste Mal dorthin kommst, weißt du, dass du niemals enttäuscht werden wirst, denn dort fehlt es an nichts?

Was glaubst du, worauf ich hinauswill? Du musst kein Hellseher sein, um zu wissen, dass der Perfektionist das ganze Szenario wiederholen wird! Um diese fabelhafte Bestätigung erneut zu bekommen!

Jubel, Applaus, Anerkennung, Blumen!

Und was ist daran falsch? Schließlich sind die meisten von uns geradezu unterernährt, was Bestätigung angeht, da wir fast alle gleichermaßen unfähig sind, uns gegenseitig Lob und Komplimente auszusprechen.

Denn eigentlich sollst du gar nicht erst auf die Idee kommen, dass du jemand Großes bist.

Du sollst dich nicht zu wichtig nehmen oder hervortun.

Nicht besser sein als andere.

Also behältst du es für dich. Aber du hast diese Gedanken und wirst dadurch eher neidisch und missgünstig als großzügig und inspiriert.

Aufgabe 12

Denk an die Menschen in deiner Umgebung. Welche davon sind großartig und haben etwas getan, was dich tief berührt hat, was dir imponiert hat? Das kann erst kürzlich gewesen sein oder schon vor einer ganzen Weile.

Schreib deine Gedanken dazu auf.

Und jetzt nimmst du das Telefon oder setzt dich an den Computer und meldest dich bei ihnen!

Die Blumen gehören dem, der sie verdient. Wenn du für jemanden Blumen kaufst, überreichst du sie doch auch, oder lässt du die Person nur daran schnuppern?

Gib dir einen Ruck und erzähl der Person, die dir imponiert hat, warum. Überreiche diese Blumen und vermehre die Lebensqualität von zwei Menschen zur gleichen Zeit – deine eigene und die des mit Blumen Beschenkten.

Ich habe mal einen interessanten Selbstversuch gemacht.

Eine Woche lang habe ich alle Komplimente, die mir in den Sinn gekommen sind, sofort den betreffenden Menschen gesagt. Einmal hätte ich fast geschummelt, aber dann habe ich es mir doch anders überlegt, bin umgedreht und musste einer jungen Frau zwei Häuserblocks hinterherlaufen, nur um ihr zu sagen, dass sie ein wunderschönes Kleid anhat. Ich hatte eine richtig lustige Woche!

Als Perfektionist, der gut genug sein will, musst du dir selbst sehr viel mehr Anerkennung schenken, statt dich zum Beispiel für den Beifall deiner Verwandtschaft zu Tode zu rackern. Beim nächsten Weihnachtsessen – machst du einen Mitbringparty daraus, und alle können zusammen in der Küche herumstehen, oder kauf fertigen Pfefferkuchenteig, oder streich ein paar Rezepte von der Karte zugunsten deiner Energie, Lust und Gesundheit. Es braucht Zeit, sich daran zu gewöhnen, sich nicht so viel abzuverlangen, und in der Regel dauert es noch länger, bis die Verwandtschaft und die Umgebung sich mit weniger als früher zufriedengeben kann. Aber es geht, mit ein bisschen Eigensinn und Beharrlichkeit. Und mit dem Gefühl, dass *gut genug* ausreichend und gut ist.

Aufgabe 13

Überlege: Wann hast du das letzte Mal jemanden gelobt und wurdest selbst gelobt?

Schreib deine Gedanken dazu auf.

Das hier ist ein ungemein wichtiger Schritt auf dem Weg, sich von seinem negativen Perfektionismus zu befreien – ihm sozusagen die Nahrung zu entziehen. Und wenn du selbst von Perfektionisten umgeben bist, vergiss nicht, zu jubeln, auch wenn es nicht perfekt ist. Gerade deshalb, jubel und klatsche Beifall! Freu dich darüber, dass deine Perfektionistencousine nur eine einfache Quiche zubereitet hat, statt des üblichen

Drei-Gänge-Menus; dass deine Perfektionistentante fertige Teilchen beim Bäcker um die Ecke gekauft hat, statt morgens um sechs aufzustehen und selbst welche zu backen. Freu dich für sie, dass sie die Verantwortung für ihre Gesundheit und ihr eigenes Leben übernommen haben, und sag ihnen, dass sie wunderbare Menschen sind, auch ganz ohne ihre großartigen Leistungen.

Wenn es an der Tür klingelt, bin ich schon total erschöpft – Vendelas Geschichte

Wir feiern immer Weihnachten, Ostern, Mittsommer und andere Feiertage zusammen, immer bei uns, weil wir den meisten Platz haben. Dann kommen unsere Verwandten, und insgesamt, mit Kindern und Erwachsenen, sind wir etwa zwanzig Personen. Das bedeutet viele Menschen und viel Essen! Alle bieten immer ihre Hilfe an und ich spüre, dass sie wirklich an den Vorbereitungen teilnehmen wollen, aber ich kann nicht anders, als es abzulehnen! Ich will alles selbst machen, damit es auch so wird, wie ich es haben will, aber auch – und das gestehe ich nur ungern ein –, weil ich dann den ganzen Dank bekomme und alle sagen, was für einen fantastischen Job ich wieder gemacht habe! Also renne ich den ganzen Tag herum und putze und räume, schrubbe und schreie, keife hysterisch und mache Berge von Essen. Wenn es dann an der Tür klingelt, bin ich total erschöpft und will mich am liebsten auf dem Sofa zusammenrollen und einen schlechten Film sehen.

Vendela kämpft.

Sie will, dass alles so wird, wie sie es sich vorstellt, sie will alles perfekt haben. Sie geht davon aus, dass die Leute das von ihr erwarten, und sie will niemanden enttäuschen. Aber lange wird sie das nicht mehr schaffen, es kostet viel zu viel Kraft, alles in Schach zu halten.

Da Vendela auch nur ein Mensch ist, kommt es vor, dass ihr vor den großen Festlichkeiten Kleinigkeiten durch die Lappen gehen. So zum Beispiel, dass die neue Freundin des Cousins mitkommt und sie ein Gedeck zu wenig auf dem Tisch stehen hat, oder sie stellt plötzlich fest, dass sie die Sahne für den Kuchen vergessen hat, oder es brennt etwas im Ofen an, in diesem kritischen Zeitfenster zwischen dem Fertigwerden der Speisen und dem Eintreffen der Gäste.

Wie nett und gelungen der Abend auch wird, ich laufe noch Tage später herum und überprüfe in meiner Erinnerung, ob und was schiefgelaufen ist. Immer und immer wieder gehe ich alles durch und quäle mich mit der Frage, was die Gäste über mein Scheitern denken, was sie von mir halten. Manchmal rufe ich bei dem einen oder anderen sogar an und plaudere über das vergangene Fest, nur um herauszubekommen, ob sie sauer auf mich sind, etwas bemerkt haben und noch immer an die Missgeschicke denken. Natürlich tut das keiner, nur ich!

Kannst du dir vorstellen, welche Aufgabe Vendela als Erstes bekommen hat, als wir mit dem Coachen anfingen? Genau, wir haben damit angefangen, ihr Selbstwertgefühl zu stärken (Mehr dazu im Kapitel *Selbstwertgefühl = lebensnotwendig*). Denn dann ist sie in der Lage, die Kontrolle abzugeben, ihre innere Unruhe und Angst loszulassen und den Glauben an sich wachsen zu lassen. Sie wird die Gelassenheit spüren und die Gewissheit haben, dass sie unterschiedliche Situationen im Alltag meistern kann, die großen und die kleinen.

Am Anfang macht sie nur kleine Schritte, aber es geht voran!

Das Bedürfnis, andere mit ihren Leistungen zu beeindrucken, saß so tief in ihr verwurzelt. Und in ihrer Seele herrschten ein Hunger nach Anerkennung und das bleischwere Gefühl, niemals mit etwas zufrieden sein zu können.

Nachdem sie das erkannt hat und es spüren kann, können die Schritte größer werden und sie kann sich mutiger bewegen.

Neben dem Aufbau des Selbstwertgefühls trainiert sie, ihren Ehrgeiz zu mildern und sich mit einem Ergebnis zufrieden zu geben das gut genug ist. Damit das Erfolg haben kann, muss sie selbst entscheiden, auf welchem Gebiet sie gut genug sein will. Ist es gut genug, wenn es bei der nächsten Essenseinladung nur zwei Gänge gibt statt der üblichen vier oder fünf? Vielleicht kann beim nächsten Familienfest eine Schwester den Auftrag bekommen, zum Beispiel die Nachspeise mitzubringen? Wie fühlt sich das an?

Danach muss Vendela üben, unerledigte Sachen auszuhalten, nicht in allen Ecken zu putzen oder die Schuhe im Flur kreuz und quer liegen zu lassen. Das muss sie üben, damit sie sieht, dass man so etwas überlebt. Außerdem ist es für die Verwandten, die ins Haus strömen, angenehmer, wenn sie eine entspannte Atmosphäre spüren und es wagen dürfen, sich im Haus frei zu bewegen. Und es wird für sie unter Umständen leichter, die nächste Familienfeier eventuell bei sich stattfinden zu lassen. Wenn sie den Druck nicht mehr spüren, Vendelas überirdische Festtagsbankette übertrumpfen zu müssen.

Es ist elementar, die Kraft von innen nach außen aufzubauen, Zufriedenheit mit sich selbst zu empfinden, neugierig auf sich und seine Persönlichkeit zu sein und sich zu trauen, hundertprozentig sein eigenes Leben zu leben. Denn jeder Augenblick unseres Alltags ist eine hervorragende Trainingseinheit für unsere Persönlichkeitsentwicklung.

Nach einiger Zeit spürte Vendela, wie sich Ruhe in ihr ausbreitete.

Ich rede mir ein, dass ich gut bin so, wie ich bin, dass es genügt, was ich mache. Aber das fällt mir furchtbar schwer, weil ich ja weiß, dass ich es tatsächlich besser kann.

Wenn Vendela andere in ihr Leben lässt und die Fassade Stück für Stück demontiert, dann passieren ganz andere Sachen: Sie bekommt nämlich Gesellschaft in der Küche! Und das macht Spaß! Als sie alles, alles, alles allein gemacht hat, bekam sie zwar als Einzige die Anerkennung, war aber ganz schön allein, denn nur sie war zuständig und kümmerte sich zum Beispiel um das Essen. Langsam befreite sie sich aus dieser Isolierung und wurde sogar mit Spaß belohnt: für das Wagnis, sich zu öffnen und anderen Menschen den Vortritt zu geben. Und es ist in Ordnung, dass die Nachspeise der Schwester mit Lob überschüttet wurde – denn sie war wirklich hervorragend!

Und es bedeutet nicht, dass Vendela als Mensch weniger wert ist.

Sind die Verwandten wirklich das Schlimmste?

Die Person, mit der du zusammenlebst, hast du hoffentlich selbst ausgesucht. Anders verhält es sich da bei der Verwandtschaft, sowohl deiner eigenen als auch der deines Partners. Ein Teil von uns hat großes Glück und kann an Weihnachten, Mittsommer, Geburtstagen oder anderen Festtagen eine herrliche Gruppe um sich scharen, andere aber müssen unter Unannehmlichkeiten aller Art, unter Druck, Konflikten und kaputten Beziehungen leiden.

Viele Menschen, denen ich begegnet bin, haben Probleme mit ihrer Verwandtschaft oder zumindest einigen aus der Verwandtschaft. Und es ist so unsagbar schwer, denen zu entgehen, denn was wird dann aus dem Weihnachtsfest?

Da der Perfektionist im Fassadebewahren den ersten Platz belegt, lässt er sich am besten gar nichts von diesen Problemen anmerken, sondern kämpft sich weiter durchs Leben, von einem Familienfest zum nächsten, hält die Fahne hoch, erduldet so einiges. Solange alle glücklich aussehen, ist es so perfekt, wie es sein soll.

Das hält man eine ganze Weile aus.

Aber dann reicht es, dann platzt die Blase.

Und diese Situation hat leider die Tendenz, vollkommen zu entgleisen. Uralter Groll, jahrzehntealte Streitigkeiten steigen an die Oberfläche, und es kommt zu einer Explosion sondergleichen.

Da wir bedenken müssen, wie wenig die meisten von uns sich guter Kommunikation bedienen (zum Beispiel der gewaltfreien Kommunikation, dazu findest du mehr im Kapitel *Ach, die Liebe* ...), kommt es natürlich nur zu gegenseitigen Vorwürfen und Anklagen, es gibt keine Bewegung und am Ende sind alle bis in alle Zukunft verfeindet.

Ich verzerre und übertreibe vielleicht ein wenig, aber dazu kann es kommen, ich habe es selbst erlebt.

Viele Male.

Jenny erzählte mir:
Meine Schwestern leiden, wenn wir alle zusammen mit meinen Eltern bei uns zu Hause sind. Ich kann sehr gut kochen, ich würde nie etwas anbieten, was nicht perfekt ist. Da werfe ich es lieber in den Müll und fange von vorn an. Aber ich kann ihnen ansehen, dass sie leiden, wenn es sehr gut schmeckt, weil sie wissen, dass sie mir niemals das Wasser reichen können.

Maja erzählte mir:
Meine Eltern haben immer perfekte Leistungen begrüßt. Darum habe ich mein ganzes Leben danach gestrebt, alles perfekt zu machen und so zu sein. Seit ich ein kleines Mädchen bin bis zum heutigen Tag als erwachsene Frau. Es macht mir Angst, was für eine Macht sie über mein Leben haben, noch heute, obwohl ich selbst längst Mutter bin. Und ich bemerke, dass ich das an meine Tochter weitergebe und das ist fast das Schlimmste von allem.

Der Perfektionismus in der Verwandtschaft, oder vielmehr die perfekte Fassade, kann Stein für Stein demontiert werden. So wie jeder Perfektionismus, der nicht funktioniert, sondern einen hemmt und blockiert.

Aufgabe 14

Welche Auswirkungen hat dein Perfektionismus oder der deiner Mitmenschen bisher auf deine Verwandtschaft gehabt?

Schreib deine Gedanken dazu auf.

Der verantwortungsbewusste Perfektionist

Samantha erzählte mir:

Mein Bruder ist der festen Überzeugung, dass wir die Verantwortung für unsere alte Mutter übernehmen müssen, aber ich meine das nicht. Sie ist erwachsen und kann für sich selbst die Verantwortung tragen, wir haben die Verantwortung für uns und unsere Familien. Er macht mir damit manchmal so ein furchtbar schlechtes Gewissen, denn natürlich will ich nicht gemein und egoistisch sein. Ich will fürsorglich und aufmerksam sein. Das ist wie ein Wettkampf zwischen uns, wer sich mehr um unsere Mutter kümmert.

Erkennst du dich in dieser Geschichte wieder?

Der Aspekt des Verantwortungsbewusstseins ist sehr interessant in diesem Zusammenhang, denn manchmal übernimmt der Perfektionist so viel Verantwortung, dass es ihn zu Boden drückt. Gleichzeitig wird er wütend und verbittert, weil er das Gefühl hat, immer alles tun zu »müssen«. Aber das ist ja gar nicht so.

Viel zu oft begegne ich Menschen, die sich als unzulänglich empfinden. Sie haben das Gefühl, sich mehr anstrengen zu müssen, weil sie nicht genügen. Man kann trainieren, »hinlänglich« zu sein, so wie man trainieren kann, gut genug zu sein.

Samantha kann üben, gut genug zu sein, indem sie die Hilfe anbietet, die sie geben kann, will und schafft. Und dann kann sie stolz und froh darüber sein, und ihr Bruder darf genau so viel geben, wie er will, kann und schafft. Es wird nur dann zu einem Wettkampf, wenn sie ein Mitspieler ist. Ein Wettkampf mit nur einem Teilnehmer ist nicht besonders spannend. Sie kann ihr Verhalten dem Thema, ihrer Mutter, ihrem Bruder und ihrem Verantwortungsbewusstsein gegenüber ändern, aber sie kann nicht ihren Bruder ändern. Außerdem haben beide die Mutter wahrscheinlich noch gar nicht befragt, welche Art von Hilfe und Betreuung sie sich wünscht und braucht.

Wie die Mutter, so die Tochter

Perfektionismus kann vererbt werden. Wenn die Großmutter schon eine Perfektionistin war, dann wird die Mutter wahrscheinlich eine und auch ihre Tochter. Oder sagen wir, das Risiko ist sehr groß. Und diese Aussicht genügt, nehme ich an, dass du es nicht auch noch eine Generation weitergeben willst, oder?

Alle diese Töchter! Die den Erwartungen ihrer Mütter entsprechen wollen und müssen! Es ist wahrscheinlich leichter, ins Pentagon einzubrechen, als diesen Zwang zu zerstören, der ein Mädchen oder eine Frau antreibt, weil sie es ihrer Mutter beweisen will oder weil diese es mehr oder weniger unausgesprochen einfordert.

Annika erzählte mir:
Kommt Oma am Wochenende? Müssen wir uns dann wieder so furchtbar zusammenreißen?

Perfektionisten beeinflussen nicht nur ihr eigenes Leben in erheblichem Maße, sondern auch das Leben aller anderen, wie man an diesem Beispiel sehr schön sehen kann. Wenn Oma zu Besuch kommt, bedeutet das für alle, dass man sich furchtbar zusammenreißen muss, weil Oma ein perfektes und korrektes Benehmen erwartet.

In meinen Augen nehmen die Tochter und damit auch ihre Kinder Teil an diesem Spiel und präsentieren etwas, das es im Alltag gar nicht gibt. Oder sie erfüllen eine Vorstellung, nach der man es so und so macht, wenn die Oma zu Besuch kommt. Aber die Familie muss selbst die Verantwortung übernehmen, wenn sie sich davon lösen will. Das können sie nicht der Großmutter anlasten.

Carola erzählte mir:
Wenn meine Mutter kommt, müssen wir uns ordentlich anziehen, denn das erwartet sie. Es muss nicht gleich ein Abendkleid sein, aber auf jeden Fall wesentlich schicker als eine Jogginghose. Oje-

oje, Jogginghosen sind für sie das Allerschlimmste! Nicht auszu-
denken, dass wir in denen herumlaufen, wenn sie zu Besuch ist!

Wie ich weiter vorn schon einmal erwähnt habe, gibt es wenig
Ursachenforschung über den Perfektionismus. Man geht davon aus, dass er zum Teil genetisch bedingt ist, biologische Ur-
sachen haben kann. Und dass die Sozialisation eines Menschen ihn beeinflusst, also das Umfeld und die Kindheit und
perfektionistische Vorbilder.

Mit einer Verwandtschaft, die vollgestopft ist mit Perfektionisten, gibt es im Prinzip zwei Möglichkeiten: Entweder wirst
du auch ein Perfektionist, weil man eben so ist in deiner Familie, oder du entwickelst dich zum genauen Gegenteil, weil du es
nicht aushältst und gegen deine Verwandtschaft revoltierst.

Ganz gleich, für welchen Weg du dich entscheidest, er wird
anstrengend sein.

Selbstverantwortung

Auch wenn alle Verwandten Perfektionisten sind und von dir
fordern, einer von ihnen zu werden, kannst du für dein Leben
und dein Auftreten die Verantwortung übernehmen.

Du *musst* überhaupt nichts.

Außer für dich Verantwortung übernehmen.

Wenn das in deinem Fall bedeutet, dass du deinen Energie-
haushalt und die Verteilung von Reserven gründlich überprüfen und im Umgang mit anderen Menschen dein Engagement
überdenken musst, dann kann es dazu führen, dass du etwas
an deinem Verhalten ändern wirst.

Frank erzählte mir:
Meine Brüder arbeiten alle als Banker, und ich schleppe mein
Leben lang meinen Minderwertigkeitskomplex mit mir herum,
weil ich mich für einen anderen Karriereweg entschieden habe.
Ich bin Lehrer geworden, und das ist in den Augen meiner Brü-
der ein Job für Weicheier und Softies. Auf allen Familienfesten

wird am Tisch immer nur über Geld und Geschäfte gesprochen und nie über meine Schüler. Aber eines Tages wurde mir klar, dass ich da auch immer mitgespielt und mich selbst immer in diese Ecke manövriert habe, indem ich schweigend danebensaß. Beim nächsten Treffen, das habe ich mir vorgenommen, werde ich dafür sorgen, dass sie mir zuhören müssen. Dann werde ich ihnen erzählen, was für einen unglaublich wichtigen Job ich da mache. Und sie alle werden mir die ganze Zeit still und konzentriert zuhören!

Aufgabe 15

Gehen wir einmal davon aus, dass du die Ansprüche seitens deiner Familie und Verwandtschaft an dich und damit ihren negativen Einfluss auf dich herunterschrauben könntest. Und nicht mehr das Gefühl hättest, dass es mehr Energie kostet, als du zur Verfügung hast. Was könntest du dann alles tun?

Schreib deine Gedanken dazu auf.

Als ich damals kurz vor Weihnachten krank wurde (mehr dazu im Kapitel *Meine Reise*), wurde die gesamte Verwandtschaft davon betroffen. Vor meinem Zusammenbruch hatten wir das Weihnachtsfest immer im Haus meiner Schwester gefeiert mit knisterndem Kaminfeuer, Essen für eine ganze Kompanie, Spielen und einer Unmenge von Geschenken, die manchmal acht Stunden lang verteilt wurden, und danach lagen noch immer welche unterm Weihnachtsbaum. Es gab Grießbrei mit der Glücksmandel, hausgemachte Süßigkeiten wurden gelutscht und Glühwein getrunken. Ein traditionelles Weihnachtsfest, aber eben von allem ein bisschen mehr.

Ich wurde drei Tage vor Weihnachten krank. Außerdem war es Jahrtausendwende und alles war noch größer als ohnehin schon um diese Jahreszeit – die Leute mussten ein Superweihnachtsfest organisieren und nur eine Woche später die Millenniumsilvesterparty.

Ich hingegen lag in meinem Bett in dem riesigen Krankenhaus, sah fern und bekam Morphium. Meine Verwandten lösten sich ab und saßen Wache an meinem Bett. Ich glaube, im Schnitt verbrachten sie mehr Zeit im Krankenhaus als unterm Weihnachtsbaum. Es war schön und fühlte sich gut an, dass jemand bei mir war, wenn ich die Augen aufmachte. Obwohl ich nicht die lustigste Gesellschaft war.

Das Weihnachten, wie ich es kannte, nahm damals sein Ende. Könnte man sagen. Und kehrte so nie wieder zurück.

Denn nach meiner Erkrankung beschlossen meine Familie und ich, dass wir bestimmte Dinge ändern, unser Leben ein wenig anders angehen wollten. Traditionen durften Bestand haben, wenn sie Freude gaben und Sinn machten, sonst nicht. Wir wollten nicht auf irgendwelchen Festen zu den unterschiedlichsten Feiertagen herumgeschubst werden, nur weil es schon immer so war oder irgendjemand das so entschieden hatte. Wir wollten gemeinsam beschließen, wie wir in der Familie Weihnachten, Mittsommer und Geburtstage feiern wollten.

Seitdem haben wir an Weihnachten die unterschiedlichsten Dinge ausprobiert: Wir waren Skifahren, haben Meisterschaften im Armdrücken durchgeführt, Pfefferkuchenhäuser gebacken, Rockmusik gehört, Truthahn gegessen, gespielt, getanzt und eine gute Zeit gehabt. Für Mittsommer entwickelten wir neue Traditionen, über Ostern verreisen wir meistens und an Silvester trinken wir mit Freunden Sekt und schießen Raketen ab.

Heute kann ich sagen, dass ich mit meinen Beziehungen zu meinen Verwandten sehr glücklich bin. Sie decken viele verschiedene Facetten ab und es gehören viele wunderbare Menschen dazu. Sie sind über Schweden und die Welt verteilt: in Dalarna, Småland, Halland, Skåne, Norwegen, England und Griechenland.

Alle Aktivitäten, die ich heute mit meinen Verwandten unternehme, sind selbst gewählt. Es gibt weder Druck noch Stress, was dazu führt, dass wir immer viel Spaß haben.

Dort hinzukommen hat viele Jahre gedauert, aber es war die Reise wert.

Wie kann ich ihr bloß das Wasser reichen? – Tildas Geschichte

Tilda ist schon seit ein paar Jahren mit Ronnie verheiratet. Er hat zwei Kinder aus erster Ehe, die jede zweite Woche bei ihm wohnen. Tilda und Ronnie erwarten jetzt ihr erstes gemeinsames Kind.

Ronnies Exfrau hat auch nach der Scheidung den engen Kontakt zu Ronnies Familie aufrechterhalten. Regelmäßig trifft sie sich mit ihnen und nimmt an Feiern teil, wenn Tilda und Ronnie nicht dabei sind.

Diese Exfrau wird von den anderen als charmant, supernett, aufmerksam und bei allen beliebt beschrieben. Am Anfang, als Tilda neu in der Familie war, sprachen alle immer von ihr und erzählten sich lustige Geschichten von früher. Und mit jeder neuen Anekdote wurde Tilda kleiner.

Ich dachte immer nur: Hilfe, wer ist diese Superfrau? Und wie kann ich ihr jemals das Wasser reichen? Ich kämpfte wie ein Tier, damit mich die anderen genauso gerne mochten, aber ich bin nicht so offenherzig und spontan wie sie im Umgang mit anderen Menschen. Also endete es meistens damit, dass ich mich total verstellt habe.

Tilda versuchte, eine gute Stiefmutter für Ronnies Söhne zu sein. Sie nahm sie mit zu ihrem Job, einer Filmgesellschaft, las ihnen abends Geschichten vor und bemühte sich, eine Beziehung zu ihnen aufzubauen. Aber das war nicht einfach und sie wusste nicht, wie man das machte, hatte keine Erfahrung im Umgang mit Kindern und keinen natürlichen Zugang dazu.

Ständig fühlte ich mich beobachtet. Alles, was ich tat, wurde registriert, mit der Exfrau verglichen. Und ich verlor jeden dieser

Wettkämpfe. Natürlich war ich die Einzige, die den Wettkampf ausgerufen hatte, sie wusste ja noch nicht einmal darüber Bescheid.

Ronnie unterstützte Tilda, so gut es ging. Er sagte, all das werde sich bestimmt bald geben. Dass jeder selbst entscheiden dürfe, mit wem er seine Zeit verbringe. Und wenn die Verwandten seine Exfrau nun mal treffen wollten, könne er darauf keinen Einfluss nehmen.

Doch das Gefühl nagte an ihr und an ihrer Seele. Sie setzte sich fürchterlich unter Druck, um in Gesellschaft von Ronnies Verwandtschaft zu strahlen, am Ende hatte sie einen Horror vor diesen Familienzusammenkünften. Sie wurde krank, blieb zu Hause und stellte sich in ihrer Fantasie vor, wie sie alle endlich offen über die vortreffliche Exfrau redeten.

Es war ein einziger Horror, aber ich konnte diesen Gedanken einfach nicht loswerden.

Das dachte sie zumindest. Nach einem Seminar für Führungskräfte trafen wir uns zu einer ersten Sitzung und danach hatte sie eine neue Richtung, in die sie weiterarbeiten konnte. Um vor allem ihr Selbstwertgefühl zu stärken, Ronnies Vergangenheit zu akzeptieren und zu der Einsicht zu gelangen, dass ihr Problem weder mit der Verwandtschaft noch mit der Exfrau, sondern mit ihr selbst zu tun hatte. Ihre Unsicherheit feuerte ihre Gedanken an und ließ sie in die falsche Richtung wandern.

Nachdem Tilda angefangen hatte, einen Gedanken nach dem anderen gegen Gedanken auszutauschen, die ihr Energie gaben statt sie ihr zu entziehen, ging auf einmal alles ganz schnell. Heute ist sie zufrieden mit ihrem Leben und der Situation. Sie hat akzeptiert, dass es eine Exfrau gibt, die Mutter der Jungen. Ab und zu treffen sie sich sogar, und das läuft besser als erwartet.

Ich verstehe gut, warum die Leute sie alle mögen; sie ist wirklich nett. Aber das bin ich auch.

»Erziehe« deine Verwandtschaft

Wenn du Perfektionisten in deiner Verwandtschaft hast, musst du sie zu einem Verhalten erziehen, das für dich in Ordnung ist, mit dem du leben kannst. Es ist toll, dass sie sich so anstrengen, um alles schön zu machen, das hier ist dein Beitrag. Du gibst deinen Möglichkeiten entsprechend dein Bestes, perfekt oder nicht. Lass diese Gedanken dich stärken.

Wenn du selbst der Perfektionist bist und dich unablässig unter Druck setzt, um der Verwandtschaft Höchstleistungen zu präsentieren, musst du lernen, gut genug zu sein. Du bist der Maßstab, du musst für dich selbst gut genug sein und vermeiden, dir zu überlegen, wie die anderen dich beurteilen. Das kannst du klar und deutlich zum Ausdruck bringen. Von jetzt an ist es *gut genug*.

Wechsle deine perfektionistischen Gedanken aus

- **Alter Gedanke:** Ich fühle mich wertlos, weil ich die einzige Person in unserer Familie bin, die keine akademische Ausbildung hat.
- ♥ **Neuer Gedanke:** Ich bin das einzige Familienmitglied, das die Gesellschaft von einer anderen Seite kennt. Das ist spannend!

- **Alter Gedanke:** Meine Tante fährt immer die perfekte Kuchentafel auf, wenn wir zu Besuch kommen. Wie sollen wir uns jemals revanchieren können – ich kann doch noch nicht einmal backen!
- ♥ **Neuer Gedanke:** Vielleicht wäre meine Tante stolz und glücklich, wenn ich sie fragte, ob sie zum Kaffeetrinken bei uns zu Hause ein paar von ihren sensationellen Kardamombrötchen mitbringt? Sie liebt es doch, zu backen! Fragen kostet nichts.

- **Alter Gedanke:** Jetzt geht es wieder darum, für alle die perfekten Weihnachtsgeschenke zu finden, obwohl wir im Moment solche Geldsorgen haben.

♥ **Neuer Gedanke:** Ich glaube nicht, dass sich meine Familie über Geschenke freuen kann, wenn sie wissen, dass ich kaum die Stromrechnung bezahlen kann. Ich werde es ihnen sagen, wie es ist, der Geschenkeberg wird dieses Jahr etwas kleiner ausfallen. Wir werden sehen, wie das wird.

■ **Alter Gedanke:** Jetzt kommen die Schwiegereltern schon wieder zum Abendessen und ich muss putzen und kochen, obwohl ich total geschafft bin von der anstrengenden Woche!

♥ **Neuer Gedanke:** Dieser Sonntag wird anders verlaufen als sonst, die Schwiegereltern werden mit uns die Pizza vom Restaurant um die Ecke genießen dürfen. Die wird ihnen bestimmt schmecken.

Gibt es die perfekte Freundschaft?

Es gibt viele Beispiele von Menschen, arm und reich, die in perfekter Freundschaft leben. Wir müssen ihre Anzahl nur verdoppeln

Mahatma Gandhi, indischer Politiker und geistiger Führer

Es gibt Freunde und es gibt Freunde.

Nein, ich habe mich nicht vertippt.

Denn zwischen Freund und Freund können tausend Meilen sein.

Wenn du in eine schwere oder heikle Lebenslage gerätst, deinen Job verlierst, verlassen wirst, ernsthaft krank wirst, total scheiterst, riesengroßen Erfolg hast oder Konkurs gehst – da werden Freundschaften auf die Probe gestellt.

Vor Kurzem habe ich Malin Sävstams Buch *När livet stannar* (Wenn das Leben einfach stehen bleibt, Anm. der Übersetzerin) gelesen, in dem sie von ihrer persönlichen Katastrophe schreibt, als sie durch die Tsunamikatastrophe im Jahr 2004 zwei ihrer drei Kinder und ihren Ehemann verlor. Was mich neben der Schilderung des fürchterlichen Schicksalsschlages, den sie und ihr ältester Sohn erleiden mussten, am stärksten berührt hat, war ihr fantastisches Netzwerk. Seite um Seite erzählt sie dort von den vielen Menschen, die ihr Essen machten, die Kleidung wuschen, die Beerdigung organisierten, sie und ihren Sohn mit in den Urlaub nahmen, finanzielle Hilfe leisteten und sie beim Umzug unterstützten, beim Packen, beim Hausverkauf und noch tausend anderen Dingen.

»Jeder hat die Freunde, die er verdient«, sagt meine Freundin Agneta immer.

In einem Freundeskreis kommt es häufig zu einer Rollenverteilung, die automatisch oder auch absichtlich entsteht. Einer ist besonders lustig und der Clown der Gruppe, ein anderer ist der Tröster und der Seelendoktor, der Nächste der Schrauber, der alles reparieren kann, alles weiß und alle kennt, und ein Vierter ist der Nette, ein bisschen unscheinbar, aber total verlässlich und loyal. Natürlich gibt es noch einen Haufen anderer Charaktere, darüber kannst du ein paar Minuten nachdenken. Wie sieht es in deinem Freundeskreis aus und hast du die Rolle, die du wolltest und die du dir selbst gewählt hast?

Eine bewusste Wahl zu treffen, wen du deinen Freund nennen willst, ist keine dumme Idee. In meiner Arbeit mit Menschen, die ausgebrannt sind oder einen Zusammenbruch erlitten haben und den Weg zurück ins Leben finden müssen, ist es eine der wichtigen Aufgaben, die Energiediebe im Freundeskreis ausfindig zu machen. Ich meine damit Menschen, die kein gutes Gefühl in einem zurücklassen, wenn man sich mit ihnen getroffen hat. Bei denen man sich fühlt wie ein ausgewrungener Wischlappen, statt so voll neuer Energie zu stecken, dass man fast nach Hause hüpft.

Das fällt sehr schwer, ich weiß, aber es ist notwendig.

Perfektionisten sind erstaunliche Energiediebe. Unmengen an Energie gehen bei jedem Versuch verloren, ihren hohen Erwartungen zu entsprechen. Und leider bekommst du diese Energie nie zurückerstattet.

Gibt es die perfekte Freundschaft?

Eigentlich ist es unmöglich, zu definieren, was einen guten Freund ausmacht, weil unsere Erwartungen an eine Freundschaft so unterschiedlich sind. Der eine braucht Vertrauen, der andere will Spaß haben und viel lachen, ein Dritter will mit seinen Kumpels nur tratschen und lästern.

Unsere Bedürfnisse bestimmen unseren Anspruch an eine Freundschaftsbeziehung. Und oft wollen wir unterschiedliche Dinge von unterschiedlichen Freunden.

Einige haben sehr viele Freunde, andere nur wenige. Einige haben viele Bekannte, die sie sehr gut zu kennen scheinen, wenn auch eher oberflächlich, während andere nur einige wenige Vertraute haben, die aber wirklich enge Freunde sind. Solange du die Konstellation hast, die du haben willst, ist es gut so.

Meine Liebe, mein Lieber, sieh mich, hör mich, dann gibt es mich auch

Perfektionisten sind Lobjunkies. Wenn du ein Perfektionist bist, strebst du danach, von allen gemocht und akzeptiert zu werden. Die Ansichten der anderen sind von allergrößter Wichtigkeit und färben positiv auf dein Selbstbild ab. Die Wahrheit der Umwelt wird zu deiner eigenen, und das Bild der Umwelt von dir entspricht dann deinem Selbstbild. Wenn du also kein Lob erhältst, bedeutet das, dass du nichts wert bist. Du bist nur jemand, wenn du dich in den Augen der anderen siehst, wenn sie dir deinen Wert bescheinigen. Natürlich wollen die meisten von uns gemocht werden, daran gibt es keinen Zweifel. Aber für den Perfektionisten wird es elementar, von seiner Umwelt akzeptiert und anerkannt zu werden.

Dazu gehört natürlich auch, keine Fehler zu machen, sich keinen Ausrutscher zu leisten, auf keinen Fall Anlass zu Kritik zu geben und in keinen Konflikt zu geraten. Lieber die Flucht ergreifen als das. Lieber schweigen und leiden, statt die Wahrheit sagen und riskieren, dass man nicht mehr akzeptiert wird und nicht mehr dazugehört, dass man vielleicht sogar aussteigen muss.

Aufgabe 16

Welche Auswirkungen hat dein Perfektionismus oder der deiner Mitmenschen bisher auf deine Freundschaften gehabt?

Schreib deine Gedanken dazu auf.

Stella erzählte mir:

Ich halte mich von Perfektionisten fern. In deren Gesellschaft werden meine eigenen Schwächen und Defizite so überdeutlich. Und die haben auch so furchtbar viele Prinzipien, stimmt's? Ich habe Schwierigkeiten mit Menschen, die Prinzipien haben, weil ich selbst keine habe.

Joanna und Martin erzählten mir:

In unserem Freundeskreis gibt es ein Paar, das wir kaum noch aushalten können. Die sind in allem unschlagbar und machen immer alles richtig. Es ist praktisch unmöglich, sich mit ihnen zu messen, trotzdem können wir nicht aufhören, uns mit ihnen zu vergleichen! Wenn wir mit mehreren Familien ein Picknick machen und jeder sein Essen mitbringt, haben sie für alle frisches Baguette gebacken und Kartoffelsalat gemacht und für die Kinder kleine Süßigkeiten mitgenommen. Einmal waren wir mit fünf Familien Skifahren – sie hatten nicht nur die perfekte Ausrüstung dabei, nein, sie hatten auch für alle kleine Geschenke besorgt und haben hinterher allen ein selbst gemachtes Fotoalbum von der Reise geschenkt. Das ist total süß von ihnen, aber wir trauen uns nicht, sie in unsere bescheidene Hütte einzuladen. Wir fühlen uns im Vergleich zu ihnen so klein und bedeutungslos.

Wie verhält man sich jemandem gegenüber, der fehlerlos ist? – Saras Geschichte

Sara ist 40 Jahre alt. Sie hat einen Job, den sie mag, lebt in einem Reihenhaus mit Mann und zwei Söhnen, macht ein paarmal die Woche in einem Fitnesscenter Sport, geht mit Freundinnen aus, verreist einmal im Jahr ins Ausland und ist eine sorgfältige Hausfrau, so gut es sich eben einrichten lässt.

Sie hat viele Bekannte und einige wenige enge Freunde.

Eine ihrer Freundinnen ist eine Perfektionistin. Alles, was sie anfasst, macht sie mit äußerster Sorgfalt, legt großen Wert auf Details und verfügt über ein Erinnerungsvermögen, das sich mit dem Archiv des Geheimdienstes messen kann.

Die Freundin achtet sehr auf ihr Äußeres, sie ist wunderschön, immer gut angezogen, nichts sitzt schief oder schlecht, alles ist aufeinander abgestimmt, passt farblich, ist modern und neu. Sogar wenn sie sich »gemütlich« anzieht, sieht es perfekt aus.

Sara beschreibt ihre Freundin und deren Beziehung:

Wenn wir zum Beispiel einen Junggesellinnenabschied feiern oder den Geburtstag einer Freundin, dann hängt sie die Latte so hoch, dass niemand sonst mithalten kann. Sie schreibt eine Rede, denkt sich ein Bilderrätsel aus, das wir mit ausgedruckten Bildtafeln und Videoschnipseln vorführen, und sitzt Stunden daran und puzzelt und bastelt. Selbstverständlich erwartet sie, dass wir mindestens genauso viel Zeit und Energie einbringen wie sie.

Wenn Sara sich nicht wie erwartet engagiert, ist die Freundin enttäuscht. Aber die Erwartungen werden selten ausgesprochen, Sara soll selbst herausfinden, was von ihr verlangt wird. Und Sara springt und rennt um die Wette, doch oft schafft sie es nicht bis zur Zielgeraden. Dann wird das Missfallen nicht offen ausgesprochen, dafür kommuniziert die Freundin es auf einem anderen Weg – aber nicht minder deutlich: durch launische Kommentare, durch wochenlanges Schmollen oder Prahlen vor anderen, was sie alles allein erledigen musste nach der Enttäuschung über Saras Scheitern. Die Freundin selbst begeht selbstverständlich keinen Fehler. Zumindest würde sie den niemals eingestehen.

Es ist sehr schwer, eine aufrichtige Beziehung zu einer Perfektionistin zu haben, die es nicht wagt, ihr ganzes Ich zu zeigen, mit allen Schwächen und Defiziten. Sie will immer makellos erscheinen. Aber am Ende hat man nur das Gefühl, vor einer Fassade zu stehen.

Da Sara diese Freundin trotzdem gernhat und ahnt, dass es hinter dieser Fassade viel zu entdecken gibt, will sie nicht aufgeben. Aber sie will mehr aus dieser Beziehung rausholen, will sich befreien von dem Gefühl, jemanden im Nacken sitzen zu haben, und von dem vergeblichen Versuch, zu hohen Erwartungen zu entsprechen und dabei nie dem ganzen Menschen zu begegnen.

Ich werde langsam misstrauisch, das ist ein furchtbares Gefühl. Ich will ein Loch in diese große Blase stechen und sehen, was sich darin verbirgt.

Als ich die Arbeit mit Sara begann, konnte ich ihr etwas Werkzeug in die Hand geben, das sie in der Beziehung zu ihrer perfektionistischen Freundin anwenden konnte. Sie musste üben, ihre Grenzen deutlich zu machen und einen Auftrag abzuweisen, wenn er zu weit ging. Und sie musste lernen, um klare Anweisungen zu bitten, wenn sie eine gemeinsame Unternehmung planten. Zum Beispiel musste sie sich überlegen, inwieweit sie sich bei der Planung für den vierzigsten Geburtstag einer gemeinsamen Bekannten engagieren wollte: Wie viel Zeit konnte sie aufbringen, wie viel Geld wollte sie investieren und wie viel Kraft und Energie war sie bereit, für dieses Event einzusetzen? Was *konnte* sie beitragen, was *wollte* sie beitragen? Nachdem sie sich das alles gut überlegt und eine eigene Linie gewonnen hatte, musste sie sich mit ihrer Freundin zusammensetzen und ihr erzählen, wie ihre Beteiligung aussehen würde.

Es geht darum, dass ich es nicht persönlich nehme, wenn meine Freundin sauer wird, weil ich mich nicht genug engagiere. Ich weiß jetzt, dass es nichts mit mir zu tun hat, sondern mit ihrem Perfektionismus und ihrem Leistungsdruck. Sie meint, sie müsse so viel leisten, um gemocht zu werden. Das ist wahnsinnig schwer und ich fühle mich die ganze Zeit unzulänglich. Ich tue mein Bestes, aber in ihren Augen ist das alles andere als gut genug. Es muss genügen, dass es in meinen Augen und nach meinen Wertvorstellungen gut genug ist.

Und Sara trainierte. Und lernte, ihre Grenzen zu setzen und dadurch zu bestimmen, wie viel Raum *die perfekte Freundin* einnehmen darf. Denn Sara trägt auch eine Verantwortung für diese Beziehung, nämlich ihren Anteil.

Es ist leicht, den anderen die Schuld zu geben und sich leidzutun, weil man dem Verhalten der anderen hilflos ausgeliefert ist. Sara muss stattdessen ihre eigene Rolle in dieser Beziehung betrachten lernen und dafür die Verantwortung übernehmen. Sie war und ist richtig, richtig mutig!

Indem sie ihre Grenzen und ihre Vorstellung von Freundschaft deutlich gemacht hat, konnte sie ihrer Freundin im gleichen Atemzug zeigen, dass man nicht immer 100 Prozent geben muss. Es ist in Ordnung, den Geburtstag eines Freundes zu feiern, weil man die Person mag, und nicht nur, weil man die perfekte Geburtstagstorte präsentieren will. Sara hat ihrer Freundin gezeigt, dass sie sie ungeachtet ihrer Leistungen mag. Indem sie ihr zeigt, dass sie in sich ruht, gelingt es ihr vielleicht, die Freundin zu inspirieren, es ihr nachzutun.

Sara traut sich, gut genug zu sein, sie traut sich, etwas anzufangen, was ausreichend gut wird, und sie traut sich zu, eventuelle Missbilligung auszuhalten.

Der nächste Schritt ist dann, ein »Mir reicht's« deutlich zu machen, sich gegen diese Missbilligung zur Wehr zu setzen, wenn sie zu massiv wird. So übernimmt sie mehr Verantwortung für ihren Anteil an dieser Beziehung. Aber sie kann auch der Freundin helfen und ihr Unterstützung anbieten, indem sie ihr sagt, was sie sieht. Sie kann ihr sagen, dass sie sie schätzt und für sie da ist, wenn die Freundin mal eine Verschnaufpause braucht, und dass sie bei Sara alle Spannung loslassen kann.

Das ist in Ordnung, Sara wird trotzdem für sie da sein.

Natürlich weiß Sara nicht, wie ihre Freundin darauf reagieren wird, diese Ungewissheit macht sie nervös. Wird sie verstehen, was Sara meint? Aber einer Sache kann sich Sara sicher sein: Die Freundin wird wissen, dass Sara für sie da ist, wenn die Blase eines Tages platzen sollte.

Wie eine richtige Freundin. Eine, bei der man zur Ruhe kommt.

Aufgabe 17

Geh in Gedanken alle Menschen in deinem Umfeld durch, die du deine Freunde oder Bekannten nennst. Bei wem von ihnen kommst du zur Ruhe? Bei wem kannst du so sein, wie du bist, wer von ihnen akzeptiert deine Fehler und Defizite und mag dich so, wie du bist?

Betrachte danach deinen eigenen Anteil an dieser Beziehung – wie verhältst du dich?

Denk darüber nach.

Schreib deine Gedanken dazu auf.

Aufgabe 18

Als Nächstes betrachtest du die Beziehungen, bei denen du dich nicht so entspannt fühlst. Und auch hier sieh dir deinen eigenen Anteil an dieser Beziehung an. Gibt es etwas, was du da ganz anders machst? Bewahrst du eine Fassade? Lässt du diese Menschen nicht nahe an dich heran? Hast du das Gefühl, dass du Erwartungen erfüllen musst, und sind die ausgesprochen oder nur in deiner Vorstellung?

Diese Aufgabe hat als Ziel, dass du die Verantwortung für deinen Anteil an einer Freundschaftsbeziehung übernimmst. Und der Anfang ist gemacht, wenn du bereit bist, über deinen Anteil daran nachzudenken.

Schreib deine Gedanken dazu auf.

Immer zur Verfügung stehen

»Sie ist eine tolle Freundin, steht immer zur Verfügung und denkt stets zuerst an die anderen!« Ist das wirklich die Definition eines guten Freundes?

Diesen Satz habe ich in einer Zeitung gelesen, die eine Reportage zum Thema »Unsere schwedischen Helden« gemacht hatte. Darin ging es um Helden des Alltags, die ungefragt Gutes tun, Menschen, die mehr geben, als von ihnen erwartet wird, oder Menschen, die als Feuerwehrmänner arbeiten oder Krankenschwestern oder Müllwagenfahrer.

Für mich stellt sich die Frage, ob es wirklich so heldenhaft ist, immer zur Verfügung zu stehen und immer zuerst an alle anderen zu denken?

Vor einiger Zeit habe ich in einem Lehrerkolleg einen Vortrag über Persönlichkeitsentwicklung gehalten. Darin ging es darum, Freude am Leben zu finden, sein Selbstwertgefühl zu stärken und sich selbst den Vorrang zu geben. Immer wieder werde ich von meinem eigenen Leben und in meiner Tätigkeit als Coach daran erinnert, dass alle Kommunikation den Bedingungen des Empfängers unterworfen ist.

Das bedeutet, dass ich mich vor eine Gruppe hinstellen und stundenlang reden kann, mich noch so anstrengen kann, um meine Botschaft zu vermitteln. Am Ende hängt doch alles davon ab, wie meine Worte vom Zuhörer aufgenommen und verstanden werden.

Nach dem Vortrag kam eine ältere Frau auf mich zu und wollte wissen, was ich eigentlich damit meinte, sich selbst den Vorrang zu geben:

Ich versteh das nicht richtig, meinst du damit, wenn ich meine Freunde zu Kaffee und Kuchen einlade, dass ich mir dann zuerst das größte Stück nehme und ihnen den Rest anbieten soll?

Oh, was haben wir gelacht, sie hat es auf eine so lustige Art gesagt. Und man braucht auch manchmal konkrete Beispiele, denn an den großen und kleinen Augenblicken des Alltags üben und entwickeln wir uns und wachsen wir.

Ich antwortete ihr, dass ihr Selbstwertgefühl den Geist aufgibt, wenn sie immer die Letzte auf der Liste ist und nur das bekommt, was übrig bleibt. Vielleicht sollte sie mal als Erste dran sein?

Aufgabe 19

Wenn ich mit einzelnen Gruppen in Unternehmen arbeite, beginne ich häufig mit einer Evaluierungsübung, bei der die Teilnehmer eine persönliche Haltung zu unterschiedlichen Aussagen und Maximen finden müssen.

Eine von ihnen lautet: *Es ist wichtiger, für seine Freunde da zu sein, als für sich selbst.*

Es ist immer wieder spannend, wie die Teilnehmer sich verhalten. Für den einen Teil der Gruppe ist es selbstverständlich, dass man in erster Linie an die anderen denken muss, für sie da sein und helfen sollte, wo immer Bedarf besteht – und zwar vorbehaltlos der eigenen Zeit, Kraft und Energie gegenüber. Die anderen hingegen kümmern sich lieber erst um sich selbst, bevor sie bei anderen vor der Tür stehen.

Wie verhältst du dich zu dieser Maxime?

Wie sehen deine Wertvorstellungen aus, wenn es um Freundschaft geht?

Ist es wichtiger, für seine Freunde da zu sein, als für sich selbst?

Oder willst du dich erst um dich kümmern und dann um andere?

Schreib deine Gedanken dazu auf.

Als ich ein kleines Mädchen war, wurde ich zum Thema »Teilen« auf eine harte Probe gestellt. Ich hatte eine Tafel Schokolade geschenkt bekommen und wurde von meiner Mutter angehalten, meinen kleinen Freundinnen etwas davon abzugeben und erst dann selbst zu nehmen, wenn alle gekostet hatten. Ich öffnete die Packung, sorgfältig wickelte ich das gelbe Papier auf, knickte die Riegel in kleine Stücke und reichte sie meinen Freundinnen. Als die Packung zu mir zurückkam, lag nur noch ein einziges winziges Stück darin. Und ich fing an zu weinen.

Trau dich und zeig dich!

Meistens sind wir von Ängsten beherrscht, wenn wir Probleme bekommen. Die Angst, die Kontrolle zu verlieren, die Angst, die Kontrolle aufzugeben, die Angst, zu scheitern, die Angst, sein wahres Ich zu zeigen.

Eine sehr effektive Methode dagegen ist tatsächlich, sich diesen gefährlichen Situationen auszusetzen und zu sehen, was passiert. Perfektionisten aber haben eine panische Angst davor und schuften wie die Tiere, um einer unangenehmen, unerwarteten und ungeplanten Situation zu entgehen. Dabei ist es ungeheuer wertvoll für die eigene Entwicklung, sich ebensolchen Situationen auszusetzen, über das Geschehene zu reflektieren und sich zu fragen, wie es lief und wie es sich anfühlte. Man wächst mit jedem Mal.

Als ich noch eine Perfektionistin war, habe ich auch jede Situation vermieden, die unangenehm, unerwartet oder ungeplant war. Zum Beispiel träumte ich davon, ein offenes Haus zu haben, wo Leute spontan auf einen Kaffee vorbeikamen. Und gleichzeitig war das eine Horrorvorstellung. Natürlich war es bei mir immer super aufgeräumt, aber stell dir nur mal vor ... jemand würde kommen ... an einem ungünstigen Tag ... Horror ...

Einmal hatten wir die Nachbarn an einem Samstagabend zum Essen eingeladen, alles war fertig, das Essen gekocht, aber ich hatte mich ein bisschen mit der Zeit verkalkuliert. Unsere Gäste trafen in dem Augenblick ein, als ich gerade auf dem Weg unter die Dusche war. Ich wollte mich in aller Ruhe anziehen und schminken. Wir trafen im Hausflur aufeinander; sie waren frisch geduscht, schick angezogen, die Nachbarin trug Make-up, ich hingegen hatte struppiges Haar, meine Brille auf der Nase, ein kariertes Flanellhemd und Jogginghosen an und war umhüllt von Bratenduft, da ich sieben Stunden in der Küche verbracht hatte.

Und weißt du was? Ich habe es überlebt.

Sie bekamen einen ersten Drink und ich ging so lange duschen. Ich machte mich zurecht und wir konnten mit dem Essen beginnen. Für mich war es eine der schlimmsten Vorstellungen, beim Eintreffen der Gäste noch nicht fertig zu sein, so auszusehen und sie eben nicht tipptopp zu begrüßen.

Was für ein Glück, dass ich davon heute geheilt bin.

Jetzt ist für mich das Schönste, wenn meine Freunde vorbeikommen und wir zusammen kochen. Dann stehen wir alle in der Küche und quatschen, trinken Wein, decken den Tisch und waschen hinterher gemeinsam ab. Stell dir mal vor, wie viel lustiger und gemütlicher das wird!

Wechsle deine perfektionistischen Gedanken aus

- **Alter Gedanke:** Argh, mir ist das Dessert am Samstag misslungen, was sollen die bloß von mir denken? Ich bin doch sonst so gut in Nachspeisen.
- **Neuer Gedanke:** Okay, jetzt weiß ich zumindest, dass dieses Rezept nicht funktioniert. Am besten werfe ich es weg und probiere das nächste Mal was anderes.

- **Alter Gedanke:** Oh nein, wie peinlich, jetzt haben wir vergessen, ein Mitbringsel zu kaufen. (Schon auf dem Weg zur Essenseinladung weit und breit kein Laden, um noch auf die Schnelle ein paar Blumen oder ein paar Pralinen zu kaufen.) Was werden die wohl denken? Das passt gar nicht zu uns! Man kann doch nicht mit leeren Händen kommen!
- **Neuer Gedanke:** Hoppla, wir haben vergessen, ein Mitbringsel zu besorgen. Na gut, dann laden wir sie stattdessen für

nächste Woche ins Kino ein, dann haben wir auch die Gelegenheit, uns schnell wiederzusehen. **Alternativer neuer Gedanke:** Wie schön, dass wir das Geschenk vergessen haben, dann nutzen wir die Gelegenheit und entscheiden, dass wir diese lächerliche Regel ab heute abschaffen.

■ **Alter Gedanke:** Aha, jetzt haben Nilssons die Lundins zum Essen eingeladen, aber uns nicht. Dabei sind wir eigentlich mit den Lundins befreundet. Wahrscheinlich sitzen sie den ganzen Abend zusammen und reden über uns!
♥ **Neuer Gedanke:** Wie schön, dass sich unsere Freunde auch untereinander mögen!

■ **Alter Gedanke:** Wir erzählen es einfach niemandem, dass Ludwig in fünf Fächern eine Fünf hat, wir tun so, als sei nichts.
♥ **Neuer Gedanke:** Ich werde die anderen Eltern fragen, wie sie ihre Kinder zum Lernen motivieren, vielleicht können wir ein paar Tipps für Ludwig bekommen.

Aufgabe 20

Perfektionismus wird leider viel zu oft belohnt und gewinnt so immer wieder neuen Halt. Erinnere dich an Situationen, in denen du jemanden für ein perfektes Resultat gelobt hast. Ermunterst du deine Freunde zu Perfektionismus? Und wann bist du selbst zu Perfektionismus aufgefordert worden?

Schreib deine Gedanken dazu auf.

Als Freund unzulänglich

Perfektionismus kann für eine Beziehung der Tod sein. Deine Freunde haben keine Lust, laufend deine hohen Ansprüche und Anforderungen zu erfüllen. Es tut weh, nur nach Leistungen beurteilt zu werden, vom Gefühl der Unzulänglichkeit beschwert zu sein und in den Augen eines Freundes nie gut genug zu sein.

So sicher wie das Amen in der Kirche wird das Selbstwertgefühl deines Freundes oder deiner Freundin in deiner Gesellschaft extrem sinken. Und dann wird er oder sie wahrscheinlich die Nähe anderer Menschen suchen, bei denen er/sie sich wertvoll und respektiert fühlt. Vielleicht seht ihr euch auch zwischendurch wieder, aber bei den Begegnungen fühlt er oder sie sich klein, wertlos und unbeholfen. Ich kann mir nicht vorstellen, dass du diese Art von Beziehungen zu deinen Mitmenschen haben willst.

Auch wenn sich dein Perfektionismus nur an dich selbst richtet, hat er negative Auswirkungen auf deine Freundschaftsbeziehungen. Denn dein Anspruch an dich selbst ist, im Vergleich zu dem Leben, das deine Freunde führen, unrealistisch hoch.

Pia erzählte mir:
Ich habe eine Freundin, die ist echt verdammt dünn. Sie ist durchtrainiert und hat den schönsten Körper, den man sich vorstellen kann. Glatte Haut, tolle Muskeln, einen schönen Busen, festen Hintern, lange, manikürte Nägel, ein hübsches Gesicht mit perfektem Make-up, langes, glänzendes Haar und sogar wohlgeformte Füße. Ich kann mich nur im Winterhalbjahr mit ihr verabreden. Nein, das meine ich ernst. Ich halte das nicht aus, mit meinen Rettungsringen im Bikini neben ihr am Strand zu liegen. Und selbst wenn ich genauso dünn und durchtrainiert und hübsch wäre, würde ich es niemals mit ihr aufnehmen können und immer so gut angezogen und frisch geföhnt aussehen. Manchmal wünsche ich mir, sie würde so aus dem Haus gehen, wie sie aussieht, wenn sie gerade aus dem Bett aufgestanden ist. Obwohl sie bestimmt auch dann umwerfend aussieht.

Freundschaft erzeugt Glück

»Gute Beziehungen bescheren einem Glück.« Das sagte Bengt Brülde, Philosoph und Dozent in Praktischer Philosophie an der Universität Göteborg in einem Interview mit der Tageszeitung *Svenska Dagbladet* vom 15.12.2005. Er möchte für das Hier und Jetzt eine Lanze brechen, man soll in der Gegenwart leben und nicht so oft auf ein »später« warten.

Durch seine Forschungen ist er zu dem Schluss gekommen, dass nicht materielle Dinge glücklich machen, sondern Liebe und innige Freundschaftsbeziehungen. Viele streben nach mehr Geld, größeren Häusern, luxuriösen Autos und Reisen, aber das alles macht uns nicht wirklich glücklich. Wirkliches Glück erwächst aus Beziehungen, aber natürlich nicht jeden beliebigen. Es sind die Beziehungen zu Menschen, bei denen wir uns entspannen und fröhlich sein können, die uns am meisten bedeuten.

Aufgabe 21

Im Job und in der Schule werden Mitarbeiter- oder Entwicklungsgespräche geführt, aber in einer Beziehung findet das selten statt. Nimmst du die Aufgabe an, dich zum Kaffee mit deinen Freunden zu verabreden und ihnen Fragen zu eurer Beziehung zu stellen? Was schön und was weniger angenehm ist, welche Auswirkungen dein Perfektionismus auf sie hat oder andersherum? Wie ihr eure Beziehung weiterentwickeln wollt?

Sei offen, dann könnt ihr zusammen wachsen und euch entwickeln.

Schreib deine Gedanken dazu auf.

Natürlich willst du in deinen Beziehungen gesehen werden und dich wichtig und bedeutsam fühlen. Zumindest genauso wichtig wie die anderen.

Wenn du in eine Konfliktsituation gerätst

Wie sehr du dich auch bemühen magst, davor zu fliehen, früher oder später wirst du in eine Konfliktsituation geraten. Dann wäre es doch schön, zu wissen, wie man damit umgehen kann. Ich habe ein paar Gedanken zusammengetragen, mit denen du dich beschäftigen kannst.

♥ **Betrachte dich einen Augenblick von außen.** Betrachte deine Situation mit einer gewissen Distanz: Was genau siehst du?

♥ **Wie wichtig ist dieser Konflikt für dich?** Inwiefern kann er dich weiterbringen, wenn du dich tatsächlich auf den Konflikt einlässt?

♥ **Schau hinter die Wut – was für ein Gefühl zeigt sich da?** Enttäuschung? Angst? Sorge? Unruhe? Oder was sonst? Erzähle von diesem Gefühl ausgehend.

♥ **Wähle deine Worte mit Sorgfalt und stell dir folgende Fragen.**
  1. Ist es wahr, was du gleich aussprechen willst?
  2. Ist es notwendig, es genau in diesem Moment zu sagen?
  3. Musst unbedingt du derjenige sein, der es ausspricht?
  4. Ist es liebevoll und respektvoll?

♥ **Was kann ich aus dieser Situation lernen?**

Schreib deine Gedanken dazu auf.

Diese Punkte und Fragen gelten nicht nur für Konflikte in Freundschaftsbeziehungen, du kannst sie in allen möglichen Situationen und Beziehungen anwenden.

Für Perfektionisten – und für alle anderen natürlich auch – ist es sehr nützlich, sich seine Gefühle, seine Beziehungen, Kommunikationsformen und Wertvorstellungen genau anzusehen. Je mehr Verantwortung du für deine Gefühle, Beziehungen, Kommunikationsformen und Wertvorstellungen übernimmst, desto weniger musst du in deinen perfektionistischen Verhaltensmustern gefangen bleiben.

PS

Früher war ich die perfekte Freundin. Dachte ich. Ich habe mit allen Kontakt gehalten, wusste über alle und jeden Bescheid, war bei allen gleichermaßen engagiert. So übertrieben, dass ich selbst praktisch nicht vorkam. Als ich vor ein paar Jahren etwas Schreckliches erlebt habe, vertraute ich mich einer Freundin an. Da sagte sie: »Wir kennen uns seit fast fünfzehn Jahren und ich habe dir mein Innerstes und jeden geheimen Winkel gezeigt. Aber das ist das erste Mal, dass du mir etwas von dir erzählt hast.« Und das stimmte. Ich habe allen Platz eingeräumt außer mir selbst. Und war dabei unerhört loyal, erinnerte mich an alle Geburtstage, schickte Karten und Blumen und Grüße, backte Torten und dachte mir Überraschungen aus.

Eine Arbeitskollegin hat einmal zu mir gesagt: »Du bist die beste Freundin, die man sich denken kann.« Das war schön wie ein warmer Regen. Heute bin ich das wirklich, für einige. Aber auf eine viel entspanntere und ehrlichere Art und Weise.

Home sweet home

Wo verstecken diese Leute bloß ihre ganzen Sachen? Ich bin sicher, dass die in ihrem Zuhause irgendwo eine Vorratskammer haben.

Mia Törnblom, Führungstrainerin und Autorin

Ich habe ein Interview mit Barbra Streisand im Fernsehen gesehen, als sie bei Oprah Winfrey zu Besuch war. Oprah fragte sie, ob es wahr sei, dass sie so eine Perfektionistin ist? Und wie sich das äußern würde?

Da erzählte die Streisand, dass sie zum Beispiel ihre Assistentinnen anrufe, wenn sie in einem ihrer Häuser für eine Weile wohnen wolle, damit diese vor ihrem Eintreffen frische Blumen besorgten. Aber es dürfen nicht irgendwelche Blumen sein; die Blumen im Garten müssten auf jeden Fall farblich mit der Inneneinrichtung des Hauses harmonieren, wenn Barbra Streisand auf ihrem Sofa sitzt und aus dem Fenster in den Garten sieht.

Einmal sei das leider schiefgegangen. Auf den einen Raum, in dem hellblaue und rosa Farbtöne dominierten, folgte ein Nebenraum, dessen Blumenkästen diese Assistentin doch tatsächlich mit orangefarbenen Blumen ausgestattet hatte. Das habe sich fürchterlich gebissen und so etwas durfte sich auf keinen Fall wiederholen.

Kate erzählte mir:
Wie würden die wohl reagieren, wenn sie mich zu Hause besuchen? Wie kann man sich nur in so einem Zuhause wohl fühlen? Egal, was man tut, macht man es unordentlich!

Wohnt hier jemand?

Heim, trautes Heim.

Oder Heim, Riesendruck-der-mir-den-Rest-gibt-Heim?

Was ist eigentlich das perfekte Heim? Geht es darum, dass der Zeigefinger, der über die Flächen streicht, keinen Staub findet? Dass die Handtücher auf der Gästetoilette farblich zusammenpassen? Oder dass die Weihnachtsgardinen auch pünktlich zu Weihnachten hängen, der Boden unter der Badewanne blitzblank ist und alle Legosteine der Kinder in der richtigen Kiste liegen?

Wir waren alle bestimmt einmal in einem perfekten Heim zu Besuch. Und waren ein bisschen betroffen von der Unpersönlichkeit und dem Mangel an dem gewissen Etwas, das uns verrät, dass hier tatsächlich jemand lebt.

In den Hochglanz-Einrichtungsmagazinen sehen alle Wohnungen und Häuser einfach nur fantastisch aus, es glänzt und strahlt in jeder Ecke, überall ist es sauber und aufgeräumt. Keine Postberge, keine Flecken auf dem Sofa und kein »überlasteter« Garderobenständer im Flur. Alles ist maßvoll und gepflegt, perfekt arrangiert und funktionell.

Vor ein paar Jahren schwappte die Welle des »home staging« aus den USA zu uns herüber, was bedeutet, dass man seine Wohnung oder sein Haus umstylt, bevor es zum Kauf angeboten wird. Die Einrichtung wird komplett umgestellt, und danach sieht es unpersönlich, streng und modern aus, eben so wie in den Einrichtungsmagazinen. Weiße oder graue Sofagruppen, eine Vase mit roten Schnittblumen, orangefarbene Handtücher im Badezimmer, leer gefegte, blitzblanke Arbeitsflächen in der Küche, hier und da eventuell ein Topf mit Kräutern, eine Decke, die wie zufällig geworfen auf dem Lesesessel liegt, hundert Kissen in Reih und Glied auf dem Ehebett gruppiert und Teelichter, Teelichter, wohin das Auge schaut, Teelichter. Der Sinn dahinter ist, dass der potenzielle Käufer sich vorstellen können soll, dort selbst zu wohnen. Da können natürlich nicht an jeder Wand Fotos und Kinderzeichnungen hängen.

Sieh dir mal die Anzeigen in einer normalen Zeitung an – alle dort angebotenen Wohnungen und Häuser sehen identisch aus, sie haben die gleichen klassischen Sitzgruppen, Hintergrundfarben und gemusterten Tapeten und Borten an den Fenstern.

Und plötzlich schießen die Preise in die Höhe und die Makler verkaufen die Objekte für viel mehr Geld, weil der ganze Müll weggeräumt wurde.

Das perfekte Heim ist verlockend.

Minna erzählte mir:
Ich werde verrückt, wenn jemand unangekündigt vorbeikommt. Wenn ich keine Zeit hatte, vorher noch aufzuräumen, das Bad zu putzen und die Wäsche einzusortieren – all so ein Zeug eben, das erledigt sein muss, wenn Besuch kommt. Wenn jemand also unangekündigt vorbeikommt, mache ich einfach nicht auf, sondern verhalte mich ganz still und tue so, als ob niemand zu Hause ist.

Aus Berufsstress wird Zuhausestress

Wie sieht es bei dir zu Hause aus?

Und wie willst du den irrsinnig hohen Ansprüchen gerecht werden, um das perfekte Heim zu schaffen?

Direkt zu Hause weiterzuarbeiten, wenn man von seinem Job nach Hause kommt, ist doch eigentlich – logisch betrachtet – total wahnsinnig.

Viele Untersuchungen in den vergangenen Jahren haben gezeigt, dass das Stressniveau bei Männern sinkt, wenn sie von der Arbeit nach Hause kommen, bei Frauen hingegen schnellt es in die Höhe.

Ich höre häufig von Haushaltsproblemen. Wie sollen die Haushaltspflichten verteilt werden, wer übernimmt die Verantwortung für welche Aufgaben, wer kümmert sich um was und wie geht man mit der Schwierigkeit um, die verschiedenen Bedürfnisse der Familienmitglieder, ihre Gewohnheiten und Routinen, ihren Stil und ihren Geschmack zu berücksichtigen?

Bei einem Perfektionisten zu Gast zu sein kann einem manchmal die Schuhe ausziehen. Ich kannte eine Frau, die hatte für die Freunde ihres Kindes Wechselklamotten, die diese anziehen mussten, wenn sie bei ihnen zu Hause spielten. Falls an ihren Kleidungsstücken Schmutz sein sollte. Ihr Zuhause war übrigens das aufgeräumteste und sauberste Haus, das ich je gesehen habe. (Ich durfte meine Sachen anbehalten!) Alles hatte seinen Platz und es gab hundertprozentig kein Staubkorn auf der obersten Reihe des Bücherregals.

Es gibt Domizile, die sehen mehr nach einem Ausstellungsobjekt aus als nach einem Zuhause. Dort werden einzelne Objekte präsentiert, die die Bewohner charakterisieren sollen. Obwohl es häufig darum geht, wie die Bewohner von den Betrachtern gesehen werden wollen.

Aufgabe 22

Welche Auswirkungen hat dein Perfektionismus oder der deiner Mitmenschen bisher auf dein Zuhause gehabt?

Schreib deine Gedanken dazu auf.

Meine eigene Reise ins perfekte Heim

Als ich klein war, hasste ich Aufräumen. Ich mochte mein Zimmer am liebsten, wenn es richtig unordentlich war – ich fand das gemütlich. Am liebsten alles in einem wilden Durcheinander: Barbiepuppen, Autos, Zeichenpapier und Stifte. Meine Mutter schimpfte und zeterte. Und ich räumte auf, so gut ich konnte, was nicht herausragend war. Meine Schwester jedoch war ein richtiger Putzteufel. In ihrem Zimmer herrschte immer militärische Ordnung, darum kam sie mir manchmal zu Hilfe. Ich seufzte und stöhnte und räumte unter großen Mühen einen Stift weg, während sie wie ein Wirbelwind durchs Zimmer fegte und alles in Windeseile methodisch und systematisch ordnete – und zack, sah es aus wie im Ikea-Katalog, Abteilung Kinderzimmer.

Als ich von zu Hause auszog, wohnte ich zuerst in einer Einzimmerwohnung in der Nybrogatan in Stockholm. Die war hell und schlicht eingerichtet. Und wurde zugemüllt. Ein Wahnsinn!

Ich wohnte dort zwei Jahre lang und putzte genau fünf Mal – wenn meine Mutter zu Besuch kam. Zu Besuch kommen durfte, muss ich hinzufügen. Denn sonst fungierten der Boden als Garderobe, die Spüle und Arbeitsplatte als Stellfläche für benutztes Geschirr und der Küchentisch als Ablage für Rechnungen, Post, Zeitungen und Zettel.

Dann lernte ich den Vater meiner Kinder kennen, einen Pedanten vor dem Herrn, der mein Chaos am Anfang charmant, fast ein bisschen exotisch fand. Die ersten Jahre arbeitete er hart daran, Ordnung zu schaffen, auch in mir. Das lief gut, das lief sogar zu gut, es kippte und ich wurde vollkommen hysterisch. Ich schuftete wie ein Tier, um die Ordnung zu bewahren und um jemand zu sein, der ich im Grunde meines Wesens gar nicht war. In Wirklichkeit war ich eine Chaosliese. Ich schuftete und putzte und tat und machte. Ich dachte, so müsste es sein, sollte es sein, würde es sein. (Mehr dazu im Kapitel *Meine Reise*)

Heute sieht es bei uns so aus, wie wir es am liebsten mögen: gerne sauber, aber mit Papierstapeln auf dem Schreibtisch. Gerne auch mal aufgeräumt in der Küche, ohne dreckiges Geschirr mit angetrockneten Essensresten, aber dafür ein Berg von Schuhen im Flur. Ich mag saubere Bettwäsche, darum wechsle ich die häufig, aber wenn ich mal keine Lust habe, kann ich es auch auf den nächsten Tag verschieben. Oder den übernächsten.

Die gute Stube

Ich erinnere mich noch gut an diese gute Stube aus meiner Kindheit. In die durften wir bei Freunden zu Hause nie hinein, um dort zu spielen. Wunderschöne Sofas mit Kissen, die einen Knick in der Mitte hatten, standen darin, und an der Decke hingen Kronleuchter, auf dem Tisch standen Vasen und auf dem Sekretär die Familienfotos in Silberrahmen. Es roch feierlich und unbewohnt. Jedes Mal, wenn wir heimlich in das Zimmer sahen – denn das taten wir ab und zu –, sah es exakt so aus wie beim letzten Mal.

Bei mir zu Hause wurde die gute Stube täglich benutzt. Wir entwarfen darin unsere Barbiewelten oder wir zogen die Wollsocken von Oma an, rollten den Teppich beiseite und spielten auf dem glatten Holzfußboden Schlittschuhläuferin. Wir durften darin spielen, soviel wir wollten, solange wir hinterher wieder alles aufräumten.

Meine Kinder kennen so etwas wie diese alte Stube gar nicht mehr.

Sie ist vollkommen unmodern geworden und das ist auch gut so.

Luisa erzählte mir:
Ich bin Perfektionistin, solange ich mich erinnern kann. Ich habe mich durch viele Samstag geputzt, geschrubbt und gefegt – den Geruch von Sauberkeit habe ich geliebt. Seit ich Kinder bekommen habe, hat sich mein Perfektionismus aber verändert: Ich schaffe es ganz einfach nicht mehr! Die Zimmer meiner Kinder sind total unordentlich, doch das ist in Ordnung. Früher hätte ich mir das niemals vorstellen können! Ich bin ja davon überzeugt, dass sie sich das alles aus ihrem Umfeld in der Schule und im Hort abgeguckt haben: Da fliegen überall die Schuhe durch die Gegend, alles liegt auf einem Haufen, es ist staubig und schmutzig, Pullover liegen auf dem Boden herum, ohne dass einer sie aufhebt. Mit meiner Vorstellung von einem gepflegten Zuhause konnte ich meine Kinder nicht erreichen und jetzt habe ich keine Kraft mehr dafür. Ich habe ganz ein-

fach diesen Kampf aufgegeben. Und das ist eigentlich ganz schön.

Katrin erzählte mir:
Als kleines Mädchen war ich total schlampig. Dann, als ich etwa zehn war oder so, hatte ich eine Freundin, die es liebte, aufzuräumen, zu sortieren und zu organisieren. Wenn sie bei mir in meinem unordentlichen Zimmer zu Besuch war, fing sie meistens sofort damit an, Ordnung zu schaffen und alles so herzurichten, wie es ihren Putznormen gemäß aussehen sollte. Für mich war das total in Ordnung, hinterher sah es ja immer schön aus. Wir sind auch heute noch miteinander befreundet und sehen uns ab und zu. Im Moment ist sie krankgeschrieben, eigentlich schon seit dreieinhalb Jahren – Erschöpfung. Aber bei ihr zu Hause ist es noch immer so aufgeräumt. In ihrem Kleiderschrank sind alle Sachen ordentlich zusammengelegt und gestapelt, sie liegen alle in gleicher Entfernung vom Regalrand. Und das ist nur ein Beispiel.

Lasst uns den Maßstab gemeinsam verändern

Die Journalistin Tinni Ernsjöö-Rappe und ich waren auf einer Lesereise in Finnland mit dem Titel »Hundert Muffins in der Luft«. Wir haben Vorträge gehalten, in denen es darum ging, das Puzzle des Lebens zu legen, das Gleichgewicht zwischen Beruf und Privatleben zu finden, wir haben Coachingwerkzeuge vermittelt und ein paar Tipps und neue Gedanken verteilt. Tinni hat dabei zum Beispiel aufgefordert, uns über unser Verhalten Gedanken zu machen, wenn wir Besuch bekommen. Wir fangen sofort mit einem Großputz an und stopfen das ganze Chaos in Schubladen und Schränke, damit uns die Oberflächen in unserem Zuhause mit ihrer klaffenden Leere blenden: Alles ist weggeräumt, nirgendwo sind Wäscheberge – und damit setzen wir sofort den Maßstab fest, wie wir gesehen werden wollen. Als Nächstes wird die Latte angehoben, wie es bei unseren Freunden auszusehen hat.

Tinni sagt, dass wir unser wahres Ich zeigen, wenn wir das Chaos so lassen, wie es ist, und den Druck entweichen lassen, immer super dastehen zu wollen. Und wenn wir so auch den Freunden die Möglichkeit geben, nicht immer Großputz zu machen, wenn wir vorbeikommen. Dann wird es uns gelingen, gemeinsam den Maßstab zu senken.

Aufgabe 23

Folge Tinnis Vorschlag und lass das nächste Mal alles liegen, wenn deine Freundin/dein Freund kommt. Und beobachte, wie sie reagieren.

Gibt es überhaupt irgendeine Reaktion?

Musst du die ganze Zeit darüber nachdenken oder könnt ihr entspannt zusammensitzen?

Hat er oder sie die Unordnung kommentiert?

Schreib deine Gedanken dazu auf.

Putzen geht auf Kosten der Lebensfreude – Marias Geschichte

Maria rief mich nach einem Vortrag an, den ich vor ein paar Jahren in Stockholm gehalten habe. Sie war insofern eine Perfektionistin, als es jeden Abend etwas Warmes zu essen geben sollte und sie es zu Hause ordentlich haben wollte, sauber und aufgeräumt, die Betten gemacht und alles blitzblank und schön. Der Standard in ihrem Zuhause war so hoch, dass Maria jederzeit königlichen Besuch hätte empfangen können.

Aber das kostete sie viel Kraft, Energie, Lust und irgendwann sogar ihre Lebensfreude. Denn obwohl sie zwei Kinder hatte, die bereits im Teenageralter waren, leistete sie die gesamte Hausarbeit: Sie machte die Wäsche, putzte, kochte, war für den Einkauf zuständig, sie übernahm die Fahrdienste, organisierte Essenseinladungen, eben alles, was zu einem Haushalt im engeren und weiteren Sinne gehört. Marias Mann arbeitete in einer anderen Stadt und kam nur an den Wochenenden nach Hause.

Als Allererstes setzten wir eine Uhrzeit fest, nach der keine Haushaltstätigkeiten mehr erledigt werden durften. Ab 20 Uhr abends keine Wäsche, kein Aufräumen, kein Abwasch mehr.

Das Zweite war das Delegieren von Aufgaben an die Kinder; es gab einen Kochtag für jedes der Kinder und Maria wurde es verboten, sich in das Kochen oder in die Wahl der Mahlzeit einzumischen. Die dritte unmittelbare Veränderung war die Einführung eines Waschtages, einmal die Woche durfte Maria einen Waschtag einlegen, statt sieben Tage die Woche in der Waschküche zu verbringen.

Ich ahnte, dass sich hinter dieser Putzwut andere Dinge verbargen, die auf Marias Herz drückten, andere unerfüllte Bedürfnisse. Aber ich wollte ihr zuerst ein bisschen Energie zurückgeben, dann würde sie genug Kraft haben, tiefer zu gehen. Zum damaligen Zeitpunkt schuftete sie ohne Pause und war nicht in der Lage, die Scheinwerfer in ihr Inneres zu lenken und wirklich nachzuspüren, wie es ihr ging und was sie wollte.

Gesagt, getan.

Der Waschtag wurde eingeführt und war ein voller Erfolg. Was Maria am Waschtag nicht erledigen konnte, musste eben eine Woche ungewaschen bleiben.

Den Kochtag fanden auch ihre Kinder super. Sie übernahmen ihre Aufgabe mit viel Elan und Enthusiasmus. Allerdings fiel es Maria schwer, sich rauszuhalten; sie wollte gerne wissen, was für Gewürze sie benutzten, wollte sicherstellen, dass die Arbeitsflächen direkt nach dem Zubereiten gereinigt werden, dass nichts anbrannte und die Pasta nicht überkochte.

Ich betonte also erneut, dass ihre Aufgabe nur darin bestand, zu loben. Sonst nichts! Ihr Lob, ihre Bestätigung und Ermunterung sollten dazu führen, dass sich die Kinder noch mehr zutrauten und ihre eigenen Interessen entwickeln konnten, statt auf eine Beurteilung zu warten – das würde sie nur hemmen und nicht die Entwicklung fördern.

Und sie spielte mit! Manchmal war die Fleischsoße nicht so gelungen, aber das war auch nicht das Wichtigste. Das musste warten, sie konnte später kleine Tipps geben, wie man sie würzen und zubereiten konnte.

Punkt 20 Uhr abends hörte Maria mit ihrer Hausarbeit auf und alle anderen im Übrigen auch. Denn die Familie kam von sich aus auf die Idee, das Haus in verschiedene Zuständigkeitsbereiche aufzuteilen. Der eine war für den Eingang und den Flur verantwortlich und sorgte dafür, dass die Schuhe ordentlich aufgereiht waren und die Jacken an den Haken in der Garderobe hingen, ein anderer kümmerte sich um das Wohnzimmer, die Kissen auf dem Sofa, räumte die Zeitungen weg und brachte sie in den Papiermüll.

Auf einmal hatte Maria viel mehr Zeit zur Verfügung. Den gesamten Abend, um genau zu sein. Am Anfang wusste sie nicht recht, was sie damit anfangen sollte, aber dann entdeckte sie relativ schnell, dass es auch ganz interessante Sendungen im Fernsehen gab und sie mehr Zeit für Gespräche mit ihren Kindern und Telefonate hatte. Wenn das kein Gewinn ist!

Als sich Maria von ihren überhöhten Ansprüchen an sich und ihre Umwelt verabschiedete, stiegen auf einmal neue Gedanken an die Oberfläche, Gedanken und Gefühle, von denen sie nichts geahnt hatte. Sie lernte sich besser kennen, weil sie begann, in sich hineinzuhorchen. Wir beschäftigten uns viel damit, herauszufinden, welche Bedürfnisse Maria hatte, was sie sich vom Leben wünschte und wie sie leben wollte.

Bei unserem letzten Treffen, nachdem wir etwa fünf Monate zusammengearbeitet hatten, erzählte mir Maria, dass sie von zu Hause weggefahren sei, ohne die Betten gemacht zu haben. Es habe sich komisch angefühlt, aber auch schön, einfach losfahren zu können. Noch viel wichtiger sind die Reflexionen über ihre Bedürfnisse. Heute weiß sie ein bisschen genauer darüber Bescheid, wie sie leben will, was sie sich von der Beziehung zu ihrem Mann wünscht, welche Freunde ihr wichtig sind, wie sie mit ihrer Wut und Reizbarkeit umgehen und ihre Kontrollsucht loslassen kann.

Typisch weiblich oder typisch männlich?

Irma erzählte mir:

Wessen Regeln gelten eigentlich? Das macht mich so wütend! Wenn mein Mann und ich von der Arbeit nach Hause kommen, haben wir beide komplett gegensätzliche Auffassungen davon, was als Nächstes passieren soll. Ich fange sofort an, aufzuräumen, frage die Kinder, wie es in der Schule gewesen ist (sie gehen allein nach Hause), überprüfe die Hausaufgaben und Trainingstermine, packe meine Tasche für den Job am nächsten Tag, öffne die Post, höre den Anrufbeantworter ab, ziehe mich um, stelle die Waschmaschine an, beginne mit den Essensvorbereitungen und frage ab, wie der Plan für den nächsten Tag aussieht und welche Termine es da gibt, um unter Umständen abends noch etwas vorbereiten zu können – zwischen der Fahrerei von A nach B oder beim Wäscheaufhängen. Mein Mann hingegen wirft seine Aktentasche auf den Boden, zieht sich um und wirft sich aufs Sofa. Das ist so himmelschreiend ungerecht!

Normalerweise bin ich kein Freund von Generalisierungen wie »typisch weiblich« oder »typisch männlich«, weil ich der Ansicht bin, dass wir alle männliche und weibliche Seiten in uns haben. Außerdem finde ich diese kategorische Sicht auf Menschen ein bisschen zu engstirnig. Mir sind so viele Menschen begegnet, die alles andere als ein sogenanntes »typisch weibliches« oder »typisch männliches« Verhalten an den Tag legen.

Aber bei dem Szenario, das Irma beschrieben hat, muss ich eine Ausnahme machen, denn ich habe schon so viele Frauen genau dasselbe sagen hören.

Irma sollte es genauso machen wie ihr Mann: nach Hause kommen, die Tasche in die Ecke werfen, sich umziehen, mit den Kindern plaudern und sich einen Augenblick lang auf dem Sofa ausruhen. Und danach können alle gemeinsam mit neuer Energie das Essen zubereiten und die anliegenden Aufgaben unter allen Familienmitgliedern aufteilen (denn wenn man allein von der Schule nach Hause gehen kann, dann schafft man es auch, die Wäsche aufzuhängen).

Irma muss die Verantwortung für ihren Anteil an dieser Situation übernehmen. Solange sie nur murrend und keifend herumrennt, verbittert ist und sich selbst am meisten leidtut, weil sie alles allein macht, während die anderen untätig abhängen, werden auch ihre zukünftigen Abende so aussehen wie bisher. Sie muss die Familie zusammentrommeln und mit ihr darüber reden, wie sie ihre Tage in Zukunft regeln wollen. Wer welche Aufgaben übernimmt, was wichtig ist und wo sie alle fünf gerade sein lassen können.

Aufgabe 24

Setz den Vorschlag von oben um: Ruh dich nach der Arbeit aus.

Die Wäsche, das Aufräumen, das Basteln und Werkeln können warten.

Ruh dich aus.

Iss etwas.

Unterhaltet euch.

Und danach macht ihr alle zusammen eine Stunde konzentrierte Hausarbeit.

Was ihr in der Zeit erledigen könnt, ist gut, der Rest muss liegen bleiben.

Probier es aus!

Schreib deine Gedanken dazu auf.

Er muss es doch wenigstens verstehen! Oder?

Du machst dir dein Leben unnötig schwer, wenn du für dich beschließt, wie es zu sein hat, aber es häufig gar nicht artikulierst. Sondern stillschweigend erwartest, dass alle diesen Regeln folgen.

Das ist typisch für den Perfektionisten.
Denn dein Ansatz ist der einzig richtige.
Und es ist wichtiger, recht zu haben, als glücklich zu sein.

Meine Freundin Grete wohnte während der Renovierungsarbeiten an ihrem Haus mit ihrer Familie in einer kleinen Hütte auf dem Grundstück. Sie hatten zwei kleine Kinder und es war ziemlich eng, nicht mal vierzig Quadratmeter hatten sie zur Verfügung. In dieser Zeit hatten sie die Aufgaben so verteilt, dass Grete morgens die Kinder weckte, das Frühstück machte und die Kinder zum Kindergarten fuhr. Ihr Mann stand erst später auf. Grete kam früher von der Arbeit nach Hause, holte die Kinder ab und machte Essen, und wenn ihr Mann abends nach Hause kam, setzte er sich an den gedeckten Tisch. Den Abendablauf und was es sonst noch zu erledigen gab, teilten sie sich, und in jeder freien Minute kümmerte er sich um die Renovierungsarbeiten.

Eigentlich gut aufgeteilt, aber: Jeden Morgen, wenn ihr Mann gefrühstückt und die Zeitung gelesen hatte, vergaß er das kleine Detail, hinterher den Tisch abzuräumen. Frag nicht, wie oft Grete ihn daran erinnert und ihn gebeten hatte, auf den beengten Raum Rücksicht zu nehmen. Denn jeden Abend, wenn sie den Tisch decken wollte, musste sie ihn erst einmal leer räumen: die Cornflakespackung, geschmolzene Butter, halbe Gurken, Teller und Kaffeebecher.

Eines Tages reichte es ihr.

Also deckte sie den Tisch, ohne ihn vorher abzuräumen, über die Frühstücksreste ihres Mannes!

Stell dir vor, wie das aussah! Teller, altes Besteck, der große Topf mit der Fleischsoße, daneben die Schüssel mit den Nudeln, die auf der Cornflakespackung thronte, garniert mit alten Brotkanten! Stell dir sein Gesicht vor, als er nach Hause kam und sich an den gedeckten Tisch setzen wollte.

Am Morgen danach hatte er den Tisch leer geräumt und tut das bis heute – sie wohnen schon lange wieder in ihrem frisch renovierten Haus.

Akzeptiere dein Zuhause und das der anderen

Ein Zuhause ist ein Zuhause.

Es ist ein Ort für Schlaf, für Erholung, für Erfrischung und Reflexion.

Es ist ein Ort für Mahlzeiten und Gemeinschaft, ein Treffpunkt für die Familie und ein Ort, an dem man seine Verwandtschaft und Freunde empfängt.

Es ist ein Ort, an man seine Besitztümer aufbewahrt, ein Ort, an dem man sich geborgen fühlen und unbeaufsichtigt sein kann.

Betrachte dein Zuhause für einen Moment in diesem Licht. Und auch das Zuhause anderer.

Es ist immer leichter, jemanden zu verurteilen, weil er es nicht geschafft hat, seine Wohnung aufzuräumen oder zu putzen.

Einen Perfektionisten zu Besuch zu haben kann eine richtige Plage sein.

Wechsle deine perfektionistischen Gedanken aus

- ■ **Alter Gedanke:** Mich macht es wahnsinnig, dass er seine Socken einfach so in den Wäschekorb wirft, und ich muss sie alle sortieren und richtig herum drehen.
- ♥ **Neuer Gedanke:** Hmm. Er hatte es bestimmt furchtbar eilig, als er die Socken in den Korb geworfen hat, und ich lege sie jetzt wieder ordentlich zusammen. Natürlich kann ich mich darüber auch furchtbar aufregen, aber es gibt so vieles an ihm, was ich wunderbar finde.

- ■ **Alter Gedanke:** Wir müssen unbedingt dieses Wochenende den Garten machen: das Laub harken, den Rasen mähen, neue Blumen und eine neue Hecke pflanzen, die Rosen beschneiden und die Terrasse bauen, damit die Nachbarn nicht denken, dass unser Garten schrecklich aussieht. Wir müssen mit den anderen mithalten.
- ♥ **Neuer Gedanke:** Ich mag unseren Garten, der hat Charme

und Charakter. Wo ist nochmal die Nummer von diesem Gartenservice?

- ■ **Alter Gedanke:** Es ist so schade, dass ich keine Zeit zum Lesen habe, ich liebe es, in die Fantasiewelt der Bücher zu verschwinden. Aber ich habe 10 Bettlaken, 20 Bettbezüge und 30 Kissenbezüge, die ich vorher noch bügeln muss. Und dann ist es schon Abend.
- ♥ **Neuer Gedanke:** Wie fühlt sich das wohl an, auf ungebügelten Bettlaken zu schlafen? Das werde ich heute Nacht mal ausprobieren und werde vorher mindestens zwanzig Seiten in dem neuen Krimi lesen.

- ■ **Alter Gedanke:** Ich bin immer so wütend auf mich, wenn ich nicht das schaffe, was ich mir vorgenommen habe. Kann das denn wirklich so schwer sein? Ich will staubsaugen, Staub wischen, den Boden feucht aufwischen, die Toiletten putzen und natürlich überall aufräumen, die Betten neu beziehen und die Spiegel reinigen, die Mülleimer ausleeren, die Blumen gießen und frisches Brot und süße Brötchen backen, weil es das immer bei uns gibt. Wenn ich auch nur eines davon nicht schaffe, starre ich die ganze Zeit darauf und kann es nicht sein lassen, sondern MUSS es auch noch erledigen.
- ♥ **Neuer Gedanke:** Hier ist die Liste der Dinge, die erledigt werden sollen. Ich teile die Liste in zwei Teile auf und fange mit der ersten Hälfte an. Wenn ich das schaffe, bin ich sehr zufrieden mit mir. Und wenn ich noch Zeit habe, mache ich mit dem ersten Punkt von der zweiten Hälfte weiter. Das ist spannend!

Gäste haben – oder Gast sein

Susanne erzählte mir:
Vor Kurzem habe ich zum ersten Mal Freunde in ihrem Haus auf dem Land besucht, zusammen mit meinen beiden Söhnen,

die im Kindergartenalter sind. Es sollte ein entspanntes Wochenende für uns drei werden, mit ein bisschen Landluft, weit weg vom Alltagsstress. Aber mehr Stress als da hatte ich noch nie in meinem Leben! Ich hatte die ganze Zeit eine Heidenangst, dass etwas kaputtgeht oder die Jungs einen Fleck machen, dass sie zu laut sind, etwas Falsches spielen, zu geräuschvoll und falsch herumstampfen, sich falsch bewegen und falsch atmen.

Susannes Freundin ist eine eingefleischte Perfektionistin, die nichts dem Zufall überlässt. Das wusste Susanne zwar, hatte aber gedacht, es würde draußen auf dem Land mehr »easy going« sein. Falsch gedacht!

Ich fühlte mich wie ein kleines Kind zu Hause bei seinen großen und strengen Eltern. Eigentlich hätte nur gefehlt, dass sie mir sagt, ich soll mir nach dem Essen den Mund abwischen.

Susanne fuhr nie wieder dorthin.

Veronica erzählte mir:
Meine Schwägerin ist eine Perfektionistin, eine richtige Superpedantin! Wenn ich bei ihr zu Besuch bin, mache ich manchmal Stichproben an den unmöglichsten Stellen, wie zum Beispiel hinter dem Heizkörper im Bad oder so. Aber keine Spur von Staub oder Dreck, nirgendwo – da ist es überall klinisch rein.

Meine Schwester lebt in London. Da ist es nicht so üblich, Leute zu sich zum Essen einzuladen, so wie bei uns in Schweden. Man trifft sich in einem Restaurant oder verabredet sich zu einem Drink in einer Bar. Und selbst wenn man Leute zu sich nach Hause einlädt, ist nicht die Rede davon, dass man stundenlang in der Küche steht und Essen zubereitet. Man bestellt sich »Take-away« aus aller Herren Länder und ist frei von Stress und Bratendunst in der Küche.

Meine sonderbarste Essenseinladung liegt schon ein paar Jahre zurück: Ich war auf ein bezauberndes Schloss außerhalb von Stockholm eingeladen worden und saß sogar neben dem

Schlossherrn am Tisch, der ein Graf oder ein Baron war. Wir hatten einen lustigen Abend, erzählten uns unsere besten Reisegeschichten und die verrücktesten Erlebnisse, die mir auf meinen Reisen zugestoßen sind (sein Gesichtsausdruck war unbezahlbar komisch, als er meine Storys hörte, aber das ist eine andere Geschichte). Wir aßen und aßen, einen Gang nach dem anderen, Hase und Parfait und alles, was man sich vorstellen kann. Dazu gab es teure Weine, die vom Staub eines langen Lebens in den Gewölben des herrschaftlichen Weinkellers umhüllt waren. Danach gab es Cognac im Salon in knarzenden, ledergepolsterten Sesseln. Als der Abend sich dem Ende zu neigte, sagten wir einander Gute Nacht, und diejenigen von uns, die dort übernachten sollten, wurden in ihre Zimmer gebracht. Dort erwarteten uns geblümtes Bettzeug und frische Blumen auf dem Nachttisch.

Aber am nächsten Morgen gab es ein kaltes Erwachen.

Wir, die über Nacht geblieben waren, erwachten in der Realität.

Da wurden Staubsauger, Putzlappen, Spülmittel, neues Bettzeug und Geschirrspülbürsten angeschleppt.

Wir sollten putzen!

Nie werde ich es vergessen: Wir hatten Schloss spielen dürfen, als Prinz und Prinzessin, aber dann sollten wir dafür geradestehen und nach der Party aufräumen. Ein bisschen wie Aschenputtel, bloß andersherum.

Da hatten wir hinter die Fassade von Familie Schlossbesitzer gesehen.

Kratz, kratz – und dahinter kam etwas anderes zum Vorschein.

Amanda erzählte mir:
Wenn wir Gäste bekommen, flitze ich durch die Wohnung, bereite das Essen vor, decke den Tisch schön, putze die Toiletten, räume den Flur auf, sortiere die Fernbedienungen und wische den Couchtisch, zünde Kerzen an und schminke mich – ich will, dass alles perfekt aussieht. Mein Lebensgefährte findet, dass es

vollkommen ausreicht, etwas zu essen zu machen. Den ganzen anderen Kram findet er total überflüssig und hat keine Lust, einen Gedanken daran zu verschwenden. Er geht auch erst eine Viertelstunde, bevor die Gäste kommen, duschen.

Amanda kann das nächste Mal versuchen, es so zu machen wie ihr Lebensgefährte, und nur Essen kochen. Einfach die Klamottenberge liegen lassen, wo sie sind, nur gutes Essen und eine fröhliche Gesellschaft anbieten und beobachten, wie die Reaktionen ausfallen. Vielleicht finden sie einen Mittelweg, damit Amanda ihre Gäste entspannt und enthusiastisch empfangen kann, statt erschöpft und gestresst zu sein. Und vielleicht kann sich ihr Lebensgefährte dann auch stärker einbringen, sodass es zu einer gemeinsamen Einladung ihrer gemeinsamen Gäste wird.

Doris erzählte mir:
Wenn wir Gäste gehabt haben, muss ich danach die Toilette putzen. Und es spielt keine Rolle, ob es nahe Verwandte waren oder nicht, ich muss den Klodeckel und das Waschbecken reinigen, neue Handtücher aufhängen und alles sauber machen.

Aufgabe 25

Ich würde dir gerne ein paar Fragen zum Thema Multitasking stellen.

Was hat es eigentlich mit dieser Fähigkeit auf sich, tausend Sachen gleichzeitig zu machen? Kann man damit wirklich angeben?

Ich finde nicht.

Hallo, alle ihr Männer da draußen, die immer eine Sache nach der anderen erledigen, wir Frauen können noch eine ganze Menge von euch lernen!

Mach stattdessen Folgendes:

♥ Erledige immer nur eine Sache nach der anderen.

♥ Wenn du mit der einen fertig bist, beginnst du mit der nächsten.

♥ Du ersparst dir ein Magengeschwür, einen Herzinfarkt, den harten Blick und einen steifen Nacken.

♥ Du wirst den einzelnen Augenblick besser genießen können.

Schreib deine Gedanken dazu auf.

Wie bitte, du hast frei?

Freizeit ist die Zeit für nützliche Beschäftigungen.

Benjamin Franklin, amerikanischer Politiker

Wie willst du deine Freizeit verbringen?

Denn darum geht es. Es ist deine Freizeit, deine freie Zeit.

Eine Zeit, in der du eigentlich machen können sollst, was du willst.

Freizeit ist gleichbedeutend mit Freiheit.

Freiheit ist gleichbedeutend mit der freien Wahl.

Wie viele Menschen treffen heutzutage ganz von sich aus die Wahl, was sie in ihrer Freizeit machen?

Alles wird immer schneller, immer effektiver, wir können viel mehr in wesentlich kürzerer Zeit erledigen, wir können E-Mails und SMS schicken, statt miteinander zu reden, wir können 200 Sachen gleichzeitig tun und wir müssen ja auch so viel wie möglich erreichen – gerade wenn wir »frei« haben, sind wir beschäftigt.

So unentspannt, wie die Zeilen eben geklungen haben, so unentspannt ist auch der Perfektionist in seiner Freizeit. Es ist wahnsinnig schwer für ihn, den Hebel umzustellen und etwas Ungeplantes zu machen, spontane Aktivitäten statt immer den gleichen Trott.

Unsere Freizeit ist ein Witz –
Richards Geschichte

Eines Tages erreichte mich eine Mail von einem Mann, in der er von der sogenannten »Freizeit« in seiner Familie erzählt:

Unsere freie Zeit als Freizeit zu bezeichnen ist ein Witz. Ich schufte mich zu Tode, damit ich alle Termine schaffe, die meine Frau für uns geplant hat – ohne mich jemals nach meiner Meinung zu fragen. Zu Hause bin ich viel gestresster als bei der Arbeit. Und ich arbeite als Immobilienmakler, da muss man belastbar sein.

Richards Frau organisierte alles: Brunch, Abendessen, Kindergeburtstage, Familientreffen, Picknicks und Ausflüge. Sie lud ihre Schwiegereltern ein, Verwandte und Freunde, plante Museumsführungen, ging auf Ausstellungen und in Konzerte, buchte Wochenendtrips, arrangierte Mittsommerfeste, Glühweinabende, Neujahrspartys und lud Freunde auf Cocktails ein.

Und wenn wir nichts vorhaben, dann beschließt sie, dass wir den Dachboden aufräumen müssen, die Garage streichen, die Kleidung der Kinder aussortieren oder das Häuschen auf dem Land renovieren. Ich bin der Chauffeur, Assistent, Tischler, Koch und für den Großeinkauf zuständig. Aber damit nicht genug – es wird von mir auch noch erwartet, dass ich das alles supertoll finden soll! Muss ich hinzufügen, dass dem nicht so ist?

Wir haben unseren E-Mail-Kontakt eine Weile fortgesetzt. Ich gab Richard die Aufgabe, seine Wochenenden zu beschreiben, so wie er sie haben wollte. Was bedeutet für ihn eigentlich Freizeit? Welche seiner Bedürfnisse wurden nicht befriedigt? Hatte er das Bedürfnis nach Ruhe und Frieden, nach Stille, Reflexion und Kontemplation? Hatte er das Bedürfnis nach Natur? Wie würde er mit weniger sozialen Kontakten umgehen? Und wie mit den Ansprüchen seiner Kinder nach Aktivitäten?

Er würde seinen ganzen Mut zusammennehmen müssen, um seiner starken Frau gegenüber seinen Willen durchsetzen zu können. Und er musste anfangen, Verantwortung für die Beziehung zu übernehmen, musste erkennen, dass er selbst in großem Maße zu der Situation beitrug, indem er sie zuließ.

Jedes Wochenende dasselbe. Herumfahren, reparieren, schleppen, schuften, rennen.

Solange er da mitmachte, würde es so weitergehen.

Ich würde mich am liebsten nur ausruhen. Gut essen. Draußen sein. Im Wald spazieren gehen. Einfach nur sein.

Seine nächste Aufgabe bestand darin, sich ein Wochenende auszusuchen und seiner Frau anzukündigen, sie solle an diesem besagten Wochenende keine Termine verabreden oder planen und alle Vereinbarungen absagen, die bereits getroffen worden waren. Sie würden die Tage auf sich zukommen lassen und einfach nur tun, wozu sie Lust hätten. Er sollte ihr auch seine Gefühle und Gedanken beschreiben, von seinen Bedürfnissen sprechen und ihr erzählen, wie er sich seine Freizeit vorstellte.

Gesagt, getan. Zwei Wochen später kam das angekündigte Wochenende ohne Termine. Für seine Frau war es zu Beginn ein weiteres Projekt, eine neue Unternehmung.

Und Richard genoss es. Er bereitete ein großes, ausgedehntes Frühstück zu. Las viel. Ging spazieren. Spielte. Kein Telefon, keine fremden Menschen, keine Verabredungen.

Und Richards Frau – sie schlief. Sie hatte nämlich offenbar auch ein großes Bedürfnis nach Ruhe, Erholung und Entspannung, aber das war so sehr unterdrückt worden, dass sie davon gar nichts wusste. Sie schlief und schlief.

In den darauffolgenden Wochen beanspruchte Richard immer mehr Raum, er wählte die Aktivitäten nach seinen Bedürfnissen und Interessen aus und übernahm mehr Verantwortung dafür, nicht in eine Rolle gedrängt zu werden, die er nicht haben wollte.

Mittlerweile sind sie beide gleichermaßen zuständig für ihre Freizeit. Auch Richards Stimme hat Gewicht in der Entscheidung und in ihren Gesprächen, weil er sich Gehör verschafft hat. Sie haben neuen Respekt füreinander und für die Bedürfnisse des anderen gewonnen. Und seit sie gemeinsam entscheiden, wie sie ihre freie Zeit verbringen wollen, sind sie auch miteinander ganz anders, aufrichtiger, ins Gespräch gekommen.

Aufgabe 26

Mach es wie Richard: Bestimme ein Wochenende, an dem es keine Termine gibt.

Lass die Zeit von Freitagabend bis Montagmorgen genau so verstreichen, wie sie will. Mach nicht vorher schon einen Großeinkauf, fahre spontan in den Supermarkt und kaufe das, worauf du in diesem Moment Appetit hast. Mach nur das, wozu du an diesem Wochenende Lust hast, ruf jemanden an, wenn du ihn oder sie treffen möchtest, unternimm etwas, was du spannend findest, lustig, anders, etwas Neues – oder unternimm überhaupt nichts. Hol dir einen Stapel DVDs oder kauf dir ein neues Buch oder kuschle dich in eine Decke, bestelle den Pizzaservice oder etwas anderes.

Wenn du Familie und Kinder hast; lass sie es genauso machen – tun, wozu sie Lust haben, Höhlen bauen, die tagelang stehen bleiben dürfen, den ganzen Samstag nicht vor die Tür gehen, nur Sachen essen, die mit einem bestimmten Buchstaben anfangen, zeichnen, malen, alte Fotoalben durchblättern, sieben verschiedene Sorten von Keksen backen. Schalte das Telefon aus und sei zufrieden, wenn sich das gut anfühlt. Oder du meditierst mit deinen Kindern, das ist fantastisch!

Mach all das oder gar nichts, aber vor allem mach nur das, was dir gerade einfällt.

Was passiert?

Wodurch wird dieses Wochenende anders als die anderen? Wie fühlt es sich an, nicht zu wissen, was geschieht, sondern sich nur auf sein Bauchgefühl und seinen eigenen Willen zu verlassen? Den Tag nur nach Lust und Laune zu gestalten?

Schreib deine Gedanken dazu auf.

Die gesamte Freizeit wird den Kindern gewidmet

Ich mache mir ernsthaft Sorgen, wenn ich höre, dass Siebenjährige vor lauter Freizeitaktivitäten keine Zeit haben, um mit ihren Freunden zu spielen. Mir sind Kinder begegnet, die sich nur samstags von 11 bis 12 Uhr mit Freunden verabreden können, weil sie die restliche Zeit ausgebucht sind. Ganz ehrlich, was ist das denn für ein Leben?

Eltern, die Sportfanatiker sind, sind auch Experten darin, sich gegenseitig unter Druck zu setzen – und eben auch ihre Kinder. Wenn man nicht in der Cafeteria am Würstchenstand stehen will, wird erwartet, dass man Blumen verkauft oder Reklamezettel eines Sponsors verteilen hilft. Man kann natürlich sagen: »Nein, vielen Dank, wir wollen keine Blumen verkaufen, wir machen lieber etwas anderes. Wenn das Team Geldschwierigkeiten hat, sind wir gerne bereit, einen Beitrag beizusteuern.« Aber das wäre ja wie Fluchen in der Kirche. Wenn ein lebhaftes Kind gerne Hockey oder Fußball spielen will, heißt das nicht zwangsläufig, dass seine Eltern in ihrer Freizeit Blumen verkaufen müssen.

Steve erzählte mir:
Es mag ja in Ordnung sein, wenn die Kinder neun Jahre alt sind, aber wenn sie sechzehn oder so sind, fühlt es sich komisch an, zu Elternabenden zu gehen und danach Zeug verkaufen zu müssen.

Selbstverständlich gibt es auch Eltern, die einen großen Nutzen daraus ziehen, dass die Erwachsenen sich gemeinsam engagieren. Denen es tatsächlich mehr bedeutet, als man ahnt.

Jesper erzählte mir:

Ohne das Eishockeytraining und die Wettkämpfe meines Sohnes hätte ich praktisch keine sozialen Kontakte. Das ist natürlich traurig, aber so ist es eben. Obwohl mein Interesse für Eishockey groß ist, ist es nicht das Allergrößte, an einem Sonntagmorgen um 7 Uhr an der Bande in einer eiskalten Halle zu stehen, in einem Vorort, von dem ich bis dahin noch nie gehört habe. Aber das ist mein einziger Kontakt zu anderen Erwachsenen, außer natürlich zu meinen Kollegen bei der Arbeit. Die Leute sind immer so beschäftigt, die ganze Zeit. Ich tue auch so, aber wir sind ja nur zu zweit, der Junge und ich, darum bin ich froh, dass es sein Eishockey gibt.

Und ich stehe da und koche vor Wut – Charlottes Geschichte

Mein Mann hat ein Motorrad, und weißt du, manchmal glaube ich, das bedeutet ihm viel mehr als die Kinder und ich. Doch, das ist wahr, so schrecklich sich das auch anhört. Wir arbeiten beide Vollzeit und haben nur die Wochenenden, um Sachen zu erledigen – im Haus und für die Kinder. Und darum liegen am Samstag manchmal eine Million Sachen an. Aber er steht morgens auf, zwängt sich in seine Lederkombi und fährt einfach los. Und ich stehe da und koche vor Wut. Stell dir mal vor, ich würde an einem Samstagmorgen einfach abhauen und sieben Stunden Ballett tanzen? Vielen Dank auch. Da wäre hier der Teufel los.

Charlotte hat die meiste Zeit vor Wut gekocht, sie ist der Meinung, dass ihr Mann wenigstens verstehen müsste, warum sie abends keinen Sex haben will. Aber es gibt Alternativen dazu, das Wochenende nur in diese zwei Kategorien einzuteilen:

1. Was du tun willst.
2. Was du tun musst.

Es ist vernünftig, mit Punkt Nummer 1 anzufangen, denn leider hat das die Tendenz, unterzugehen, wenn erst die ganzen

»*müssen*« auftauchen. Für das folgende Wochenende sollten Charlotte und ihr Mann eine »Müssen«-Liste erstellen.

(Ich setze das Wort in Anführungszeichen, weil es eigentlich nicht so viel gibt im Leben, was wir wirklich tun müssen. Meine Freundin Blossom Tainton, eine schwedische Sängerin und Fitnesspäpstin, sagt, es gebe im Leben nur zwei Dinge, die wir tun müssen: sterben und uns entscheiden.)

Aber zurück zu Charlotte und ihrer Liste, auf der für dieses Wochenende steht:

1. Veranda und Gartenmöbel einölen.
2. Wintersachen aussortieren und auf den Dachboden bringen.
3. Überprüfen, welche Schuhe und Frühlingsjacken den Kindern noch passen.
4. Neue kaufen, falls sie zu klein geworden sind.
5. Am Samstagabend bei den Nachbarn zum Essen eingeladen.
6. Ein Geschenk für die Nachbarn besorgen.
7. Alle Fahrräder aufpumpen.
8. Überprüfen, ob die Fahrradhelme der Kinder noch passen.
9. Wäsche waschen.
10. Wäsche aufhängen.
11. Wäsche zusammenlegen.
12. Wäsche sortieren.
13. Die Hemden für die nächste Woche bügeln (fünf Stück).
14. Schwiegermutter anrufen.
15. Eventuell die Schwiegermutter zum Sonntagskaffee einladen.
16. Eventuell einen Kuchen für den Sonntagskaffee mit der Schwiegermutter backen.

Kannst du dir vorstellen, wie es bei denen zu Hause zugeht?

Da wundert es mich nicht, dass der Mann sich aufs Motorrad schwingt und abhaut. Vielleicht sollte die Schwiegermutter sich am Sonntag mal um die Kinder kümmern und mit ihnen einen Kuchen backen, dann kann sich Charlotte hinten aufs

Motorrad schwingen und mit ihrem Mann davonbrausen. Vielleicht findet sie es spannend, mehr über die große Begeisterung ihres Mannes zu erfahren, außerdem könnte sie für ein paar Stunden abschalten und mal etwas ganz anderes machen als sonst. Ich glaube, sie würde strahlen vor Glück.

Aber zurück zu dieser Liste. Darauf steht nicht ein einziger Punkt, den dieses Paar erledigen MUSS. Alles kann auf einen anderen Tag verschoben werden, und ein Teil kann direkt abgewickelt werden.

Die Hemden kann man in die Reinigung zum Bügeln bringen, die Fahrräder können in den Fahrradladen, um sie dort frühlingstauglich machen zu lassen, und den Kindern kann man den Auftrag erteilen, ihre Kleidungsstücke in ›passt‹ oder ›zu klein‹ zu sortieren.

Nichts davon MUSS getan werden. Alles ist eine Frage der eigenen Entscheidung.

Aber lass uns sagen, sie dürfen sich drei Dinge aussuchen aus der Liste, wirklich aussuchen. Sie nehmen das Abendessen bei den Nachbarn und den Sonntagskaffee, kombiniert mit dem Aussortieren der Wintersachen. Die Schwiegermutter kommt und backt mit den Kindern, während sie aussortieren, und die Wäsche schieben sie auf den Sonntagabend, weil sie das ganze Wochenende freihatten.

Der Rest wird aufs nächste Wochenende geschoben, oder sie bitten den 14-jährigen Nachbarsjungen, die Veranda und die Möbel für einige Kinokarten oder einen Beitrag zu seinem neuen Sportrad einzuölen.

Damit will ich dir nur zeigen, dass du zwischendurch den Blick heben und deine Freizeit selbst gestalten kannst. Nimm Hilfe an, wo immer es geht, vielen macht es Spaß zu helfen. Die meisten Menschen möchten sich gebraucht fühlen, für einen anderen etwas Bedeutsames tun. Wenn die Schwiegermutter eine Aufgabe bekommt, muss ihr Besuch nicht zum Stressfaktor werden. Ihre Hilfe wird gebraucht und hat Bedeutung.

Seine Ambitionen zu senken gehört nicht zum Spezialgebiet eines Perfektionisten.

Aber das kann es werden.

Im Grunde geht es um Wertschätzung und Wertvorstellungen, wie schon so oft zuvor. Welche Wertschätzung bringst du deiner Freizeit entgegen? Was ist dir am wichtigsten an deiner Freizeit? Bedeutet es für dich, so viele Punkte wie möglich von einer »Müssen«-Liste abzuarbeiten – oder dich auszuruhen und Sachen zu machen, auf die du Lust hast, weil du jetzt freie Zeit zur Verfügung hast?

Anine erzählte mir:
Ich gestehe, dass ich eine Perfektionistin bin – bis in die Fingerspitzen! Ich muss die perfekte Chefin sein, die perfekte Freundin, die perfekte Ehefrau, ich muss eine perfekte Wohnung haben, einen perfekten Körper, ich muss perfekt aussehen, und natürlich soll mein ganzes Leben und was ich daraus mache, perfekt wirken. Unsere Freizeit verbringen mein Mann und ich mit Golf, Tennis, Reisen, Freunden und Kultur. Bei einem Kurs über Persönlichkeitsentwicklung wurde ich gefragt, was ich tun würde, wenn ich nur mich selbst hätte und auf niemanden Rücksicht nehmen müsste. Das hat mich total aus der Fassung gebracht! Ich hatte keine Antwort auf diesen Frage, keine Ahnung. Wofür interessierte ICH mich? Wer zum Teufel bin ICH eigentlich? Mir fiel einfach nichts ein! Das war wirklich schrecklich! Danach habe ich angefangen, mir darüber Gedanken zu machen, und da fiel mir ein, dass ich gerne wieder mit dem Malen anfangen wollte. Als ich klein war, habe ich viel mit Wasserfarben gemalt. Also male ich wieder ein bisschen, vielleicht besorge ich mir irgendwann eine Staffelei und bessere Malutensilien. Aber ich werde die Sachen niemandem zeigen, ich male nur für mich selbst, denn das ist entspannend und macht Spaß.

Früher war es nicht so wie heute.

Die Menschen haben nicht so viel gearbeitet. Da hatten nicht Mann und Frau jeder einen Fulltime-Job, und die Menschen besaßen auch nicht so viel Zeug. Die Kinder hatten nicht Hunderte von Freizeitaktivitäten. Sie gingen in die Schule und hatten nach Schulschluss auch Schluss. Da gab es keine Schuldisco, Klassenreise, Schulausflüge und so weiter, jedes Schuljahr aufs Neue. Die Kinder spielten zwar auch Fußball, aber die Eltern mussten deshalb keine Blumen oder Würstchen verkaufen. Und die Babys gingen noch nicht zum Yoga.

Wir müssen uns eingestehen, dass wir uns das alles selbst ausgedacht haben. Der Perfektionist ist nämlich sehr mit der Frage beschäftigt, was seine Umwelt über ihn denkt und sagt. Und wie es zu sein hat.

Also, gönn dir zwischendurch eine Pause von diesen Gedanken.

Aufgabe 27

Frag dich, wie du deine Freizeit gestalten willst.

Was würde dir guttun?

Womit möchtest du deine freie Zeit verbringen?

Vielleicht mal nichts tun?

Was willst du häufiger machen?

Was willst du seltener machen?

Und nachdem du dir diese Gedanken gemacht hast, überleg dir, welche davon realistisch sind, und senk deine Ambitionen noch ein kleines Stück.

Wenn du mit jemandem zusammenlebst oder eine Familie hast, frag alle Mitglieder, was sie denken. Besprecht gemeinsam, wie eure Freizeit aussehen soll und wie ihr das Beste daraus machen könnt. Was nicht bedeutet, dass ihr so viel wie möglich in den Plan stopfen sollt, sondern ihr sollt das tun, wozu ihr Lust habt.

Schreib deine Gedanken dazu auf.

Schöne Sachen, die du machen kannst (eine nach der anderen …)

♥ **Unternimm einen Spaziergang.** Sieh dir das bunte Laub und die Blumen an, genieße die Farben und Gerüche der Jahreszeiten. Lass dir Zeit, beurteile nicht, erledige nichts, geh ohne Ziel und komm zurück, wenn du es willst.

- ♥ **Hör Musik.** Und hör wirklich hin! Hör die verschiedenen Instrumente, wie das Tempo ansteigt und wieder abnimmt, die verschiedenen Klangfarben und Töne.
- ♥ **Fahr los, ohne zu wissen, wohin dich der Weg führt.** Setz dich in dein vollgetanktes Auto mit einer Tasche für ein oder zwei Tage und fahre immer der Nase nach. Oder du steigst in ein Schiff oder in einen Überlandbus. Oder in den Zug? Fahr einfach los und nimm alles so, wie es kommt.
- ♥ **Lade deine Freunde zu dir ein und sag ihnen, dass sie das Essen selbst mitbringen sollen.** Du bist für Drinks und Wein zuständig. Lass dich überraschen, was sie mitbringen und was sich daraus zaubern lässt. Ihr könnt zusammen kochen oder sie bringen schon fertige Mahlzeiten mit. Es wird ein bisschen wie bei einem Maskenball – eine bunte Mischung, die zusammenpasst oder eben nicht.
- ♥ **Geh ins Kino, ohne vorher einen Film auszusuchen.** Entscheide dich erst vor Ort, welcher Film besser zur Uhrzeit passt, statt schon vorher einen Film auszusuchen. Sieh dir den Film ganz aufmerksam an: das Licht, den Ton, die Requisiten, die Kostüme, die schauspielerische Leistung, die Regie, das Drehbuch. Sei mit deiner ganzen Aufmerksamkeit und Anwesenheit bei dem Film.
- ♥ **Leg dich auf eine Matte und meditiere.** Lass deinen Gedanken freien Lauf, bewerte und interpretiere sie nicht, lass dich von ihnen mitnehmen und genieße, wie schön es ist, einmal nichts regeln oder leisten zu müssen.
- ♥ **Du kannst dieser Liste so viele Punkte hinzufügen, wie du willst.** Wichtig ist nur, dass sie keine Leistung einfordern, du sollst nur die Musik, den Film und die Natur erleben. Mach das allein oder zusammen mit einem Freund oder einer Freundin und redet gemeinsam über eure Erfahrungen.

Schreib deine Gedanken dazu auf.

Fünf zusätzliche Stunden pro Tag

Nach einem Vortrag in Finnland fragte ich das Publikum, das aus 400 wunderbaren Finnlandschwedinnen bestand, was sie tun würden, wenn sie fünf zusätzliche Stunden pro Tag hätten.

»Mehr schlafen«, sagte die eine.

»Mehr Zeit mit der Familie verbringen«, sagte eine andere.

»Mehr bügeln«, sagte eine kleine, schmale blonde Frau.

Nach dem Vortrag kam sie zu mir und flüsterte mir zu, dass sie ein Stechen im linken Arm und einen Druck auf der Brust spüre. Ob ich der Ansicht sei, dass sie zum Arzt gehen solle.

JA!

Aufgabe 28

Was würdest DU tun, wenn du fünf zusätzliche Stunden pro Tag hättest? Ob es für einen Tag gilt oder für alle, ist dabei eigentlich unerheblich. Das Wichtige daran ist, dass du dir aussuchst, was DU WILLST, aber nie tust, weil du meinst, dass du dafür keine Zeit hast und anderen Dingen den Vorzug gibst, weil du glaubst, dass du das musst.

Wenn du etwas gefunden hast, überlege dir, wie du es in deinen Vierundzwanzigstundentag integrieren kannst.

Was könntest du entfernen und verabschieden, um neuen Platz zu schaffen?

Schreib deine Gedanken dazu auf.

Ich habe den ganzen Urlaub schon vor Antritt der Reise erlebt – Lauras Geschichte

Laura ist eine routinierte Reisenärrin. Sie hat schon viele Weltreisen unternommen, hat weiße Sandstrände und pulsierende Großstädte besucht. Sie reist viel, meistens mit ihrer ganzen Familie, die aus ihrem Mann und den drei Kindern besteht, die alle schon im Schulalter sind.

Laura ist zuständig für die Organisation der Reisen. Und für die Planung. Und für alle Vorbereitungen.

Dank des Internets habe ich auch von zu Hause aus Zugriff auf alle Informationen. Ich kann mir die Hotels ansehen, über welche Ausstattung sie verfügen, wie die Räume aussehen, welche Art von Frühstück sie anbieten und zu welchen Uhrzeiten, wie der Pool aussieht, ob die Sonnenliegen extra kosten, ob zum Service Bademäntel gehören, wo die Bar ist und wo unser Zimmer liegt.

Laura spricht schnell und gewandt. Sie weiß genau, was sie will, ist hartnäckig und gibt sich nicht mit dem Erstbesten zufrieden.

Dann checke ich die Ausflugsmöglichkeiten, die Sehenswürdigkeiten, bekannte Orte oder besondere Veranstaltungen wie Konzerte oder Markttage. Wenn ich das Programm für die Ferienwochen zusammengetragen habe, erstelle ich einen Plan, so eine Art Wochenprogramm wie bei einem Staatsbesuch, mit Berücksichtigung der Transportwege, der Entfernungen, der unterschiedlichen Transportmöglichkeiten und der Kalkulation, ob man sich einen Chauffeur mieten oder ein Taxi nehmen soll: Ich schaue nach, wie der öffentliche Nahverkehr funktioniert, Busse, Bahnen, ob man sich Fahrräder ausleihen kann, ich suche mir die Busfahrpläne im Netz heraus und überprüfe, ob es in der Zeit Feiertage gibt, damit wir keine bösen Überraschungen erleben, weil wir weit zu einem Museum gefahren sind, und dann ist es geschlossen.

Sie holt kurz Luft und fährt mit ihrem Bericht fort.

Aber auch die Restaurants sind wichtig. Wenn man sich den Magen verstimmt, kann uns das ein paar Tage vom Urlaub kos-

ten. Und das ist ja ziemlich nervig. Natürlich haben wir eine Reiseapotheke dabei und lassen uns auch impfen, wenn es empfohlen wird. Ich lese vorher Reisereportagen, informiere mich, was Reisejournalisten empfehlen, auch Restaurantkritiker, ich informiere mich über die Gegend, das Stadtviertel, die Straßen, in denen die Restaurants liegen, buche schon einmal vorab einen Tisch, wenn es besonders gut sein soll; dann müssen wir uns darüber keine Gedanken mehr machen. Ich drucke die Speisekarten aus, rechne unser Reisebudget durch – an einem Abend ein etwas teureres Restaurant bedeutet dann am nächsten ein günstigeres.

Als Laura und ich uns das erste Mal treffen, steht der Urlaub mit der Familie in Schottland kurz bevor. Alles war in trockenen Tüchern, die Ausflüge schon vorab gebucht, die interessanten Sehenswürdigkeiten und lohnenswerten Restaurants in einer Karte markiert. Sie hatte einen Ordner angelegt, Fotos aus dem Internet ausgedruckt, Artikel, Abbildungen, Informationsbroschüren und Kataloge abgeheftet.

Und sie war vollkommen erschöpft.

Ich habe den ganzen Urlaub schon vor Antritt der Reise erlebt! Und dabei bin ich noch nicht einmal am Flugplatz, geschweige denn im Taxi dorthin. Ich weiß genau, was als Nächstes passieren wird, was wir unternehmen werden, was wir erleben werden. Nichts ist dem Zufall überlassen.

Laura suchte mich nach einem meiner Vorträge auf, bei dem ich von meiner Lebensreise erzählte, was in meinem Leben geschehen ist, welche Veränderungen ich vorgenommen habe – und vor allem, wie viel besser es mir heute geht.

Sie wollte in erster Linie Hilfe, um ihre ausgeprägte Kontrollsucht in den Griff zu bekommen, sie litt darunter, nie wirklich loslassen zu können.

Denn neben der Tatsache, dass sie die bevorstehende Ferienreise schon unternommen hatte, bevor sie überhaupt losgefahren war, verbrachte Laura ihren Urlaub vor allem damit, den nächsten zu planen. Ihr gelang es nicht, im Hier und Jetzt zu sein. Auch wenn sie Leute zum Essen einlud, konzentrierte sie sich nicht auf den Abend mit den Gästen und Freunden, sondern organisierte im Kopf schon die nächste Verabredung. Und wenn sie auf Reisen war, widmete sie ihre gesamte Aufmerksamkeit der Suche nach einem neuen Reiseziel. Sie war nie anwesend, sondern immer schon ein Stückchen weiter.

Da gab es nur einen Weg: Für die nächste Urlaubsreise würde sie das Ziel bestimmen, Flug und Hotel buchen. Nicht mehr. Als ich sie via Mail fragte, ob sie sich daran gehalten hatte, sagte sie Ja, zumindest fast. Sie hatte vorher nur ein bisschen im Internet gelesen, aber diese Reise würde vor Ort erlebt werden.

Der Perfektionist überlässt nichts dem Zufall oder einer spontanen Eingebung. Er vergisst auch gerne, dass er in einem fremden Land auf der anderen Seite des Globus ist, wo die Dinge anders laufen als zu Hause.

Darum beklagen sich vor allem Perfektionisten gerne lauthals darüber, dass die Milch so anders schmeckt, die Busse nicht verkehrstüchtig aussehen oder die Klimaanlage zu laut brummt.

Warum überhaupt erst ins Ausland fahren, wenn man erwartet, dass es überall genauso sein soll wie daheim?

Und wie in allen anderen Situationen, in denen der Perfektionist unangemessene Forderungen stellt und erwartet, dass alles seinen Erwartungen entsprechend eintritt, und kein Scheitern erträgt, können auch der Urlaub und die Freizeit zu einer Prüfung werden.

Sanna erzählte mir:
Wir hatten eine Woche gebucht, sieben Tage, es sollte total romantisch und gemütlich werden, da wir uns den ganzen Winter über eigentlich nur gestritten hatten. Und dann hatte ich Magen-Darm-Grippe, fünf Tage lang. Ich lag nur im Bett, musste spucken und hatte Durchfall. Alles, was ich von Tunesien zu sehen bekam, waren die Hoteltoilette und der Flughafen.

Jimmy erzählte mir:
Es sollte der perfekte Urlaub werden, unsere erste gemeinsame
Woche allein, seit die Kinder auf der Welt waren. Die Schwie-
gereltern hüteten Kinder und Haus und wir hatten eine Woche
Griechenland vor uns – was konnte da schon schiefgehen? Aber
wir fingen schon am Flughafen an zu streiten und taten das den
ganzen Flug über bis Kreta. Wie ein Gewitter hing dieser Streit
danach über uns. Es gab kleine Sticheleien, großes Geschrei,
nichts war so, wie wir es uns vorgestellt hatten, kein bisschen
wie im Reisekatalog.

Übertriebene Erwartungen sind nicht zu unterschätzen. Die
Enttäuschung, die darauf folgt, ist groß, schwer und tut weh.

Aufgabe 29

Welche Auswirkungen hat dein Perfektionismus oder der deiner Mitmenschen bisher auf deine Freizeit gehabt?

Schreib deine Gedanken dazu auf.

Die größte Angst haben wir davor, unser eigenes Licht leuchten zu lassen

»Ich habe nie Zeit, Sport zu machen«, beklagte sich eine Frau
bei einer Fortbildung.
     »Warum das denn nicht?«, fragte ich sie.
     »Nein, das lässt sich einfach nicht machen, ich kann abends
nicht einfach weggehen.«
     Diese Frau war der festen Überzeugung, sie sei zu Hause
unentbehrlich. Sie hatte entschieden, dass die Familie nicht
zurechtkomme, ja kaum überlebensfähig war, wenn sie an
zwei Abenden in der Woche das Haus verlassen würde. Ach
was, zwei Abende, je zwei Stunden an zwei Abenden in der
Woche, denn viel länger benötigt man nicht, um zum Sport-

center zu kommen, einen Kurs zu belegen und wieder nach Hause zu fahren. Für eine größere Zeitersparnis kann man sich zu Hause duschen und umziehen. Sie könnte auch an einem Vormittag am Wochenende ihren Sport machen, wenn so und so alle Familienmitglieder nur abhängen.

Leider ist es so unglaublich weit verbreitet, dass wir glauben, wir seien unentbehrlich – aber du kannst auch mal das Haus verlassen, die werden das schon schaffen. Und zwar ausgezeichnet. Du sagst ganz einfach, dass du Bewegung brauchst, um fit zu bleiben, außerdem macht es dir Spaß.

Wenn deine Kinder noch sehr klein sind oder dein Mann bis spät abends arbeitet, dann bitte ihn, an zwei Abenden früher nach Hause zu kommen, und wenn das praktisch unmöglich ist, bitte eine Nachbarin oder eine Freundin, auf die Kinder aufzupassen. Dann passt du auf ihre Kinder auf, wenn sie einmal Unterstützung braucht.

Wenn du anfängst, deinen Bedürfnissen Raum zu geben, kann dadurch ein fast beängstigender Prozess in Gang gesetzt werden. Du entdeckst deine eigene Größe und dein eigenes Licht.

Als kleine Hilfe auf dem Weg möchte ich dir einen der schönsten Texte zeigen, den ich je gelesen habe: einen Auszug aus *Rückkehr zur Liebe* von Marianne Williamson.

Unsere tiefste Angst ist nicht die, dass wir unzulänglich sind. Unsere tiefste Angst ist die, dass wir über die Maßen machtvoll sind. Es ist unser Licht, nicht unsere Dunkelheit, das uns am meisten erschreckt. Wir fragen uns: Wer bin ich denn, dass ich so brillant, großartig, talentiert, fabelhaft sein sollte? Aber wer bist du denn, dass du es nicht sein solltest? Du bist ein Kind Gottes. Wenn du dich kleinmachst, dient das der Welt nicht. Es hat nichts von Erleuchtung an sich, wenn du dich so schrumpfen lässt, dass andere Leute sich nicht mehr durch dich verunsichert fühlen. Wir sollen alle so leuchten wie die Kinder. Wir sind dazu geboren, die Herrlichkeit Gottes in uns zu manifestieren. Sie existiert in allen von uns, nicht nur in ein paar Menschen. Und wenn wir un-

ser eigenes Licht leuchten lassen, erlauben wir auch unbe-
wusst anderen Menschen, das gleiche zu tun. Wenn wir von
unserer eigenen Furcht befreit sind, befreit unsere Gegen-
wart automatisch auch andere.

Es kann übrigens auch ganz schön beängstigend sein, wenn du
feststellst, dass die Familie auch ohne dich ganz gut zurechtge-
kommen ist.

Ziel und Sinn

Wir sind geschaffen für Aktivität.
   Wir sind geschaffen für Herausforderungen und das Nach-
vorne-Streben.
   Wir sind geschaffen, um zu arbeiten, zu rennen, zu hüpfen,
zu tanzen, zu reden, zusammenzusein, zu bauen, zu versorgen,
zu lieben.
   In den Urlaub fahren und nichts machen, nur platt auf dem
Rücken am Strand liegen und der Sonne beim Aufgehen und
Untergehen zusehen – das entspricht nicht der menschlichen
Natur.
   Wir brauchen ein Ziel und einen Sinn, um glücklich zu sein,
damit es uns gut geht und wir zufrieden sind. Diese traumhaf-
ten Reisekataloge sind voll mit Bildern, auf denen Paare auf
ihren Sonnenliegen träumen, vor ihnen einsame Strände mit
drei Palmen auf der Linken und davor nur das weite, blaue
Meer, das Gefühl von einsamer Insel, unendlich viel Zeit und
Stille. Die Menschen schuften Tag und Nacht, sparen monate-
oder sogar jahrelang Geld, um an ebendiesen Strand zu fahren, um dann – nichts zu machen. Und wenn sie endlich dort
angekommen sind, nachdem sie die ganze Zeit mit Höchstgeschwindigkeit gefahren sind, lauern die Frustration und Enttäuschung schon hinter der ersten Palme.
   In irgendeiner Untersuchung habe ich gelesen, dass die
Schweden ihre Freizeit sehr schätzen, aber auch das Gleichgewicht zwischen Arbeit und Freizeit. Je älter wir werden, desto

mehr gewinnt die Freizeit an Bedeutung, und die Karriere gerät in den Hintergrund. Merkwürdig, dass wir dann diese Zeit in Pflichten und Bürden einteilen, die wir nicht zu unserer eigenen Freude erfüllen, sondern weil wir glauben, dass wir müssen.

Vollgestopfter Terminplan

Vielleicht wage ich mich hiermit jetzt ein bisschen zu weit vor.

Aber ich gehe das Risiko ein.

Denn mir sind einige Menschen begegnet, die unglaublich viel unternehmen, um am Montagmorgen ins Büro kommen und von ihrem vollen Wochenende erzählen zu können. Wo sie überall zum Essen eingeladen gewesen waren, wie sie am Samstagabend abgestürzt sind, wie weit sie beim Renovieren der Küche gekommen sind, wie viele Kinder sie betreut haben. Und so weiter. Und das passiert nicht nur in den Büros, auf den Baustellen und in den Krankenhäusern unserer Städte. Sondern auch in den Schulen, wo unsere kleinen Mäuse nach dem Wochenende erzählen sollen, was sie erlebt haben. Vielleicht sitzen sie im Morgenkreis und die Lehrerin fragt – ja, da möchte man doch etwas zum Erzählen haben.

Es ist nicht verwunderlich, dass wir Magen- und Kopfschmerzen haben.

An einem Sonntag im Februar ging ich mit den Kindern in die Andy-Warhol-Ausstellung im Museum für Moderne Kunst. Das war wahnsinnig angesagt, ich allerdings hatte mich für diese Ausstellung entschieden, weil ich 1. vor Jahren in New York in einer Warhol-Ausstellung im Museum of Modern Art gewesen war und mir seine Sachen noch einmal ansehen wollte und weil ich 2. schon seit Langem ein Fan von Andy Warhol bin und weil ich 3. mal etwas anderes mit den Kindern an einem Sonntag unternehmen wollte als sonst.

Alle waren da.

Und ich hatte den Eindruck, dass etwa die Hälfte der Besucher nur dorthin gegangen war, um später sagen zu können, dass sie dort gewesen seien. Von den Bildern sah man nicht viel, da immer etwa hundert Leute davorstanden.

Wir hätten an einem ganz normalen Dienstag gehen sollen.

Neulich holte ich meine jüngste Tochter in ihrem Montessori-Kindergarten ab. Ein verlängertes Wochenende stand bevor, eines von denen, die im Frühling sehr häufig sind. Die Erzieherin und ein paar Eltern standen zusammen und unterhielten sich über ihre Pläne für die kommenden Tage. Die einen wollten aufs Land fahren, die anderen die Großeltern besuchen, einer sogar nach Dänemark reisen.

»Und was macht ihr?«, fragten sie uns.

Wir hatten Pläne geschmiedet, meine Tochter und ich. Die ganze Woche über hatten wir am Plan für den Samstag gefeilt.

»Wir backen einen Schokoladenkuchen!«, sagte meine Tochter mit einer gehörigen Portion Stolz in der Stimme. Und das war die Wahrheit.

Wir würden Mehl, Schokolade, Vanille, Eier, Butter und noch anderes einkaufen. Dann würden wir unsere Schürzen anziehen und alles auf die Arbeitsplatte legen und vorbereiten. Sie würde auf die kleine Trittleiter klettern und dann würden wir backen, verrühren, Eier schaumig schlagen, gießen, Schüsseln auslecken und Sahne schlagen.

Und wenn der Kuchen dann fertig gebacken war, der Wecker klingelte und wir in die Küche stürmten, würden wir ihn noch ein bisschen abkühlen lassen und dann Schokoladenglasur daraufschmieren. Danach würden wir uns Teller, Servietten, Saft, die Thermoskanne mit Kaffee und eine Decke nehmen und in den Park gehen, um ein Picknick zu machen. Wir würden uns einen schönen Platz aussuchen, den Kuchen essen und uns darüber unterhalten, wie wir ihn gebacken haben. Und wie lecker er war. Und wie herrlich vollgeschmiert wir waren. Und gleich noch ein Stück.

Und genau das taten wir an diesem verlängerten Wochenende. Wir unternahmen auch andere Sachen, aber das war eindeutig der Höhepunkt.

Mir tun die Leute leid, die Sachen unternehmen, um sie anderen gegenüber erwähnen zu können. Das wirkt so unecht.

Das ausgeprägte Bestätigungsbedürfnis der Perfektionisten schleicht wieder durch den Raum und das Risiko ist groß, dass das geplante Wochenende oder die Reise misslingt, dass diese kostbare Zeit nicht wie geplant vollends ausgeschöpft werden kann. Das macht dich verletzlich und dann schuftest du umso härter dafür, dass es so wird, wie du es dir vorgestellt hast.

Statt einfach das zu machen, wozu du gerade Lust hast.

Wie sieht die perfekte Freizeit aus?

Wenn du deine freie Zeit mit den Dingen verbringst, auf die du Lust hast?

Oder mit Dingen, von denen du anderen erzählen willst?

Wie deine perfekte Freizeit aussieht, weißt nur du, weil das in hohem Maße individuell verschieden ist. Wir haben unterschiedliche Interessen, Werte, Ideale, Träume und Erwartungen, darum gibt es keine Mustervorlage, wie es am besten funktioniert. Dafür aber gibt es vielleicht so etwas wie ein Umfeld, eine Kultur, eine Mentalität, die in eine ähnliche Richtung weisen. Es gibt übereinstimmende Gewohnheiten, Muster und Verhaltensweisen in unserer Gesellschaft.

Wenn es denn überhaupt so etwas wie Freizeit gibt.

PS

Meine schönste freie Zeit, wenn ich nicht auf Reisen bin – was ich am liebsten mache, wenn wir alle frei haben –, ist Zeit ohne Pläne. Am Samstagmorgen aufwachen, die Augen öffnen, frischen Kaffee und die Zeitung ans Bett bekommen, mich ausgiebig dehnen und strecken. Den Kleinen eine Geschichte vorlesen, im Bett liegen und kuscheln. Danach nehmen wir den Tag so, wie er kommt. Da kann ja alles Mögliche passieren.

Aber natürlich, Chef!

Don't let perfectionism become an excuse for
never getting started.

Marilu Henner, amerikanische Schauspielerin

Perfektionisten haben es in der Arbeitswelt nicht leicht. Aber sie machen auch ihren Kollegen das Leben nicht leicht. Obwohl du die Normen festlegst, wie du arbeitest, wie andere dich sehen sollen und was von dir erwartet werden kann, bist du trotzdem nie zufrieden. Die Latte kann immer noch ein bisschen höhergehängt werden, die Grenzen immer noch ein Stück weiter gedehnt werden, der Anspruch immer noch ein wenig größer, das Resultat immer noch ein bisschen mehr, ein bisschen besser, ein bisschen schneller, ein bisschen schnittiger.

Wenn du einen ähnlich hohen Einsatz und eine ebensolche Leistungsbereitschaft von deinen Kollegen erwartest, dann wird deine Enttäuschung mit großer Wahrscheinlichkeit schwer und beklemmend sein. Du wirst dir aus Verzweiflung die Haare raufen, und alle im Büro gewöhnen sich schnell daran, dass du immer ein bisschen mehr machst, darum müssen sie sich gar nicht erst anstrengen.

Und als würde das nicht schon genügen, bleiben Perfektionisten auch noch meist unter sich. Du wirst isoliert, weil du dich hervorgetan hast. Dir kann niemand das Wasser reichen, dich kann niemand einfach so einholen. An dir perlt alles ab und du hast immer eine Hand voll Entschuldigungen parat, die irgendwie immer angenommen werden.

Du kommst davon, weil du so unnahbar bist.

Am Anfang des Buches habe ich von meiner Zeit als Projektleiterin bei einem Fernsehsender erzählt. Koordinatorin nannte man das. Und das bedeutete, dass ich mich jedes Mal in ein vollkommen neues Thema einlesen musste, wenn ich einen Auftrag annahm. Ich hatte dafür einen Monat Zeit und las und las und las. Alle Artikel, alle Kolumnen, Abhandlungen und Reportagen, die ich in die Finger bekam. Trotzdem hatte ich das Gefühl, nichts zu verstehen. Vor meinem ersten Meeting habe ich geackert, als müsste ich eine Examensarbeit ab geben. Aber wie sehr ich mich auch abmühte, es war nie gut genug. Diese Kategorie gab es für mich einfach nicht. Ich hatte unrealistische Ansprüche an mich und musste mindestens genauso viel können wie die Kollegen, die seit zehn Jahren dort arbeiteten.

Jetzt habe ich gelernt, die Ansprüche an mich herunterzuschrauben. Es wäre aber ein Leichtes für mich, damit wieder anzufangen, indem ich mich mit anderen Coaches, Referenten, Führungstrainern und Sachbuchautoren vergleiche. Ich könnte mir sagen, dass ich auf jeden Fall so gut werden muss wie sie oder er, gleich viel verdienen, gleich viele Aufträge haben, gleich bedeutende Kunden haben muss. Obwohl die Person, mit der ich mich vergleichen würde, viele Jahre Vorsprung hat!

Wenn ich in diese Richtung tendiere, hole ich mich dort ab und sage mir, dass ich die Einzige bin, mit der ich mich vergleichen kann. Und das tue ich, um daraus zu lernen, und nicht, um mich kleinzumachen. Zum Beispiel, indem ich mir ansehe, warum ein Meeting besonders gelungen war und ein anderes nicht. Was hätte ich bei dem misslungenen anders machen können?

Inspirieren hingegen lasse ich mich sehr gerne von anderen, und aus jeder Begegnung mit einem Menschen oder jeder Vorlesung, die ich besuche, ziehe ich etwas für mich Lehrreiches.

Aufgabe 30

Welche Auswirkungen hat dein Perfektionismus oder der deiner Mitmenschen bisher auf dein Arbeitsleben gehabt?

Schreib deine Gedanken dazu auf.

Anders erzählte mir:
Ich bin Perfektionist. Alles muss so gemacht werden, wie ich es will, sonst am besten gar nicht. Mich frustriert es wahnsinnig, wenn Leute Sachen nur mittelmäßig, schlampig oder unfertig erledigen. Ich verstehe nicht, dass die nachts gut schlafen können.

Wenn es einem Perfektionisten nicht gelingt, seinen eigenen Erfolgserwartungen zu entsprechen, wird *alles* als Versagen deklariert. Seine Welt ist nämlich schwarz oder weiß, alles oder nichts. Und das Scheitern tut so weh, dass der Perfektionist sogar erwägt, es nie wieder zu versuchen.

Um das Ziel zu erreichen und ein Scheitern zu verhindern, kann der Perfektionist seiner Fantasie freien Lauf lassen, da ist ihm fast jedes Mittel recht.

Erinnerst du dich noch an die beiden Eiskunstläuferinnen Nancy Kerrigan und Tonya Harding? Während der Trainingsphase vor den Olympischen Spielen in Lillehammer 1994 wurde die Publikumsfavoritin und zudem noch personifizierte Schönheit Kerrigan von einem Mann aus Detroit attackiert und verletzt. Es stellte sich heraus, dass der Mann von Hardings Ehemann angeheuert worden war. Tonya Harding hatte dem Druck nicht standhalten können und wollte ihre stärkste Konkurrentin aus dem Feld räumen. Aber der Plan ging nicht ganz auf: Kerrigans Verletzungen heilten und sie gewann die Silbermedaille. Tonya Harding dagegen wurde lebenslang für alle Eiskunstlaufmeisterschaften gesperrt.

Hier ein paar berühmte Perfektionisten unserer Zeitgeschichte

- Die polnische Nobelpreisträgerin und Physikerin **Marie Curie** (1867–1934) hat gesagt:»Ich sehe nie das, was erledigt ist, nur das, was noch übrig ist und getan werden muss.« Sie hatte Schwierigkeiten, sich mit etwas zufriedenzugeben, und forderte sich unablässig Leistung ab.
- **Juana Inés de la Cruz** (1651–1695) war Autorin und schrieb Theaterstücke, sie war geboren und wohnhaft in Mexico. Sie hatte den Ehrgeiz, Latein zu lernen. Und als es nicht schnell genug ging, das heißt so schnell, wie sie es sich vorgenommen hatte, schnitt sie sich ihre langen, schwarzen Haare ab, um sich zu bestrafen.
- Der Filmregisseur, Drehbuchautor und Filmproduzent **Stanley Kubrick** (1928–1999) war vielleicht der bekannteste Perfektionist der Filmbranche, er überließ nichts dem Zufall.
- **Ettore Bugatti** (1881–1947), eine Legende in der Automobilbranche und der Gründer der Automarke Bugatti, war definitiv ein Perfektionist. Und zwar insofern, als er sich weigerte, seine Autos an Leute zu verkaufen, die nicht wohlerzogen waren – wie der junge albanische König, der seines Erachtens schlechte Tischmanieren hatte, um nur einen zu nennen.
- **James Cameron** (*1954) ist der Mann hinter dem Filmerfolg »Titanic« und wurde von seinen Mitarbeitern am Set als ein wahrhafter Perfektionist bezeichnet, der sofort wütend wurde, wenn etwas nicht so lief, wie er es wollte.

Corinna erzählte mir:
Ich verlange mir in meinem Job immer Perfektion ab und kein bisschen weniger. Mein Kontrollbedürfnis ist extrem ausgeprägt, ich überprüfe alles doppelt und gerne auch noch ein drittes Mal, weil ich mich nur auf mich selbst verlassen kann. Mir geht es miserabel, wenn mal etwas schiefgeht oder misslingt, darüber kann ich dann Tage und Wochen brüten.

Ich hätte niemals eine Perfektionistin einstellen dürfen – Marcus' Geschichte

Das sagt Marcus heute. Er ist Geschäftsführer eines Unternehmens mit dreißig Angestellten. Er fühlt sich seinem Personal sehr verpflichtet und kümmert sich selbst um die Rekrutierung neuer Mitarbeiter, interessiert sich für Menschen im Allgemeinen und Verhaltensmuster im Besonderen.

Ich habe viele junge, gut ausgebildete, intelligente und ehrgeizige Frauen und Männer getroffen, die ständig Lob hören wollen, lauter Belege dafür benötigen, dass sie einen guten Job machen. Und vergisst man das, gehen sie sofort davon aus, dass sie an etwas gescheitert sind, sie werden übertrieben selbstkritisch und verlieren total die Distanz zu ihrem Job. Man muss lange suchen, um Menschen zu finden, die selbstbezogener sind als Perfektionisten.

Marcus kann auf eine fünfzehnjährige Erfahrung als Führungskraft mit Personalverantwortung zurückblicken und hat im Laufe der Zeit Methoden angewandt, von denen viele erfolgreich, manche aber auch weniger gelungen waren. Vor vielen Jahren stellte er eine Frau ein, die wie geschaffen für die Stellenausschreibung zu sein schien. Sie kam morgens als Erste und ging abends als Letzte, arbeitete während der Mittagspause weiter, erledigte alle Aufgaben pünktlich, machte oft zehnmal mehr, als erforderlich war, sie war schnell und effektiv und loyal. Sie wirkte sicher und mit einem guten Selbstvertrauen ausgestattet.

Aber eines Tages platzte die Blase; sie wurde akut krankgeschrieben und kehrte nie wieder an ihren Arbeitsplatz zurück. Das war furchtbar schade, denn sie war eine so gute Mitarbeiterin. Gleichzeitig aber sehe ich auch unsere Verantwortung in dieser Geschichte, wir haben ihr nicht geholfen, aus diesem Kreislauf zu entkommen. Wir waren einfach nur bequem und beeindruckt von ihrem Tempo, ihrer Effektivität – eben dieser perfektionistischen Seite von ihr.

Marcus beschrieb auch, wie sicher sie wirkte, sowohl was ihre eigene Person als auch was ihre Leistungen anbetraf. Heute weiß er, dass sie von allen im Unternehmen am wenigsten Selbstvertrauen hatte.

Ich nehme an, dass sie sich nicht eingestehen will, wie schlecht es ihr gegangen ist, und darum will sie nicht zurück. Dabei würden wir sie auch nur mit der Hälfte ihres Ehrgeizes, ihrer Sorgfalt und ihres Fleißes zurücknehmen. Aber ich habe aus dieser Sache meine Lehre gezogen; nie wieder werde ich einen Perfektionisten einstellen! Meine Mitarbeiter müssen menschlich sein, Erfolg haben und scheitern. So macht das Arbeiten auf jeden Fall mehr Spaß.

Die Entscheidung für eine vermeintlich perfekte Person im Job kann sich als Irrtum erweisen, wenn sie nicht über ausreichend Flexibilität, Spontaneität und Selbstvertrauen verfügt. Es heißt, dass es unter Menschen mit Persönlichkeitsstörungen viele Perfektionisten gibt. Darüber hinaus gibt es auch perfektionistische Persönlichkeitszüge: Depression, Zwangsneurosen, Angst, Stress, Abhängigkeit von Anerkennung und andere unterschiedliche Arten von Abhängigkeiten und Missbrauch. Es gibt auch Missbrauchsformen, die nicht so leicht als solche zu identifizieren sind, zum Beispiel den Beziehungsmissbrauch. Denn an irgendeiner Stelle muss die Frustration sich entladen. Und wenn du dich den ganzen Tag perfekt verhalten musstest, acht Stunden lang oder noch länger, dann ist es kein Wunder, dass du dich nach der Arbeit nicht mehr zusammenreißen kannst.

Goldmedaille im Fassade-Aufrechterhalten

Agneta erzählte mir:
Ich will den Kollegen bei der Arbeit nicht mein wahres Ich zeigen. Das ist, als würde ich nackt durchs Büro laufen, als würde ich mich vor allen total entblößen.

Agneta ist Immobilienmaklerin und ständig von Menschen umgeben, entweder von Kunden oder Interessenten oder von Kollegen oder Konkurrenten. Sie ist eine sehr elegante Frau in einem hellgrauen, figurbetonten Kostüm, ihre Schuhe und die Handtasche sind farblich aufeinander abgestimmt und in ihren Ohren funkeln Brillanten.

Meine Kleidung ziehe ich mir morgens wie so eine extra Haut über. Dann kann ich zur Arbeit gehen ...

In Agnetas Job geht es ausschließlich um Leistung; da kann auch schon das fröhliche und charmante Auftreten zu einer Leistung werden. Es gibt keinen Raum für Fehler oder einen schlechten Tag – alles zählt, alles wird erbarmungslos registriert.

Bei der Arbeit gibt sie nicht mehr über ihr Privatleben preis, als der notwendige Small Talk erfordert. Sie möchte ihre Schwächen verborgen halten, keinen Fehler und keine Mängel zeigen und ist es gewohnt, für diejenige gehalten zu werden, die alles perfekt macht.

Manchmal denke ich darüber nach, was wohl passieren würde, wenn ich privat in eine traumatische Situation geriete und vonseiten des Jobs Unterstützung benötigte – wie würden die Leute darauf reagieren? Was würden sie von mir halten und über mich sagen? Ach, allein schon darüber nachzudenken fühlt sich ganz grässlich an!

Eine Fassade lässt sich leicht errichten. Man muss nur morgens die Schutzhülle überstreifen und darf sie auf keinen Fall herunternehmen. Ein perfektes Äußeres, gepflegt, kultiviert, umgänglich, höflich, nie verlässt ein Fluch deine Lippen, du überschreitest keine Grenzen, bist fleckenfrei und genau genommen auch total unecht.

Es dauert lange, um so eine Fassade zu demontieren – oder es geht rasend schnell!

Letzteres geschieht durch Erschöpfungszustände, Krankschreibungen, Krisen, große berufliche Katastrophen und Fehlentscheidungen oder eine andere Situation, in der sich der Perfektionist in eine Ecke gedrängt fühlt und keinen Ausweg weiß.

Das Problem wird noch um ein Vielfaches größer, wenn du kein soziales Netz hast, das dich auffangen kann und aus warmherzigen, mitfühlenden und respektvollen Menschen besteht, die dich nicht verurteilen, sondern dir helfen und dich unterstützen. Sich so ein Netzwerk aufzubauen braucht Zeit und es wird wesentlich schwerer, wenn du niemanden hinter deine Fassade schauen lässt.

Alicia erzählte mir:
Ich will immer und überall die Beste sein. Rein rational weiß ich natürlich, dass das unmöglich ist, aber ich kann nicht anders. Es ist so schön, in etwas die Beste zu sein, dieses Gefühl will ich am liebsten in allen Lebensbereichen haben. Wir sind mal mit der Firma auf eine Konferenz gefahren, und im Programm waren verschiedene Aktivitäten vorgesehen wie Bowling und Gokartfahren. Diese Disziplinen habe ich vorher trainiert. Natürlich habe ich das niemandem verraten. Aber ich konnte den Gedanken nicht ertragen, mich zu blamieren oder schlechter als die anderen zu sein. Und die Rechnung ging auf, beim Bowling habe ich gewonnen und beim Gokartfahren bin ich immerhin Zweite geworden. Das fühlte sich nicht wirklich gut an, nur Zweite zu werden, aber der Sieger fährt schon seit Jahren Gokart. Manchmal glaube ich, dass meine Kollegen von mir genervt sind, weil ich immer die Beste sein muss und gewinnen will. Aber ich weiß nicht, wie ich wieder damit aufhören soll.

Perfektionismus tötet Kreativität

Der Aspekt, unter dem ich den Perfektionismus jetzt betrachten möchte, ist nicht ganz unwichtig – denn es geht um den Verlust von Kreativität und schöpferischen Prozessen. Wenn die Arbeit zu schematisch strukturiert ist, mit einem sehr strengen Regelwerk, dann gibt es keinen Raum für kreative Prozesse. Natürlich benötigt man eine Art Struktur, aber meistens haben wir nur zu große Angst, nicht mehr den gewohnten Mustern zu folgen, die eingefahrenen Bahnen zu verlassen und zu beobachten, was dann passiert. Denn dafür benötigt man Selbstvertrauen, und darüber verfügt der Perfektionist selten.

Als im Herbst 1990 der Fernsehsender *TV4* ins Leben gerufen wurde, wurden viele junge, hungrige, kreative und erfinderische Menschen eingestellt. Zu ihnen gesellten sich ein paar Veteranen von *Sveriges Televison,* die viel Erfahrung und Wissen beisteuern konnten. Zusammen wurde daraus eine starke Mannschaft, die mit viel Kreativität und Engagement zusammenarbeitete. Heute ist der Sender einer der größten des Landes.

Bei Google in den USA hat man sogar einen eigenen Raum eingerichtet, um zur Kreativität zu ermuntern. Die Mitarbeiter sollen richtig Lust darauf haben, zu »brainstormen«. Wenn so eine Ideensitzung ansteht, ist nicht Perfektionismus das Leitwort, sondern eher ein Gut genug. Müssten alle Ideen schon von Anfang an perfekt und bereit zur Umsetzung sein, würde sich niemand mehr trauen, einen kreativen Gedanken zu äußern. Aber der Zweck dieser Treffen ist ja gerade, dass die Kreativität frei fließen kann, und erst im nächsten Schritt beginnt man dann mit dem Feinschliff der ausbaufähigen Ideen.

Als ich in einer großen Immobilienfirma in Stockholm einen Vortrag über Arbeitsfreude hielt, erzählte mir einer der Mitarbeiter, dass bei ihnen jede neue Idee mit einem Rubbellos belohnt wird. Und zwar unabhängig davon, ob diese Idee umgesetzt wird oder nicht.

Großartig, finde ich.

Leider werden die neuen Ideen nur allzu oft von den Perfektionisten auseinandergenommen, weil sie eben neu, unbekannt, unkalkulierbar und unkontrollierbar scheinen. Der Perfektionist muss wissen, welches Ziel etwas hat, wann, wie und warum. Aber für dich, der oder die mit einem solchen Perfektionisten zusammenarbeitet, kann schon das Wissen um diese Prozesse nützlich sein, weil du einer solchen Situation mit mehr Verständnis, größerer Flexibilität und mit weniger Irritation und Frustration begegnen und dich entsprechend verhalten kannst.

Perfektionisten bei der Arbeit – so bist du:
Du hast die Tendenz, übertrieben hohe, unrealistische Ansprüche an dich selbst zu stellen, ob an die Geschwindigkeit oder die Energie. Die Wirklichkeit entspricht nicht dem, wozu du imstande zu sein glaubst.

- **Du achtest pedantisch auf Details.** Und betonst gerne lauthals, wie wichtig gerade Details sind.
- **Du überträgst deine hohen Ansprüche an dich selbst und an das Niveau deiner Leistungen auf die anderen.**
- **Du bist sehr schnell vom Verhalten der anderen frustriert.** Andere Menschen nerven dich schnell. Du reagierst oft wütend und ungehalten und überschüttest deine Umwelt mit Kritik.
- **Du beißt dich an Routinen und Richtlinien fest.** Und glaubst, dass bestimmte Sachen auf eine bestimmte Art und Weise erledigt werden müssen. Was so viel heißt wie: *deine* Art und Weise. Du nennst das Struktur, aber in Wirklichkeit hast du Angst vor dem Unerwarteten, hast Angst, Grenzen zu überschreiten.
- **Du wirst vom »Müssen« durch den Tag getrieben.** Und bist doch nie zufrieden, nichts ist jemals gut genug.
- **Je mehr du erledigst und leistest, desto mehr gibt es zu tun.** Der Zwang, zu müssen, die erwarteten Leistungen und der Druck wachsen mit der Menge der erledigten Aufgaben.

Erkennst du dich darin wieder?

Schreib deine Gedanken dazu auf.

Perfektionismus als Arbeitswerkzeug

Melker erzählte mir:
Sehr lange habe ich meine Arbeit von meinem Perfektionismus diktieren lassen, das war wahnsinnig anstrengend. Aber jetzt setzte ich ihn als Werkzeug ein, wenn ich ihn benötigen kann. Seitdem ist mein Arbeitsklima viel besser geworden und ich kann das Streben nach Perfektionismus an- und ausschalten.

Der Perfektionismus lässt sich ausgezeichnet als Werkzeug einsetzen, als Triebfeder. Statt dich vom Scheitern lähmen zu lassen, ins Grübeln zu versinken und nicht weiterzukommen, lerne, mit deinen Leistungen hauszuhalten und der oder die Beste zu sein, wenn es darauf ankommt. Es ist unmöglich – vor allem mit Rücksicht auf die eigene Gesundheit –, in allen Lebensbereichen gleichzeitig Perfektionismus anzuwenden.

Hier ein Artikel über den Kriegsfotografen Jens Assur anlässlich einer Ausstellung seiner Fotografien im Museum der Arbeit in Norrköping:

Der Fotograf Jens Assur selbst hatte angeordnet, alle Bilder um einige Zentimeter nach einer Seite zu versetzen. Assur hatte die ursprüngliche Hängung seiner gerahmten Superwerke nicht gefallen, die zusammen mehrere Tonnen wiegen! Ein gewöhnlicher Betrachter hätte keinen Unterschied ausmachen können, aber für Assur war es essenziell. Sturheit und Perfektionismus sind seine herausragendsten Erkennungszeichen. (Dagens Nyheter vom 2.2.2006)

Man sollte nie aufhören, sein Bestes zu geben – Pontus' Geschichte

Pontus Frithiof ist ein junger Mann, der bereits auf eine beachtliche Karriere zurückblicken kann. Er begann als Lehrling bei dem bekannten Restaurantbesitzer Erik Lallerstedt in dessen Restaurant Eriks in Gamla Stan, der Altstadt von Stockholm. Da war er 26 Jahre alt. Ein paar Jahre später übernahm Pontus die Geschäftsführung und machte daraus Pontus the Green House, kurz danach eröffnete er Pontus by the Sea und erst unlängst das Pontus!, eine richtige Perle am Stureplan in der Stockholmer Innenstadt. Ausgewählte Speisen, kundiges Personal, schlichtes, aber freches Interieur.

Mit Perfektionismus arbeitet Pontus jeden Tag.

Beim Perfektionismus dreht es sich im Grunde um Führung, welche Signale die Chefs aussenden und wie ich mich dazu verhalte. Aber bei der Konzeptentwicklung wird ja schon festgelegt, auf welchem Niveau wir uns bewegen.

Obwohl von außen alles perfekt aussieht, passieren jeden Tag kleine Missgeschicke in den Restaurants, schließlich arbeiten dort Menschen. Pontus arbeitet viel mit Checklisten, Wiedervorlage und Kontrollen, er legt die Herstellungsweisen fest, schreibt Rezepte und bestimmt Garzeiten und Gartemperaturen. Keine Soße am Tellerrand, keine kalten Teller, kein angebranntes Gemüse. Im Pontus! in Stockholm arbeiten die besten Köche des Landes, die keine Nachlässigkeit dulden.

Auch da geht es um Führung und um die Anforderungen, die an das Personal gestellt werden. In der Restaurantbranche dreht sich viel um das Berufsethos, die Köche wollen, dass ihre Sachen gut sind. Man sollte nie aufhören, sein Bestes zu geben, jeder Tag kann noch ein bisschen besser werden als der vorherige.

Pontus ist ein Perfektionist bis in die Fingerspitzen, aber ein sogenannter positiver Perfektionist (mehr dazu im Kapitel *Perfektionismus*). Das bedeutet, dass er flexibel ist und versucht, Lösungen zu finden, statt zu hart mit sich ins Gericht zu gehen und Angst davor zu haben, etwas Neues auszuprobieren. Dafür werden aber alle Fehler und Missgeschicke penibel aufgeschrieben – jeden Abend wird in eine Art Logbuch alles eingetragen, was in den Restaurants vorgefallen ist –, um so aus den vielen kleinen Vorfällen eine Lehre zu ziehen.

Und was war das Perfekteste, was ihm selbst begegnet ist?

Alain Ducasse, einer der härtesten Restaurantbesitzer Frankreichs, toppt meine Perfektionsliste. In einem seiner Restaurants, das drei Sterne hat, gibt es im Teppich ein Blumenmuster, das die meisten Besucher als sehr schön beschreiben. Aber es ist nur aus einem bestimmten Grund angebracht – damit das Personal genau weiß, wo es langzugehen hat. Diese Perfektion imponiert mir. Und es ist nur ein Detail von vielen bei ihm.

Wenn alles perfekt *erscheinen* muss

Therese erzählte mir:
Bei mir auf der Arbeit gibt es eine Frau, Marie heißt sie, auf deren Schreibtisch sieht es aus wie auf einem Rasterplan: Alles steht in Reih und Glied, der Rechner steht exakt parallel zur Tischkante, alle Zettel hängen in exakt gleichem Abstand zueinander an der Wand, die Stifte in der obersten Schublade sind nach einem bestimmten System geordnet. Radiergummi, Büroklammern, Gummibänder, Tesafilm, Schere, Hefter, Locher – alles steht immer auf seinem Platz. Und auf alle Dinge hat sie ihren Namen geklebt. Außer auf die Büroklammern … Wenn man sich etwas von ihr ausleiht oder es an den falschen Platz zurückstellt oder sich auf ihren Stuhl setzt und dabei aus Versehen etwas umstößt, flippt sie total aus und brüllt herum, dass es schließlich auch in einem Büro Regeln gibt. So zu sein wie sie ist bestimmt nicht leicht.

Kristin arbeitet in einer Werbeagentur und schreibt ab und zu im Auftrag von Kunden Pressemitteilungen. Diese müssen immer von einem Kollegen gegengelesen werden, und wenn das Johan ist, weiß Kristin, dass das halbe Dokument hinterher rot ist.

Kristin erzählte mir:

Eigentlich soll er nur grammatikalische Fehler ausgleichen, die er natürlich auch sofort entdeckt. Aber er findet immer, dass alles perfekt, perfekt, perfekt sein muss, und schreibt an den Rand lange Vorschläge, wie ich es stattdessen schreiben könnte. Das nervt unglaublich. Außerdem hat er auch meistens recht, was die Sache nicht einfacher macht.

Wenn du bei der Arbeit ein Perfektionist bist und das ändern willst, geh so vor:

♥ **Geh pünktlich nach Hause,** statt stundenlang bei der Arbeit zu bleiben und an Details zu feilen.

♥ **Du musst nicht im Büro sein, bevor der Arbeitstag offiziell beginnt.**

♥ **Nutze alle Pausen und Unterbrechungen,** die dir im Laufe des Arbeitstages zur Verfügung stehen. Geh essen, verabrede dich mit Kollegen für die Mittagspause oder geh eine Runde spazieren.

♥ **Gib dir bei einer schwierigen Aufgabe eine bestimmte Anzahl von Anläufen und Versuchen,** zum Beispiel drei, danach ist es gut genug und du gibst sie als beendet ab.

Schreib deine Gedanken dazu auf.

Wenn du eine Kollegin oder einen Chef hast, die Perfektionisten sind, und du das ändern willst:

♥ **Sei explizit in deiner Kommunikation bezüglich der Erwartungen.** Was erwartet dein Chef von dir? Wenn dir das nicht klar ist, bring es in Erfahrung und beurteile, ob die Erwartungen unter Berücksichtigung von Zeit, Ressourcen, finanziellen und anderen Faktoren zumutbar sind.

♥ **Sei explizit in deiner Kommunikation in Bezug auf Priorität und Dringlichkeit.** Sollst du dich stundenlang mit Bagatellen herumschlagen, damit es perfekt wird, oder ist es wichtiger, dass du vorankommst? Und was kannst du in diesem Fall als nicht vorrangig deklarieren?

♥ **Sieh die Punkte noch einmal durch** und kläre ab, was zählt und wichtig ist, dann ersparst du dir den Stress, den Ungewissheit auslösen kann.

Schreib deine Gedanken dazu auf.

Das mache ich später!

Wie kommt es eigentlich, dass Perfektionisten auch Experten im Aufschieben von Aufgaben sind? Das passt so gar nicht zu Verantwortlichkeit und Ernsthaftigkeit.

Richtig, aber hier geht es darum, das Risiko zu umgehen, dass die Leistung nicht perfekt werden könnte.

Und du kannst dir immer noch einreden, wenn du nur Zeit gehabt hättest, wäre es perfekt geworden.

Dennis arbeitet in der Presseabteilung eines großen Unternehmens in einem noblen Büro in Stockholm. Dort arbeitet auch Lukas, der für das Layout der Drucksachen und Broschüren zuständig ist. Wenn ein neues Projekt startet, wird allen Mitarbeitern ihr Anteil an dem Auftrag zugewiesen, und alle haben dieselbe Deadline.

Dennis erzählte mir:
Lukas hat seine ganz eigene Terminplanung. Zuerst sammelt er alle Bilder, Texte und Gedanken ein – da wir anderen alle lange vor der Deadline abgeben. Dann fragen wir ihn jeden Tag, ob es schon etwas zum Ansehen gibt, wie weit er gekommen ist, ob wir schon die ersten Skizzen sehen dürfen, um uns vorstellen zu können, wie es wird. Aber er tut die ganze Zeit supergeheimnisvoll und ist wahnsinnig gestresst. Am Tag vor der Deadline hat er noch nicht einmal angefangen. Wir anderen drehen praktisch durch, weil das so belastend ist! Dann sitzt er die ganze Nacht durch, und wenn wir morgens ins Büro kommen, ist es fertig. Und klar, es sieht fett aus, richtig superprofessionell. Und trotzdem tut er seinen Einsatz ab, indem er

sagt, dass er unter Zeitdruck war, und wenn er doch nur mehr Zeit gehabt hätte.

Perfektionisten schaffen weniger als andere

Perfektionisten müssen alles makellos machen und fangen wieder von vorn an, wenn es nicht wird wie erwartet: verwerfen, neue Skizze, zurückweisen, erneute Skizze, wieder verwerfen. Da es nie wirklich ausreichend gut wird, kann es gar nicht fertiggestellt werden.

Wenn man etwas abliefert, muss es perfekt sein.

Ansonsten wird alles zerrissen und von vorn angefangen.

Aurora erzählte mir:
Ich habe diesen Fimmel, schön zu schreiben. Wenn ich also eine kurze Notiz für einen Kollegen oder für meinen Chef schreibe, muss sie schön geschrieben sein. Ich will, dass die Leute sehen, was für eine schöne Handschrift ich habe. Aber manchmal geht es nicht so, wie ich will, ich sitze falsch oder der Stift ist doof, da kann es vorkommen, dass ich einen Zettel nach dem anderen wegwerfe und bis zu zwanzigmal von Neuem anfange, bis es richtig aussieht. Ich weiß, das ist total krank. Oft steht da auch bloß so etwas wie »Ruf Margareta an« drauf.

Wenn du dich darin wiedererkennst, denk an das hier:
- ♥ **Beginne mit der schwierigsten, unangenehmsten, ödesten, umständlichsten Aufgabe – die du am liebsten aufschieben möchtest.** Fang deinen Arbeitstag damit an, solange du noch wach und frisch im Kopf bist, statt es bis in den Nachmittag zu schieben, wenn du müde, verschwitzt und schlapp bist und bald nach Hause fahren willst.
- ♥ **Beende eine Arbeit, bevor du mit einer neuen beginnst.** Ganz einfach keine Flucht mehr.
- ♥ **Denk nicht so viel darüber nach, erledige das, was du tun sollst.** Mehr Handwerk, weniger Gelaber und Wiederkäuen.
- ♥ **Erstelle einen realistischen Plan und halte dich daran.** Wenn

die Aufgabe zu groß und zu schwierig wird, wirst du sie aufschieben, weil ihre Durchführung unmöglich scheint.

♥ **Eine Aufgabe ist die Summe ihrer kleinen Einzelteile.** Teile deine Aufgabe in viele kleinere Schritte ein und kümmere dich um einen nach dem anderen.

♥ **Mach eine Sache nach der anderen.** Warum musst du 100 Sachen gleichzeitig erledigen und keine davon wird besonders gut? Es ist besser, erst die eine Sache zu beenden und sich dann die nächste vorzunehmen. Ich halte nicht viel von Multitasking. Wenn zu viele Dinge gleichzeitig erledigt werden, zu viele Projekte in trockene Tücher gebracht werden müssen und zu viele »Bälle in der Luft« sind, ist es einfach, sich mit der Entschuldigung herauszureden: *Wenn ich mehr Zeit gehabt hätte, wäre es perfekt geworden.*

♥ **Kalkuliere für jede Aufgabe genügend Zeit ein.** Wenn du dich ewig mit Details aufhältst, ist es kein Wunder, dass du das Ganze nicht mehr siehst und dir plötzlich wichtige Einzelheiten am anderen Ende fehlen. Triff eine klare Einschätzung und sei kritisch dabei.

♥ **Schirme dich ab!** Schirme dich ab von störenden Faktoren wie Mails, Telefon, Papierstapeln und Unordnung. Steh nicht immer zur Verfügung, lehne ab, wenn du deine Ruhe brauchst, und bitte die Friedensstörer, später wiederzukommen. 28-mal unterbrochen zu werden, wenn du einen Gedanken zu Ende denken willst, ist purer Terror. Wohin nur sind das gute alte »Besetzt«-Zeichen und die rote Lampe verschwunden? Und genau so verhältst du dich auch, wenn du zu einem Kollegen willst oder jemanden anrufst. Dann fragst du, ob du gerade störst oder wann es besser passen würde, und sagst ihm, wie viel Zeit das ungefähr in Anspruch nehmen wird.

♥ **Fang an!** Dann hast du angefangen.

Schreib deine Gedanken dazu auf.

Stell dich deiner Angst, wenn du dich traust

Wenn du wüsstest, wie oft wir im Leben von unseren Ängsten gesteuert werden! Das ist ganz schön beängstigend.

In seinem Perfektionismus gefangen zu sein und in zehn von zehn Situationen das perfekte Ergebnis präsentieren zu müssen, niemals die Kontrolle verlieren zu dürfen, nie die Zügel fahren lassen und die Fassade herunterreißen zu können.

Denn was ist das Schlimmste, was eintreten kann?

Dass du einen Fehler begehst?

Dass du dich blamierst?

Dass der Chef dich entlarvt?

Dass die Kollegen über dich reden?

In diesem Fall, in allen Fällen wirst du es überleben. Du schenkst den Leuten vielleicht sogar einen Brüller, weil das ein sehr lustiger Fehler gewesen ist – mit ein bisschen Distanz betrachtet. (Hups, das gilt natürlich nicht für dich, den Neurochirurgen!)

Aber die Menschen, die immer, immer, immer tausend Eisen im Feuer haben, einen vollgestopften Terminplan und bis obenhin zugeknöpft sind, werden niemals über ihre Ängste reflektieren. Leider.

Aufgabe 31

Nimm dir einen Augenblick Zeit, abends, bevor du zu Bett gehst, beim Morgenkaffee, unter der Dusche, im Stau, im Bus, einen Augenblick, in dem du dich deinen Gedanken widmen kannst. Und überleg mal, wovor du Angst hast.

Und damit meine ich richtige Angst.

Was davon ist nur dem Bild von dir selbst geschuldet?

Was trifft wirklich zu und was hast du deinem Selbstbild entsprechend ausgebaut?

Was ist das Schlimmste, was passieren kann, wenn bei der Arbeit nicht alles perfekt läuft?

Wie würde das in deinem Fall aussehen?

Was würdest du dann tun?

Wie würde sich das anfühlen?

Was würde daraufhin geschehen, nach dem Ereignis?

Und wie wäre das, wenn du KEINE Angst mehr davor hättest?

Wie würde sich das anfühlen?

Was würde es für dich bedeuten, wenn es diese Hindernisse nicht mehr gäbe?

Wie sieht das aus, wenn du keine Angst mehr hast?

Was würdest du dann tun, was du jetzt nicht tun kannst?

Denk darüber nach. Werde vertraut mit deinen Gedanken, Wertvorstellungen und Gefühlen.

Das ist der erste Schritt, um loszulassen und mehr Selbstvertrauen zu gewinnen.

Schreib Tagebuch, wenn du magst, und beobachte, wie deine Überlegungen sich im Laufe der Zeit verändern. Die Kraft der Gedanken sollte nicht unterschätzt werden.

Schreib deine Gedanken dazu auf.

Hohe Ansprüche?

Mittlerweile hast du bestimmt erkannt, dass Perfektionisten viel zu hohe Ansprüche an sich selbst stellen. Und an ihre Umwelt. Die To-do-Liste hat 34 Punkte und du erwartest von dir, dass du ALLE erledigen musst, weil du sonst ein Nichtsnutz bist. Es ist an der Zeit, umzudenken!

Aufgabe 32

Wie kannst du diese Ansprüche an dich herunterschrauben?

Schreib deine Gedanken dazu auf.

(Wenn dir überhaupt gar nichts dazu einfällt, bekommst du eine Maßnahme gratis von mir: Schreib eine To-do-Liste mit drei Punkten, erledige sie und juble lauthals! Wenn du danach noch Zeit und Kraft übrig hast, schreibst du drei weitere Punkte auf, erledigst sie und jubelst erneut! Und so weiter ...)

Wechsle deine perfektionistischen Gedanken aus

- **Alter Gedanke:** Hilfe, habe ich mich bei dem Meeting heute blamiert, als herauskam, dass ich die neuesten Informationen über den neuen Auftrag nicht kannte, so was von peinlich! Und alle haben es mitbekommen!
- **Neuer Gedanke:** Okay, das hätte ich besser vorbereiten können, aber wie schlimm ist es wirklich? Wenn ich es in einem größeren Kontext betrachte, ist es nicht lebensbedrohlich. Aber ich ziehe meine Lehre daraus und informiere mich vor dem nächsten Meeting ausführlicher.

- **Alter Gedanke:** Wusste ich es doch! Jetzt habe ich den Job in der anderen Abteilung nicht bekommen, für den ich mich beworben hatte. Also muss ich hier versauern, aber ich bewerbe mich nicht mehr. Der Zug ist abgefahren!
- **Neuer Gedanke:** Das ist schade, dass es nicht geklappt hat. Aber jetzt sammle ich neue Kraft bis zur nächsten Bewerbung.

- **Alter Gedanke:** Wenn ich jetzt nach meiner Krankschreibung wieder anfange zu arbeiten, erwarten bestimmt alle, dass ich mit voller Kraft loslege. Die werden furchtbar enttäuscht von mir sein. Wie zum Henker soll ich ihren Erwartungen entsprechen, ohne mich dabei körperlich zu ruinieren?
- **Neuer Gedanke:** Wenn ich jetzt ins Büro zurückkomme, werde ich gleich als Allererstes meine neue Arbeitsstrategie kommunizieren. Mein Wissen und meine Kompetenz sind nach wie vor vorhanden, außerdem habe ich noch eine neue Erfahrung dazugewonnen, aber ich werde mein Arbeitstempo drosseln, auf einen normalen Takt. Und ich werde

meine Ansprüche an mich selbst herunterschrauben, tja, und dann werde ich sehen, ob ich auch in Zukunft dort arbeiten kann.

Lebe im Hier und Jetzt!

Perfektionisten leben nicht im Hier und Jetzt.

Du grübelst unablässig über das, was gestern geschehen ist, und machst dir Sorgen über das, was morgen geschehen wird.

So kommt es auch, dass du bei den Sachen, die du machst, selten wirklich anwesend bist. Aber dadurch geht dir eine Vielzahl von Ansichten, Einstellungen, Ereignissen und Variationen verloren, die in der Berufswelt ausschlaggebend sein können.

Perfektionisten sind auch die ganze Zeit im Kopf unterwegs, wie ich das nenne. Alles wird im Gehirn verhandelt, und das unablässig. Allerdings handelt es sich dabei nicht um Reflexion, sondern um Besorgnis, Beklemmung, Überprüfen und Grübeln. Das raubt Energie und beschenkt einen nicht mit neuer Energie, wie das die Reflexion tut. Reflexion resultiert aus Einsicht und Erkenntnis, sie verdeutlicht und bestärkt, zeigt uns Zusammenhänge auf und verleiht uns eine Helikopterperspektive.

Perfektionisten können nur gewinnen, wenn sie die Leiter ein paar Stufen hinuntergehen und in den Bauch und zum Bauchgefühl hinsehen, anfangen, sich auf ihre Intuition zu verlassen, und im Hier und Jetzt anwesend zu sein.

Das Problem ist deine Annahme, dass du einen Haufen Dinge verpasst, wenn du nicht immer schon einen Schritt weiter bist. Dir überlegt hast, wie du dich verhalten sollst, vorbereitet bist und alle möglichen und unmöglichen Szenarien abgedeckt hast – damit du bloß nichts verpasst! Aber dabei geht gerade das an dir vorüber, was man eben nicht greifen und fassen kann: das, was in diesem Moment geschieht! Ein Tonfall, ein Gesichtsausdruck, eine Frage, eine Erkenntnis.

Wenn ich einen Auftrag als Coach annehme oder in ein Unternehmen gehe, um meine Klienten von mir als Coach zu überzeugen, könnte ich mich dort natürlich hinsetzen und von Qualitätssicherung und Kompetenzentwicklung sprechen und ganz viele komplizierte Ausdrücke verwenden. Ich könnte da mit meinem schönen Kostüm sitzen, Visitenkarten verteilen, als würden wir gleich pokern wollen, eine richtige Businessfrau sein und mich so verhalten, wie man es tut, wenn man etwas verkaufen will.

Aber das würde nicht funktionieren, denn für mein Gegenüber wäre es dann ein Treffen wie so viele andere auch. Er wüsste hinterher nicht mehr über Coaching, hätte nur eine weitere Visitenkarte in der Hand und einen Haufen Fragen, auf die er keine Antworten erhalten hat.

Da ist es viel besser, ihm wahrhaftig zu begegnen, dem Menschen hinter dem Schreibtisch. Welchen heiklen Fragen steht er in seinem Unternehmen gegenüber? Was würde er gerne in seinem Arbeitsumfeld verbessern? Oder außerhalb? Dann können wir gleich ein bisschen ancoachen, sozusagen, und hoffentlich erkennt er, was Coaching ist und wie er es an seinem Arbeitsplatz oder in seinem Unternehmen anwenden kann und damit eine Lösung für sein Problem findet.

Das ist ein Gespräch im Hier und Jetzt, kein Später und »An einem anderen Tag«, das ist hier und jetzt und los geht's!

Anwesenheit führt auch dazu, dass du eine Gelegenheit siehst und nutzen kannst, dass du die Chancen ergreifst, wenn sie sich dir bieten. Das kann dir ungeheuer viel mehr geben als ein geplantes Meeting, ganz formell im Konferenzzimmer, mit Kaffeetasse und Tagesordnungspunkten. Die Ideen, die an einem vorbeigerauscht kommen, wenn man sich mit anderen unterhält, in der Schlange in der Kantine, im Aufzug, an der Bar auf einer Dienstreise – diese Ideen solltest du dir auf jeden Fall notieren und sie danach sorgfältig ansehen. Denn mal ganz ehrlich, wie kreativ sind diese aufgesetzten Meetings, bei denen man um einen Konferenztisch sitzt, mit einer Neonröhre an der Decke und auf zu harten Stühlen?

Wenn du die Sorgen des Vortags und die Unruhe des Morgens losgelassen hast, hast du Platz geschaffen für das, was JETZT geschieht!

GENAU IN DIESEM MOMENT!

Über die Zukunft wissen wir nichts, die einzige Konstante ist die Veränderung.

Aber der Augenblick, der JETZT gerade stattfindet, über ihn wissen wir Bescheid.

Junge Erwachsene sitzen schon in derselben Falle

Ich hätte den jungen Erwachsenen vielleicht ein eigenes Kapitel widmen sollen, denn sie sitzen auch schon in derselben Falle wie wir.

- Sie haben überhöhte Erwartungen an sich selbst.
- Sie müssen in allem die Besten sein.
- Sie werden zur Perfektion angestachelt.
- Sie fühlen sich immer unzulänglich.
- Sie haben ein konventionelles Bild vom Erfolg.
- Sie setzen sich gegenseitig unter Druck.
- Sie wertschätzen ausschließlich Leistung.

Das sind ein paar Eindrücke von den Erfahrungen, die Kollegen gesammelt haben, die sich um die angehenden Studenten in unserem Land kümmern. Unsere jungen Erwachsenen sind auf dem besten Wege, sich zugrunde zu richten. Es geht ihnen immer schlechter, sowohl physisch als auch psychisch: Angst, Depressionen, Phobien, Magenbeschwerden, Herz- und Kopfschmerzen, Schlafstörungen. Die Konkurrenz ist knallhart, der Arbeitsmarkt, auf den sie zusteuern, ist unsicher, und sie fühlen sich alleingelassen, weil sie in der Gesellschaft keine Unterstützung erfahren.

Bei einem landesweiten Telefoninterview der Zeitung *Svenska Dagbladet* vor ein paar Jahren kam heraus, dass Psychologen und die Studentenwerke der großen Universitätsstädte wie Umeå, Stockholm, Uppsala, Lund und Göteborg diesen beunruhigenden Umstand bei ihren Studenten bestätigen können.

Ich habe das fantastische Glück, mit einigen dieser jungen Erwachsenen zu arbeiten, sowohl als Coach als auch als ehrenamtliche Beraterin beim BRIS (Barnens rätt i samhället = Kinderhilfswerk, Anm. der Übersetzerin). Dort begegnen mir regelmäßig Mädchen und Jungen, die unter Leistungsdruck und mangelndem Selbstvertrauen leiden, die verunsichert durchs Leben taumeln, obwohl sie sich noch gar nicht richtig von zu Hause lösen konnten.

Elise erzählte mir:
Nie bin ich zufrieden mit dem, was ich tue. Das erkenne ich immer wieder, aber ich weiß nicht, wie ich es ändern soll. Es ist leicht, anders zu denken, aber schwer, es anders zu machen. Ich finde das beunruhigend, nie zufrieden zu sein.

Max erzählte mir:
Alle anderen schaffen immer alles, man muss da mithalten und es genauso gut machen. Das ganze Leben ist wie ein einziger Wettkampf mit verschiedenen Disziplinen: eine für die Schule, eine fürs Aussehen, eine für den Sport, eine für Mädchen und so weiter. Das ist so anstrengend. Manchmal fühle ich mich wie ein alter Mann, obwohl ich erst 22 bin. Wenn das Erwachsensein bedeutet, finde ich das nicht so toll.

Was wir – die Eltern, die Lehrer, die Chefs und andere Erwachsene – für die uns nachfolgende Generation tun können ist, gute Vorbilder zu sein. Wir können ihnen zeigen, dass man ein wunderbares Leben führen kann, ohne immer perfekt sein zu müssen. Gut genug ist vollkommen ausreichend, außerdem leben wir länger mit dieser Einstellung und die Menschheit hat länger Bestand. Wenn du junge Erwachsene in deinem Umfeld hast, mach dir ein paar Gedanken, wie du ihnen ein gutes Vorbild sein kannst.

Schreib deine Gedanken dazu auf.

Körper und Seele

Willst du deine Lebensziele erreichen, beginne
mit der Seele.

Oprah Winfrey, amerikanische Talkshow-Moderatorin

Das amerikanische Magazin *People* veröffentlicht
jedes Jahr eine Liste der 100 schönsten Menschen. Auf der finden sich Namen wie Brad Pitt, Angelina Jolie, Eva Longoria,
Jessica Alba, Teri Hatcher, Matthew McConaughey, Beyoncé
Knowles, George Clooney, Antonio Banderas und noch viele
andere Schönheiten, die meisten von ihnen Schauspieler. Die
anderen Zeitschriften wollen natürlich nicht hintanstehen,
also erstellen auch sie Listen und dann werden alle groß
gefeiert.

Manchmal fragen sie im Zuge dessen die Leser, wem sie am
liebsten ähneln würden. Wer hat das perfekteste Aussehen?

Dann machen sie eine Fotomontage, bei der unterschiedliche Körperteile der Schönheiten zusammengesetzt werden
und so eine neue Frau entsteht: der Schmollmund von Angelina Jolie, Izabella Scorupcos große Rehaugen, Jennifer Anistons
Haare und Jennifer Lopez' runder Po. Oder es entsteht ein
neuer Mann mit Brad Pitts Mund (oder irgendeinem seiner
Körperteile), George Clooneys oder Antonio Banderas' Augen
und Michael Douglas' Kinn. Und zack, so sieht das perfekte
Gesicht aus!

»Die aktuellen Fotos von Madonnas neuem Superkörper!«,
schreien uns die Überschriften von den Aufstellern entgegen
und zeigen uns ganz richtig den wohlgeformten Körper eines
Superstars mit muskulösen Armen wie ein Bodybuilder. Sie

wurde gerade 50 Jahre alt und trainierte für ihre Welttournee. »Rigorose Trainingseinheiten und strenge Diät!«, enthüllt der Artikel, das sei erforderlich, wenn man so einen Superkörper erreichen wolle.

Ich habe auch Interviews gelesen, in denen diesen Stars Fragen gestellt wurden wie: »Womit bist du bei deinem Aussehen und deinem Körper am zufriedensten?« Und da verwiesen die meisten auf Details, die ohnehin schon alle schön finden. Aber wenn die Frage lautet: »Was an deinem Aussehen oder an deinem Körper magst du am wenigsten?«, wollen die meisten gar nicht darauf antworten und erklären: »Dann gucken doch alle nur noch darauf!« – wie ihre zu große Nase oder die knubbeligen Füße. In diesem Moment würde ja die ganze Starfassade in sich zusammenstürzen, da würden aus den Stars und Sternchen plötzlich ganz gewöhnliche Menschen mit weniger schönen Körperteilen werden. Wie würde das wohl aussehen?

Es ist kein Zufall, dass ich dieses Kapitel genau hier bei den Medien beginnen lasse – denn aus den Medien ziehen wir unsere Vorbilder, was unsere Selbstwahrnehmung, unser Körperbild und unser Aussehen betrifft. Wir wollen aussehen wie die Stars.

Fina erzählte mir:
Ich fühle mich noch schlechter, wenn ich die ganzen tollen Körper in der Werbung und in den Zeitungen sehe. Wenn ich nicht immer überall diese Bilder sehen würde, wäre ich vielleicht ganz zufrieden mit mir und meinem Körper.

Wie so oft beim Perfektionismus wird die Latte viel zu hoch gehängt. Das Ziel ist einfach unrealistisch. Wie Madonna aussehen zu wollen erfordert mehrere Stunden tägliches Training, am besten mit einem Personal Trainer und einer Spezialernährung mit Lebensmitteln, die unter Umständen schwer zu bekommen sind. Du weißt, was ich meine. Das ist, als würdest du ein Foto einer ausgefallenen Frisur mit zum Friseur nehmen und sagen: »So will ich aussehen!« Wenn du dir jeden

Morgen zwei Stunden Zeit nimmst und das richtige Werkzeug hast, dann kannst du so aussehen. Aber wer hat diese Zeit oder will sich diese Zeit nehmen?

Stars sind schön. Aber du bist es auch.

Aufgabe 33

Welche Auswirkungen hat dein Perfektionismus oder der deiner Mitmenschen bisher auf deinen Körper und deine Seele gehabt?

Schreib deine Gedanken dazu auf.

Nach dem Äußeren beurteilt?

Das Aussehen ist das Erste, was deine Umwelt registriert. Du wirst in Sekundenschnelle nach deinem Aussehen beurteilt. Wie deine Augen, dein Gesicht aussehen, ob du geschminkt bist, wie ordentlich die Rasur ist, die Frisur, die Kleidung, die Körpersprache und die Körperhaltung.

Wenn du dann den Mund öffnest und zu sprechen beginnst, kommt die zweite Runde: deine Stimme, die Tonlage, der Tonfall und natürlich deine Worte.

Aber die gesprochenen Worte machen beim ersten Eindruck nur etwa 7 Prozent aus, das haben Untersuchungen über Kommunikationsformen ergeben. Die übrigen 93 Prozent gehen an Körpersprache, Gesten, Stimme und Mimik.

Und schließlich werden noch deine Handlungen beurteilt, was du tust, wie du agierst, welche Wahl du triffst und welche Entscheidungen du fällst, welche Werte du vertrittst, welche Eigenschaften und Talente du hast.

Perfektionisten haben ein unfassbar großes Verlangen danach, von ihrer Umwelt akzeptiert zu werden, und sie haben außerdem das Bedürfnis nach schneller Bestätigung und viel Lob.

Ich erinnere mich an einen Auftritt im Fernsehen, nach dem ich sehr zufrieden mit mir war, weil ich meinen Standpunkt gut und klar vorgetragen hatte. Dazu hatte ich den Zuschauern noch ein paar kleine Tipps und Hilfestellungen geben können, die sie anwenden konnten, um ihre Grenzen auszuloten und zu setzen. Und ich bekam auch Zuschauerreaktionen – allerdings bezogen die sich auf meine Haare! Die waren während der Aufzeichnungen sehr widerspenstig und rutschten mir immer wieder wie eine Gardine über das eine Auge. Mit einem kleinen Kopfnicken hatte ich sie ein paarmal nach hinten werfen müssen.

Hier eine der Mails:

»Meine Frau und ich konnten uns überhaupt nicht auf deine Worte konzentrieren, weil dir die Haare immer über den Augen hingen. Und das ist sehr schade, denn du hast ansonsten einen sehr klugen Eindruck gemacht.

Aufgabe 34

Jetzt darfst du mal mit deinen anderen Sinnen spielen. Denk an eine Person in deinem Umfeld. Eine, die du sehr gerne oder auch weniger gerne hast, jemand in deinem näheren Umfeld oder weiterem Bekanntenkreis.

Jetzt beschreibe diese Person. Du kannst das in Gedanken machen oder dir dazu Notizen aufschreiben. In deiner Beschreibung soll nichts über das Aussehen dieser Person stehen, sondern nur Attribute, die sie oder ihn näher kennzeichnen.

Wie klingt sie?

Wie riecht sie?

Welche Eigenschaften sind bemerkenswert?

Welche Sprache, welche Worte oder Ausdrücke verwendet sie?

Macht sie charakteristische Bewegungen?

Versuche, so viel wie möglich zu finden, um diese Person

näher zu beschreiben. Wiederhole die Aufgabe auch mit weiteren Personen.

Hier geht es nicht nur um ein hervorragendes Gehirnjogging, das unserer mentalen Gesundheit zugutekommt, sondern auch um eine Methode, um hinter die äußere Hülle zu sehen und andere Sinnesempfindungen und Eindrücke wahrzunehmen.

Schreib deine Gedanken dazu auf.

Aufgabe 35

Setz diese Aufgabenstellung fort, wenn du das nächste Mal eine dir fremde Person triffst. Beobachte sie mit anderen Augen, nimm andere Dinge als ihr Aussehen wahr, so wie du es oben bei Aufgabe 24 getan hast.

Geruch, Ausdruck, Gesten, Stimme, Lachen, Berührung – alles außer Aussehen und Kleidung der betreffenden Person.

Fällt dir das schwer?

Fällt es dir leicht?

Trainiere und reflektiere.

Im Laufe der Zeit wirst du automatisch anfangen, andere Dinge wahrzunehmen, wenn du neue Menschen triffst.

Schreib deine Gedanken dazu auf.

Aufgabe 36

Vor dem Hintergrund der beiden vorangegangenen Aufgaben: Was meinst du, wie riechst, klingst, gestikulierst du selbst und wie bewegst du dich?

Gibt es etwas, was sich in deiner Körpersprache regelmäßig wiederholt?

Hast du eine dunkle oder eine helle Stimme?

Sprichst du schnell oder langsam?

Brichst du die Sätze mittendrin ab oder sprichst du druckreif? Ist dein Händedruck fest oder weich?

Verwendest du immer dasselbe Parfum, sodass du daran wiederzuerkennen bist?

Wenn du nicht auf alle Fragen eine Antwort hast, frag jemanden, der dich kennt.

Schreib deine Gedanken dazu auf.

War früher alles besser?

Früher sah das weibliche Körperideal ganz anders aus als heute. Die Körper sollten füllig und rund sein, da ein zu schlanker Körper ein Zeichen für einen Mangel an Nahrungsmitteln war und also auf Armut hindeutete.

Erst in den letzten Jahrhunderten haben wir Menschen begonnen, einem schmaleren Ideal nachzueifern. Zuerst, indem wir uns in Korsette gezwängt haben, sodass die Frauen kaum noch Luft bekamen – bis heute, wo wir Horrorgeschichten von Frauen lesen, die sich Rippen entfernen lassen, um eine schmalere Taille zu haben.

Heutzutage ist unsere Gesellschaft wesentlich individualisierter und wir entwerfen uns unsere eigenen Körper. Wer dem Wunsch entsagen kann, sich mit Brötchen und Süßkram vollzustopfen, der gilt als diszipliniert und kompetent, also erfolgreich. In einigen Religionen muss der Gläubige bestimmten Gerichten entsagen oder darf eine Zeit lang überhaupt nichts essen, während es anderen darum geht, aus Charakterstärke zu verzichten und um Kontrolle zu haben.

Die Fettleibigkeit hat so stark zugenommen, dass heute viele Menschen an Krankheiten infolge ihres Übergewichts sterben.

Jugendliche und ihr Aussehen

Vor einiger Zeit wurde an der Universität von Luleå eine Untersuchung durchgeführt, in der es um die Wahrnehmung des eigenen Aussehens und Körpers bei Jugendlichen ging.

Es zeigte sich, dass 32 Prozent der Mädchen zwischen 13 und 16 Jahren mit ihrem Körper nicht zufrieden sind, während es bei den Jungen nur die Hälfte sind, 16 Prozent. Was das Aussehen insgesamt betrifft, gaben 43 Prozent der Mädchen an, sie seien nicht zufrieden, dem stehen nur 8 Prozent bei den Jungen entgegen. Mädchen widmen ihrem Aussehen und ihrem Körper wesentlich mehr Zeit als Jungen. Was ihr Gewicht anbetraf, waren ganze 63 Prozent der Jungen damit zufrieden, während etwa genauso viele Mädchen weniger wiegen wollten.

Diese Jugendlichen gaben auch an, dass sie als Maßnahme gegen ihre Unzufriedenheit Sport treiben, Diäten machen oder auf ihre Ernährung achten. 36 Prozent der Mädchen kannten jemanden mit Essstörungen. 33 Prozent jener Mädchen, die angegeben hatten, dass sie mit ihrem Körper unzufrieden sind, sagten, sie könnten sich eine Schönheitsoperation vorstellen. Die Jungen waren prozentual nahezu gleichauf. Was sie in Betracht zogen, waren Brustvergrößerung, Fettabsaugen oder die Korrektur einer Verletzung oder einer Unebenheit im Gesicht oder am Körper.

Fast alle Mädchen, die an der Studie teilnahmen, hatten schon Kommentare zu ihrem Aussehen bekommen, am häufigsten von ihren Müttern oder von den eigenen Freundinnen. Aber auch die Jungen haben Kommentare zu hören bekommen, auch sie hauptsächlich von den Müttern, aber auch von ihren Freunden. Ein Großteil von ihnen gab an, dass diese Äußerungen ihren eigenen Blick auf ihr Aussehen und ihren Körper beeinflussen. Die anderen Einflüsse – außer durch Familie und Freunde – kommen von Filmen, vom Fernsehen, von Werbung und Zeitschriften, wobei Mädchen hier empfänglicher zu sein scheinen als Jungen.

74 Prozent sind der Meinung, dass es wichtig ist, einen

schönen Körper zu haben. 48 Prozent antworten, dass es wichtig ist, dass andere ihren Körper schön finden. 64 Prozent finden es wichtig, *dass* der Freund oder die Freundin einen schönen Körper hat, aber *wie* die Körper der Freunde aussehen, ist nebensächlich. 60 Prozent sind der Auffassung, dass man von der Umwelt besser behandelt wird, wenn man einen schönen Körper hat, und 27 Prozent meinen, dass ein gutes Aussehen bei der Jobsuche hilft.

Am Ende wurden die Jugendlichen gefragt: »Glaubst du, dass Aussehen eine Bedeutung hat? Und wenn ja, für wen?« Die Mädchen antworteten, dass die Jungen nur auf das Aussehen achten und man einen schönen Körper haben muss, wenn man einen Jungen abbekommen will. Viele Mädchen fanden, dass ein gutes Aussehen die größte Bedeutung für einen selbst hat. Des Weiteren glauben sie, dass es eine große Rolle dabei spielt, wie man behandelt wird, und dass es wichtig ist, gut auszusehen, wenn man einen Job sucht.

»Ein großes Unternehmen stellt doch keine dicke Sekretärin ein«, sagte eines der Mädchen.

»Mit gutem Aussehen bekommt man Popularität, Bestätigung und Jungs. Man ist interessanter, wenn man gut aussieht. Wenn man hässlich ist, ist es schwer, bemerkt zu werden. Ein gutes Aussehen verleiht einem Respekt«, sagt eine andere.

»Unsere Gesellschaft akzeptiert keine Hässlichen«, behauptet eine Dritte.

Die Jungen hingegen haben keine so explizite Haltung zu der Bedeutung von Aussehen.

»Man wird doch trotzdem gemocht!«, sagt einer.

»Es geht viel zu viel um das Aussehen. Wir vergessen doch total, dass wir Menschen sind«, findet ein anderer.

Im Landkreis von Kronobergs Län wurde eine Umfrage unter Jugendlichen gemacht, wie sie ihren Körper wahrnehmen. Bei den Achtklässlern antworteten 40 Prozent der Mädchen, dass sie sich zu dick fühlen. Bei den Jungen war die Zahl nur halb so groß, 20 Prozent. Dafür aber fanden sich 20 Prozent der Jungen zu dünn. Im Gymnasium hingegen finden sich 60 Prozent der

Schüler genau richtig und gut aussehend. Nur 8 Prozent der Mädchen dort machen Diäten.

Auch um die Jüngeren kümmern sich Untersuchungen, die zeigen, dass schon Sechsjährige der Auffassung sind, dass man schlank sein und schöne Kleider tragen muss. Fünfjährige hingegen betrachten ihren Körper noch nicht in diesen Termini.

Was aber deutlich wird, ist, dass wir in unterschiedlichen Altersstufen versuchen, einer Norm, einem Ideal zu entsprechen, das uns in den Medien und der Gesellschaft präsentiert wird. Und dass auch die jüngsten unserer Mitmenschen schon aufschnappen, wie sie aussehen sollen, um Anerkennung zu bekommen.

Körpergefühl und Körperbild

Wie du deinen Körper und dein Aussehen wahrnimmst, beeinflusst deine Gesundheit. Das ist wahr. Wenn du dich selbst hübsch findest und mit deinem Körper zufrieden bist – dann geht es dir automatisch physisch und psychisch besser. Und das heißt nicht, dass du besonders schlank sein und besondere Maße haben musst, sondern nur, dass du zufrieden mit deinem Aussehen bist.

Es gibt darüber viele Studien auf der ganzen Welt. Eine dieser Studien zum männlichen Körpergefühl hat gezeigt, dass Männer Fettleibigkeit bei Geschlechtsgenossen als Zeichen einer schwachen Persönlichkeit, von Kontrollverlust und Charakterschwäche ansehen. Schon in der griechischen Antike entsprach der athletische, starke und muskulöse Körper dem männlichen Ideal und war ein Zeichen für Zielstrebigkeit, Entschlossenheit und Stärke – auch mentaler Natur.

Viele Frauen und Männer stehen unter dem Druck, einen perfekten Körper zu haben, aber sie haben weder die Zeit noch die Kraft, die für dieses Resultat notwendig ist.

Auch die folgende Studie belegt die Mechanismen dahinter: Die Teilnehmer sollten mit ein paar Worten ihren eigenen Körper beschreiben. Danach wurden sie in zwei Gruppen aufgeteilt. Die eine sah sich Fotos von muskulösen Männer- und schlanken Frauenkörpern an, die anderen bekamen Aufnahmen von eher neutral und gewöhnlich aussehenden Menschen.

Danach wurden die Teilnehmer erneut gebeten, ihr Körperbild und Körpergefühl zu beschreiben. Die Gruppe, die sich die idealtypischen Körper angesehen hatte, drückte eine noch größere Unzufriedenheit mit ihrem Aussehen und ihrem Körper aus als zu Beginn der Untersuchung.

Perfekter Körper = erfolgreicher Mensch?

Per erzählte mir:
Ein trainierter Körper flößt Respekt ein. Man erhält mehr Anerkennung und gewinnt an Selbstvertrauen. Man gilt als erfolgreich, wenn man einen Körper hat, der Disziplin, Wohlbefinden und Gesundheit ausstrahlt. Das kostet viel Trainingszeit und Engagement, aber es lohnt sich.

Ist das wirklich so?

Ist in unseren Augen der gut gebaute, trainierte und schlanke Mensch erfolgreicher als der rundliche mit Rettungsringen und Doppelkinn?

Die britische Zeitschrift *Psychologies* führte eine Studie durch, die sich unter anderem mit der Frage beschäftigte, ob die Karriere vom Aussehen beeinflusst wird. Ganze 66 Prozent der Teilnehmer beantworteten diese Frage mit Ja!

Eine andere, amerikanische Untersuchung ergab, dass gut aussehende Menschen mehr verdienen und dass die Körpergröße männlicher Vorgesetzter von Vorteil für die Karriere ist.

Bei einer Studie in Finnland unter 1900 Politikern stellte sich heraus, dass die schönen Politiker als netter und kompetenter galten und bei politischen Wahlen den größten Erfolg hatten.

Und viele Chefs in der schwedischen Wirtschaft haben gestanden, dass sie bei der Besetzung einer neuen Stelle die Übergewichtigen und Untrainierten unter den Bewerbern von vornherein aussortieren.

Eine anonyme Künstlerin erzählte mir:
Ich würde nicht einmal ungeschminkt in den Supermarkt gehen. Die Leute erwarten von mir, dass ich so aussehe, und ich will meine Fans nicht enttäuschen.

Sind Männer zufriedener als Frauen?

Weit mehr schwedische Männer als Frauen sind zufrieden mit ihrem Körper. Aber die untergewichtigen Männer leiden ebenso unter einem schlechten Selbstwertgefühl wie übergewichtige Frauen.

Eine norwegische Studie hat gezeigt, dass 82 Prozent der befragten Norweger gerne mehr Muskelmasse haben würden.

»Die Frauen finden einen dann attraktiver«, kommentiert das einer der Befragten.

In den Sportstudios trainieren auch viel mehr Männer als Frauen. Dort steht wie sonst nirgendwo der Körper im Mittelpunkt. Und auch dort wird die Latte so hoch gehängt, dass es praktisch unmöglich ist, sie zu überwinden. Die Zeit und die Kraft, um dieses Resultat zu erlangen, bringt den normale Sportler gar nicht auf. Dieser Anspruch erfordert einen Einsatz auf höchstem Niveau.

Die Fitnessfanatiker aber zahlen den Einsatz, der das erfordert, und verbringen unzählige Stunden mit Training, Ernährung, Aussehen und Körperpflege.

Kalle erzählte mir:
Wenn ich nicht sechs Tage die Woche trainieren kann, bekomme

ich ein tierisch schlechtes Gewissen und kann an nichts anderes mehr denken als daran, wie mies ich bin.

Jane erzählte mir:
Ich muss immer so super aussehen. Schließlich habe ich vor langer Zeit diese Normen aufgestellt. Meine Kollegen bei der Arbeit und meine Freunde erwarten, dass ich schlank, hübsch, durchtrainiert und gepflegt bin. Wenn ich das eines Tages nicht mehr aushalte, muss ich wohl in eine andere Stadt ziehen.

Jeff ist ein sogenannter Personal Trainer und arbeitet in Stockholm. Er verfügt über langjährige Erfahrung aus seiner Zeit in der Welt der Fitness, des Bodybuildings und der Sportbranche, sowohl in Schweden als auch in den USA, wo er geboren wurde.

Einige trainieren ohne Rücksicht auf Verluste. Sie trainieren und trainieren und hecheln einem Ziel hinterher, das aber nie formuliert wird. Was ist genug, wann hat man sein Ziel erreicht? Die meisten haben ein geringes Selbstwertgefühl und nicht besonders viel Selbstvertrauen, so entsteht ein ungesunder Fokus auf den eigenen Körper. Hauptsache, die Muskeln werden größer und sie können noch schwerere Gewichte stemmen, vielleicht sogar die schwersten von allen im Studio – dann werden sie glücklich sein.

Jeff hat viele dabei beobachtet, wie sie die Grenzen der Vernunft überschritten haben und illegale Mittel wie anabole Steroide einsetzten, um ihr Ziel zu erreichen.

Wenn jemand bereit ist, einen Rechtsbruch zu riskieren und vor allem seine Gesundheit aufs Spiel zu setzen, nur um das perfekte Ergebnis zu erzielen, dann geht er zu weit. Vor ein paar Tagen habe ich einen Typen im Studio gesehen, der keinen Tag älter als zwanzig ist. Vor gar nicht allzu langer Zeit sah er ganz normal aus, war schlank und normal gebaut, aber auf einmal war er ganz aufgequollen und aufgedunsen, seine Muskeln sahen aus wie aufgepumpte Ballons wegen des Wassers, das sich in der Muskulatur ansammelt. Das kann er sich unmöglich auf natürlichem Wege antrainiert haben.

Körpermanie – mit allen Extras!

Am nächsten kommen wir dem Perfektionismus in der Disziplin Aussehen, wenn daraus Essstörungen resultieren. Bestimmte Persönlichkeitsmerkmale sind bei Menschen, die an Essstörungen leiden, häufiger als bei anderen.

Dazu gehören Perfektionismus und ein starkes Kontrollbedürfnis.

Leider gibt es noch viel zu wenige Forschungsergebnisse auf dem Gebiet der Essstörungen, aber die meisten Betroffenen leiden an Magersucht oder an Bulimie.

Ein Großteil der Erkrankten erholt sich wieder davon, doch das dauert sehr lange und es kommt häufig zu chronischen Folgeerkrankungen.

Der Wendepunkt in der Krankheit wird nicht durch Energiedrinks oder Esszwang erreicht, sondern nur durch eigene Einsicht und Erkenntnis. Die Betroffenen müssen sich neu kennenlernen, sich ihrer Entscheidung, die sie getroffen haben, bewusst werden und zu der Erkenntnis kommen, wie man sich dem Leben gegenüber verhalten will – erst das beendet den Krankheitszustand und kann zur Genesung führen. Anorektiker leiden oft an einer verzerrten Selbstwahrnehmung und streben nach totaler Kontrolle. Nur wenn dieses krankhafte Gedankenmuster beendet wird, kann die Reise zurück ins Leben angetreten werden.

Molly (geheilt) erzählte mir:
Ich habe mich wahnsinnig unter Druck gesetzt, wollte alles unter Kontrolle haben, in allen Bereichen supererfolgreich sein – und mein Körper war der Bereich, an dem es am schnellsten

sichtbar wurde und für den ich am meisten Anerkennung erhielt. Weil ich abgenommen hatte und auf Chips und Softdrinks verzichten konnte.

Perfektionisten können sich unverhältnismäßig stark auf ihr Aussehen fixieren. Alles muss perfekt sitzen und aussehen. Farblich passend, gekonnt zusammengestellt, Ton in Ton, sauber und hübsch, gepflegt. Manchmal aber wird es einfach zu viel.

Evelyn erzählte mir:
Ich muss jeden Tag perfekt geschminkt sein. Ich tusche jede einzelne Wimper, eine nach der anderen, ich will, dass sie wie ein Fächer meine Augen einrahmen. Wenn es nichts wird, schminke ich es ab und fange von vorne an. Das kostet mich morgens ziemlich viel Zeit, darum muss ich früh aufstehen, damit ich es schaffe.

Da Perfektionisten auch so fixiert sind auf ihre Umwelt und die Ansichten anderer, können sie Kritik an ihrem Aussehen kaum ertragen. Sagt jemand unbedacht etwas über eine Bluse, die nicht gut sitzt, wird sie nie wieder angezogen.

Gleichermaßen können sie es allerdings auch nicht ertragen, wenn die Krawatte beim Kollegen schief sitzt, eine Haarsträhne ins Gesicht fällt oder ein Fleck auf einer neuen Hose entdeckt wird.

Der Perfektionist sieht alles. Er kann nichts einfach so vorbeiziehen lassen.

Der Körper ist sein bester Doktor

»Der beste Doktor wohnt in dir selbst.« So formuliert es der norwegische Professor Per Fugelli in einem Interview mit der norwegischen Zeitschrift *Det Gode Liv*. Den Artikel gab mir eine Frau nach meinem Vortrag über Selbstwertgefühl in einem Ausbildungscamp in Monte Gordo in Portugal.

Wir tragen die Verantwortung für unsere Gesundheit nicht mehr selbst, sondern übergeben sie den Experten, rennen zu den Ärzten mit Migräne und Spannungskopfschmerzen und bekommen eine Tablette oder zwei. Aber wir führen unsere stressiges Leben unter Hochdruck weiter und kümmern uns nicht um die Ursache für die Migräne.

»Unser Körper ist unser bester Diagnoseapparat!«, sagt Professor Fugelli. Unser Körper meldet sich, wenn es uns nicht gut geht, sagt er, und dass es uns gut geht, ist eine der wichtigsten Voraussetzungen für eine gute Gesundheit. »Aber ich hoffe, dass die Leute ihre Selbstständigkeit bald zurückfordern werden, denn es ist unmöglich, dem Bild von Perfektion gerecht zu werden, mit dem wir jeden Morgen aufwachen. Wenn wir unseren Ansprüchen oder denen anderer nicht gerecht werden können, dann ziehen wir daraus den Schluss, dass mit uns etwas nicht stimmt. Aber das trauen wir uns nicht zu sagen. Stattdessen schlucken wir eine Tablette.«

Und was ist mit der Seele?

Stell dir bloß mal vor, der Mensch würde seiner Seele genauso viel Zeit widmen wie seinem Körper. Friseur, Sportstudio, Nagelstudio, Make-up, Hautpflege, Kleidung und andere Gerätschaften für den Körper – für all das bringen wir viel Zeit und Geld auf, aber die Seele muss sich ganz hinten in der Schlange anstellen.

Dabei ist es die Seele, die zuerst der Heilung bedarf, sie muss groß gemacht werden und stolz, damit das Aussehen überhaupt wahrgenommen und anerkannt werden kann.

Ein schönes Äußeres sieht man gerne an.

Eine schöne Seele ist ein angenehmes, liebevolles, empathisches und lebendiges Wesen.

Das Erste kann man herstellen, mithilfe von Operationen anfertigen, das kostet Zeit und Geld, aber es geht.

Das Zweite ist ein Gebäude, das ganz und gar aus den eigenen Ressourcen und aus deiner persönlichen Arbeit erwächst.

In einem Wörterbuch wird die Seele als das beschrieben, was beim Menschen nicht zum Körper gehört, das, was für viele weiterlebt, wenn der Körper stirbt. Aber sie wird auch als Psyche, Vernunft, Gefühl und Charakter bezeichnet. In einem anderen Wörterbuch finden sich noch andere Synonyme: Geist, Sinn, inneres Wesen, das Innerste, Seelenleben, Persönlichkeit, Natur und Mentalität. Und in einem dritten Buch aus dem 18. Jahrhundert findet sich die Übersetzung aus dem Lateinischen: »Die Seele ist ein geistliches, einfaches und lebensartiges Wesen, das zu denken vermag und mit einem organischen Körper vereinigt ist.«

Oder wie findest du die Formulierung: »Die Trägerin des menschlichen Bewusstseins«?

Wenn du deinem Innersten keine Zeit und Kraft, kein Interesse und keine Neugier widmest, dann ist dein Körper nur eine Hülle, die herumläuft und atmet, arbeitet, isst und plappert. Das erkennt jeder sofort, der einen Augenblick nachdenkt.

Körper und Seele müssen vereint sein und ihnen muss gleich viel Energie und Aufmerksamkeit zukommen, damit du dich in Harmonie befindest und es dir dadurch unglaublich gut geht.

Die Seelenpflege bezieht sich laut den Wörterbüchern vor allem auf die Arbeit der Kirche am Glauben ihrer Mitglieder und ihrer geistlichen Moral. Aber hier in meinem Buch meine ich damit tatsächlich die Pflege unserer Seele. Es geht dabei im Wesentlichen um deine Persönlichkeitsentwicklung, darum, deine Integrität zu schützen, deine Person, deinen Charakter, deine Interessen, und darum, deine Ideale aufrechtzuerhalten. Es geht darum, dir Zeit zu geben und die Möglichkeit, Seelenfrieden zu finden. Das unablässige Grübeln loszulassen, deine Geschichte anzunehmen, eine Daseinsform zu finden, die dir guttut. Selbst zu entscheiden und das Leben zu führen, das du dir ausgewählt hast. All diese Dinge werden dir dabei helfen, dein perfektionistisches Verhalten zu verabschieden und es nur bei Bedarf zu nutzen, statt immer und überall sein Sklave zu sein.

Dein Selbstwertgefühl zu stärken ist eine Art Seelenpflege (mehr dazu im nächsten Kapitel *Selbstwertgefühl = lebensnotwendig*). Dazu gehört auch, dich selbst mit Respekt zu behandeln, und deine Einstellung, gut genug zu sein. Wie du dir Zeit für die Körperpflege nimmst, musst du auch hierfür Zeitfenster in deinen Tagesablauf integrieren. Wenn du deine Seele mit dem gleichen Interesse behandelst wie deinen Körper, wird es dir gut gehen – von innen nach außen.

Aufgabe 37

Stell dir vor, du widmest deiner Seele genauso viel Zeit wie deinem Körper.

Wie könntest du das einrichten?

Was würdest du da tun?

Schreib deine Gedanken dazu auf.

Morgenfragen & Abendfragen

Du bekommst jetzt eine Aufgabe gestellt, mit der du am besten gleich anfängst, hier und jetzt, und die du in alle Ewigkeit fortsetzen kannst. Es geht darum, bewusster zu leben, den Tag mit ein paar Minuten Reflexion zu beginnen und ihn ebenso zu beenden, damit die Seele den Anschluss nicht verliert.

Darum stelle ich dir jetzt meine Morgen- und Abendfragen vor.

Beginne mit wenigen Fragen, später nimmst du mehr dazu, damit es dich nicht gleich am Anfang überfordert. Es soll kein Druck entstehen, davon hast du bestimmt sowieso genug.

Besorg dir ein Notizheft. Ein teures gebundenes oder einen einfachen Spiralblock, das spielt keine Rolle, Hauptsache, du kannst darin schreiben. Und dazu einen Stift – irgendeinen, Hauptsache, er schreibt.

Manchmal wirst du viel Zeit haben, voller Inspiration sein und viel schreiben können, manchmal wird es eher dürftig und schwerfällig sein und es wird dir kaum gelingen, einen vernünftigen Gedanken herauszupressen. Aber sei hartnäckig, schreib einfach weiter, blättere zurück, lies deine alten Notizen, beobachte, wie sich deine Gedanken, deine Gefühle und dein Verhalten verändert haben.

Bitte sehr!

Morgenfragen für den Anfang:

- ♥ Was macht mich gerade glücklich?
- ♥ Wodurch kann ich dazu beitragen, meine Lebensqualität oder die anderer zu erhöhen?
- ♥ Was habe ich heute vor?

Abendfragen für den Anfang:

- ♥ Was habe ich heute gut gemacht und welche Eigenschaften von mir sind heute zum Vorschein gekommen?
- ♥ Wofür bin ich heute dankbar?
- ♥ Wenn ich diesen Tag erneut erleben könnte, was würde ich anders machen?

Morgenfragen für die Fortsetzung:

- ♥ Was will ich heute geben und was will ich bekommen?
- ♥ Welche Grenzen will ich heute setzen?
- ♥ Was will ich heute trainieren, um meine Persönlichkeitsentwicklung voranzutreiben?
- ♥ Wie kann ich heute deutlicher kommunizieren?
- ♥ Wie und wann kann ich heute meine Stärken einsetzen?
- ♥ Worauf freue ich mich heute?

Abendfragen für die Fortsetzung:

- ♥ Was habe ich heute gegeben und was habe ich bekommen?
- ♥ Zu welchen Einsichten bin ich heute gelangt?
- ♥ Welche neuen Gedanken habe ich heute gehabt, die ich gestern noch nicht hatte?

- ♥ Welche Begegnung mit welchen Menschen hat mir heute viel bedeutet?
- ♥ Welches Gespräch heute fand ich anregend?
- ♥ Was habe ich heute gelernt?

Wenn ich meine Morgen- und Abendhefte vollschreibe, kommen ganz unterschiedliche Antworten zustande. Aber ich will auch keine Routine entstehen lassen und jeden Tag dasselbe schreiben.

Auf die erste Frage zum Beispiel *Was macht mich gerade glücklich?* könnte ich jeden Tag dasselbe antworten – *die Menschen um mich herum*. Dazu gehören meine Kinder, mein Partner, die Freunde und Familienmitglieder, meine Kollegen und Menschen, denen ich begegne und die mir Freude schenken.

Aber wenn meine Kinder und der Partner ohnehin einen festen Platz haben, dann kann ich meinen Blick auf andere Dinge lenken, die mich glücklich machen – egal, wie grau und trübe der Tag ist. Dass ich ein Dach über dem Kopf habe oder mein Körper gesund ist oder dass ich mich auf ein bestimmtes Treffen an diesem Tag freue oder dass ich einmal mit Delphinen schwimmen durfte und mich gerade daran erinnere, wie schön das war.

Ich bin sehr viel gereist und liebe es, unterwegs zu sein. Wenn ich also morgens auf eine Glückswüste starre, kann ich jederzeit in meiner Erinnerung eine der Reisen hervorholen und mich einen Augenblick lang darüber freuen, dass ich diesen oder jenen Ort besucht habe.

Ab und zu blättere ich auch in meinen Notizheften zurück und lese, was ich geschrieben habe. So kann ich meine Erfolge noch einmal feiern – zum Beispiel, dass dieser Auftrag, der mir am Anfang so schwer und schrecklich erschien, am Ende doch richtig gut gelaufen ist oder dass ich zu einer Erkenntnis gelangt bin, über die ich mir vorher nie Gedanken gemacht habe.

Weltmeisterschaft in persönlicher Entwicklung?

Körper und Seele müssen also in Harmonie leben. Aber das ist kein Wettkampf! Kannst du dir vorstellen, wie oft Leistungsprinzessinnen, Superpedanten und richtige Megaperfektionisten zu mir kommen und um Hilfe bitten? Und die – kaum dass wir mit der Arbeit begonnen haben – ihre alten, bekannten Verhaltensmuster fortsetzen und mir beweisen müssen, wie mustergültig sie auch in Persönlichkeitsentwicklung sind?

Antwort: Sehr oft! So oft, dass ich aufgehört habe, zu zählen.

Sie sitzen vor mir und arbeiten hart daran, mir vorzuführen, wie fleißig sie sind, sie hungern nach Anerkennung und Lob von außen.

Aber hier findet kein Wettbewerb.statt. Und es geht auch nicht darum, sich mit ›nur‹ *gut genug* zufriedenzugeben. Das Ziel ist, sich wohl zu fühlen und seinen Körper und seine Seele so gut zu behandeln, wie man kann und will.

Selbstwertgefühl = lebensnotwendig

Bei nahezu jedem Auftrag, den ich annehme, ob es sich dabei um Konfliktmanagement, Beziehungsproblematiken, Kommunikation, Stressbewältigungs- oder Effektivitätsseminare, Teambuilding, Trauerbegleitung, Veränderungsprozesse, Inspirationstage, Seminare für Führungskräfte oder Ähnliches handelt – bei nahezu jedem dieser Kurse berühre ich früher oder später das Thema Selbstwertgefühl. Entweder gehe ich in die Tiefe und behandle es detailliert, so wie hier in diesem Kapitel, oder ich setze es als Teaser ein, um meine Zuhörer darauf aufmerksam und neugierig zu machen, sich mit der Bedeutung des Selbstwertgefühls auseinanderzusetzen.

Warum mache ich das?

Nun ja, das ist einfach zu beantworten. Unabhängig von jeder Situation, in der sich ein Mensch befindet, hat er großen Nutzen davon, sein Selbstwertgefühl zu stärken oder es zumindest zu pflegen. Das ist nie verlorene Zeit und Mühe.

Ein paar Beispiele: Ich wurde in ein Unternehmen gerufen, weil eine Gruppe von männlichen Mitarbeitern Schwierigkeiten in ihrer Zusammenarbeit hatte. Nachdem ich ihre Art, miteinander zu kommunizieren, beobachtet hatte, war das Erste, was wir taten, das Selbstwertgefühl zu stärken – sowohl das jedes einzelnen Individuums als auch das der Gruppe als Einheit.

Bei einem Coachingseminar für Führungskräfte – Chefs im mittleren Management – arbeiteten wir das Selbstwertgefühl sogar als Ausgangspunkt heraus, um das Delegieren und Coachen überhaupt zu wagen, um zu wagen, anderen zu vertrauen und ihnen beim Wachsen zuzusehen.

Auch wenn ich mit den Kindern beim BRIS (Barnens rätt i samhället = Kinderhilfswerk) spreche, geht es häufig darum, ihr Selbstwertgefühl zu stärken und sie bei ihrer Identitätssuche zu unterstützen, damit sie dem Druck und der Erwartungshaltung ihrer Umwelt standhalten können und damit sie endlich Zugang zu dem finden, was in ihrer Seele vor sich geht.

Du willst mit deinem Perfektionismus umgehen lernen, um ein schöneres Leben zu führen und im Endeffekt sogar bessere Resultate zu erzielen? Und du willst dich gut genug fühlen können? Dann geht es in erster Linie darum, dein Selbstwertgefühl auszubauen. Dazu gehören das Verständnis von Begriff und Erscheinungsbild des Perfektionismus, ein großes Maß an Selbsterkenntnis und viele andere Aspekte, die ich im Buch behandelt habe.

Zuerst möchte ich aber das gängige Missverständnis beiseiteräumen, dass Selbstwertgefühl und Selbstvertrauen ein und dasselbe sind.

Der Unterschied zwischen Selbstwertgefühl und Selbstvertrauen

Lass mich zuerst die wesentlichen Unterschiede zwischen Selbstwertgefühl und Selbstvertrauen aufführen:

- ♥ Verfügst du über ein gutes Selbstwertgefühl, dann kennst du deinen Wert.
- ♥ Hast du ein gutes Selbstvertrauen, dann weißt du, was du leisten kannst.
- ♥ Selbstwertgefühl = wer wir sind.
- ♥ Selbstvertrauen = was wir tun.
- ♥ Das Selbstwertgefühl gibt uns Halt, während das Selbstvertrauen antreibt.

Bei einer Person mit einem guten Selbstwertgefühl ändert auch ein Tag mit schlechteren Leistungen nichts an ihrem Wert als Mensch. Eine Person mit einem mangelhaften Selbstwertgefühl hingegen übersteht einen schlechten Tag im Büro kaum, wenn sie unter ihren Leistungen geblieben ist. Sie macht sich Vorwürfe, bestraft sich, entwertet sich, ihre Person und ihre Bedeutung – aber nicht den Fehler.

Eine Person mit gutem Selbstwertgefühl bewältigt die meisten Situationen, in die sie gerät, weil sie über eine innere Sicherheit verfügt. Ihr Leben wird nicht gesteuert von der nagenden Angst und Sorge um zukünftige Ereignisse.

Leona erzählte mir:
Ständig mache ich mir Sorgen. Das fühlt sich an wie in einem Trockner, die Gedanken drehen sich immerzu um sich selbst, ohne dass ich einen Schritt weiterkomme. Alles ist ein einziges Durcheinander.

Beatrice erzählte mir:
Ich mache mir die ganze Zeit Gedanken darüber, wie die anderen mich finden. Und dann muss ich mit mir selbst beraten, was ich tun soll, was ich sagen soll und wie ich sein muss, damit die anderen mich mögen. Ich weiß gar nicht mehr, wer ich eigentlich wirklich bin.

Diese Äußerungen sind charakteristisch für ein mangelndes Selbstwertgefühl; das ständige Grübeln und Abwägen und der Fokus auf die Meinung der Umwelt. All das ist aber auch sehr egozentrisch und selbstbezogen, weil du davon ausgehst, dass alle sich immerzu nur über dich Gedanken machen.

Wenn der Gegenwind zunimmt, der Widerstand größer und es härter wird, dann ist ein gutes Selbstwertgefühl eine sichere Basis, um dir Halt zu geben und dich aufzurichten – allerdings musst du natürlich darüber hinaus auch kluge Entscheidungen treffen und Maßnahmen ergreifen.

Mein Kollege und Freund Jan Söderberg vergleicht das gerne mit einem Stehaufmännchen, dessen Gewicht im Boden es immer wieder aufrichtet, egal, in welche Richtung es fällt. Es richtet sich auf, pendelt eine Weile hin und her, aber es kommt immer wieder hoch.

Es ist ja nicht so, dass ein gutes Selbstwertgefühl alle Probleme löst, dass man etwas nur eben reparieren muss, und schon kann man durch das Leben stapfen, ohne jemals in Schwierigkeiten zu geraten. Aber das Selbstwertgefühl sorgt dafür, dass du eine größere Zuversicht zu dir und deinen Fähigkeiten hast und deshalb schwierige und heikle Situationen effektiver und klüger lösen kannst. Dein Glaube an dich selbst ist positiv und stabil.

Selbstvertrauen – darum geht es:

Das Selbstvertrauen basiert auf deinen Leistungen. Dazu gehört, was du bei der Arbeit machst, beim Sport, zum festlichen Abendessen, beim Halten einer Rede, beim Organisieren einer Veranstaltung oder Party. Alles, was du leistest, ablieferst und tust, aber auch Rollen, in den du agierst, als Eltern, als Partner, als Tochter oder Sohn, als Schwester oder Bruder, als Freund, als Nachbar, als Vereinsmitglied, als Angestellter, als Kollege, als Chef und so weiter. Die Leistungen, die du in eben diesen Rollen ablieferst, die bauen dein Selbstvertrauen aus.

Wenn du zum Beispiel eine Herausforderung im Job angenommen und gemeistert und dafür Anerkennung und Lob geerntet hast, begleitet dich das bei der nächsten Aufgabe. Nach zehn gemeisterten Aufgaben weißt du, dass du es beherrschst, was dir in diesem Bereich ein gutes Selbstvertrauen verleiht. Zu Komplikationen kann es kommen, wenn du zu erfolgreich bist und alle immer nur das Beste von dir erwarten – da erhöht sich der Druck, dass du es unbedingt schaffen musst, um ein Vielfaches, und dein Selbstvertrauen kann in sich zusammenfallen. Dann wirst du nervös und bist beim nächsten Mal nicht mehr erfolgreich.

Und niemand begreift, was passiert ist. Am wenigsten du selbst.

Aber mit einem starken Selbstwertgefühl – in Kombination mit einem starken Selbstvertrauen – bist du dir dessen bewusst und erkennst, dass »es diesmal ein bisschen dumm gelaufen ist«, aber darüber kannst du bald schon wieder lachen.

Eine Person, die über ein gutes Selbstvertrauen verfügt und genau weiß, was sie kann, muss im Umkehrschluss keineswegs ein selbstbewusster und sicherer Mensch sein, obwohl wir – und das gilt auch für die Person selbst – schnell verführt sind, das anzunehmen. Im Gegenteil kann sie ein sehr unsicheres, armes Wesen sein mit mangelndem Selbstwertgefühl, das sich ohne seine Leistungen ganz wertlos fühlt.

Gleichgewicht – ja, danke!

Gleichgewicht kann ein ganz schön langweiliges Wort sein!

Alle reden darüber, dass wir unser Gleichgewicht im Leben finden müssen.

So sieht mein Leben aber nicht aus; an einem Tag bin ich unterwegs, am nächsten zu Hause, an einem Tag stehe ich vor hundert Betriebsleitern und soll denen etwas beibringen, am nächsten spiele ich Memory oder Backgammon mit meinen fantastischen Kindern, an einem Tag bin ich viel beschäftigt, bin effektiv, schnell und aktiv, am nächsten ruhig, langsam, reflektiert, kein Programm, nur essen, schlafen, spielen, atmen, lieben.

Aber es gibt Bereiche, in denen ich sehr große Vorteile sehe, wenn ein Gleichgewicht herrscht, und dazu gehören die Machtbalance zwischen Partnern und den Geschlechtern, die physische Ausgeglichenheit für das größtmögliche Wohlbefinden des Körpers und das Gleichgewicht zwischen Selbstvertrauen und Selbstwertgefühl.

Vor einiger Zeit begegnete ich einer Vorstandsvorsitzenden mit einer imponierenden Karriere. Oh, was sie für große Geschäfte abgewickelt hatte! Sie erzählte und erzählte und erzählte. Von einem großen Deal nach dem anderen, die Millionen rollten über den Tisch und die Dollarzeichen flackerten in ihren Augen. Sie war stolz auf ihre Leistungen (und das mit Fug und Recht!), sie war stolz auf ihre Karriere und auf alle Handschläge, die erfolgreiche Verhandlungen in vielen Konferenzräumen dieser Welt besiegelt hatten.

Nachdem sie eine Weile erzählt hatte, fragte ich sie:

Weißt du, ich bin vollkommen davon überzeugt, dass du eine außergewöhnliche Geschäftsfrau bist! Aber ich würde gerne mehr über DICH erfahren. Wer bist du? Was hast du für Träume? Werden deine Bedürfnisse befriedigt? Erzähl mir von dir, welche fantastischen Eigenschaften hast DU? Was macht dich zu dieser einzigartigen Person, die du bist?

Augenblicklich brach sie in Tränen aus und weinte bis zum Ende unserer Stunde.

Ihr Weg zu einem starken Selbstwertgefühl war lang, verworren, überwältigend und schmerzhaft. Aber es hat sich für diese Frau gelohnt, die heute so unendlich viel mehr ist als die Summe aller großartigen Deals, die sie abgeschlossen hat. Auch in ihren eigenen Augen.

In einem anderen Zusammenhang begegnete mir auch ein Mann, der von Kindesbeinen an Lob und Anerkennung erhalten hatte und dem gesagt worden war, was für ein fantastischer Mensch er sei. Und er müsse überhaupt nichts tun, er sei so wunderbar, weil er einfach er sei. Sein Glaube an sich selbst war unerschütterlich, da gab es keinen Funken eines Zweifels. Dafür aber ließ ihn sein Selbstvertrauen im Stich, wenn es wirklich darum ging, Leistungen zu erbringen – wie eine Aufgabe oder einen Auftrag erfüllen oder bei einem Sportevent für Senioren teilnehmen und das Team vertreten. Da genügte es nämlich nicht, wunderbar zu sein, hier zählten nur Leistungen. Basta.

Wir sind uns bestimmt einig, dass es in diesem Fall schön wäre, wenn zwischen dem Selbstwertgefühl und dem Selbstvertrauen ein Gleichgewicht herrschen würde.

Ist das Selbstwertgefühl in Mode gekommen?

Anlässlich einer Vortragsreihe wurde ich von einer Tageszeitung interviewt. Der Journalist fragte mich: »Sag mir doch bitte mal eines, das mit diesem Selbstwertgefühl, warum sollen das denn auf einmal alle haben? Sind wir bisher nicht auch ganz gut ohne gefahren?«

Ich fand den Gedanken lustig, und seine Argumentation hat ja auch was. Da latschen wir schon seit Ewigkeiten über die Erde und haben gesät und geerntet, Kinder auf die Welt gebracht, gejagt, geritten, gebaut und gegraben und geschuftet und geschwitzt, Medizin und Fernseher erfunden, Backmaschinen und die Glyx-Diät, und all das hat super funktioniert, ohne dass auch nur einer etwas über dieses Selbstwertgefühl wusste. Und dann kommen die Experten und behaupten, es sei lebensnotwendig!

Ich denke dazu Folgendes: Okay, natürlich haben wir auch lange, bevor es GPS gab, unsere Ziele und Wege gefunden, aber damit geht es jetzt bedeutend einfacher, oder nicht? Und wir waren auch vor dem Handy in der Lage, zu kommunizieren und unsere Verspätung anzukündigen. Aber dadurch wurde es viel effektiver und flexibler und viele Menschen konnten gerettet werden, weil man schneller den Notruf erreicht hat.

Auch Krisengruppen gab es früher nicht, da passierten Unglücke und danach geschah nichts weiter. Die Betroffenen liefen mit ihren traumatischen Erlebnissen herum und setzten ihr Leben einfach fort, aber ging es ihnen gut? Aus diesen Krisengruppen und der Trauerbegleitung, den Schweigeminuten und Gedenkstunden, dank der Priester, die offene Kirchen ermöglichen, und Schulen, die ihre Schüler zum Reden auffordern und sie das Erlebte erzählen lassen, statt sie zum Schweigen zu verdammen, haben wir gelernt, dass wir Trauer, Enttäuschungen, Kündigungen, Trennung, Todesfälle und anderes Schmerzhaftes besser verarbeiten können, wenn wir unsere Erlebnisse, Gedanken und Gefühle bearbeiten.

Den schwedischen Ausdruck für Selbstwertgefühl – *självkänlsa* – hat Mia Törnblom, Autorin und Persönlichkeitscoach, mit viel Lebenserfahrung und einem großen Herzen geprägt. Sie entwarf eine eigene Methode, um das Selbstwertgefühl zu entwickeln, es zu stärken und zu pflegen. Seitdem sind den Leuten dieser Begriff und seine Bedeutung vertrauter, aber mir begegnen nach wie vor Menschen, denen er nichts sagt oder die ihn mit Selbstvertrauen verwechseln.

Selbstwertgefühl in einem größeren Kontext

Kann nur jeder Mensch für sich ein gutes Selbstwertgefühl haben? Nein, meiner Meinung nach ist dieser Begriff erweiterbar. Ein Unternehmen kann zum Beispiel ein gutes Selbstwertgefühl haben. Dadurch wird es wahnsinnig attraktiv!
Wenn ein Unternehmen zu seiner Geschäftsidee, seinen Überzeugungen und Werten steht und zeigt, dass die Menschen, die in ihm arbeiten, an dieses, an *ihr* Unternehmen glauben, dann entsteht so etwas wie eine besondere Aura.

Vor einer Weile las ich in einer Zeitung, dass ein Filialleiter einer Supermarktkette in Umeå beschlossen hatte, keine Zigaretten mehr in seinem Laden zu verkaufen. Da immer mehr Menschen an den Folgen des Rauchens sterben, fand er es keine gute Idee, Zigaretten anzubieten. Er wollte mit dieser Aktion seine Haltung zu dem Thema mit aller Deutlichkeit unterstreichen. Die Journalistin in mir dachte zuerst an einen cleveren PR-Schachzug, um so seine Verkäufe zu steigern – statt sie zu verringern. Aber sogar das wäre in Ordnung, denn er zeigte Mut und Vernunft, förderte die Aufklärung über das Rauchen, verbreitete schöne Gedanken und traute sich, Stellung zu nehmen. Wenn ich in Umeå wohnen würde, wäre das der Supermarkt meiner Wahl.

Ich habe mit Unternehmen gearbeitet, die über keinerlei Selbstwertgefühl verfügten. Kein Rückgrat, alles andere als cool. Dort hängte man sein Fähnchen nach dem Wind, weil der Glaube an das eigene Unternehmen fehlte. Das ist nicht besonders attraktiv.

Sogar ein ganzes Land kann ein gutes Selbstwertgefühl haben.

Forscher aus den USA, aus Japan und China haben eine gemeinsame Studie veröffentlicht, in der es um das Selbstwertgefühl in der Bevölkerung ihres jeweiligen Landes ging. Dem zugrunde lag die Theorie, dass die Japaner ein geringeres Selbstwertgefühl haben als die Bevölkerung der anderen beiden Länder. Aber das Selbstwertgefühl war bei allen dreien hoch, trotz der unterschiedlichen Schulsysteme, sozialen Milieus und Kulturen.

Du musst die Veränderung sein, die du in der Welt sehen willst, so hat es Mahatma Gandhi gesagt. Wir nehmen ihn beim Wort und fangen mit uns selbst an.

Darum wirst du dir dein Selbstwertgefühl genauer ansehen. Du wirst erfahren, wie es damit steht und was in Bezug auf dein Selbstwertgefühl in deiner Seele vorgeht.

Charakteristische Anzeichen für ein mangelndes Selbstwertgefühl

- **Du vergleichst dich ständig mit anderen.** Ob es darum geht, wie dünn du bist, wie gut du in deinem Job bist, wie aufgeräumt es bei dir zu Hause aussieht und wie sehr du dich für die Freizeitaktivitäten deiner Kinder engagierst. Du bist erst dann zufrieden, wenn keiner besser ist als du. Andauernd vergleichst du, bist ständig damit beschäftigt, alle Menschen im Raum zu bewerten und auch dich selbst einer Bewertung von außen zu unterziehen.
- **Andere Menschen irritieren dich.** Alle möglichen Leute und auch die Unmöglichen: Leute, die vor dir an der Kasse trödeln; die Kollegin, die immer viel zu laut über die Witze des

Chefs lacht; die Schwiegermutter, die sich in die Erziehung deiner Kinder einmischt; die Freundin, die nie die Initiative übernimmt. Du kannst dich schnell über Leute und Sachen aufregen.

- **Du hast schnell eine Kritik zur Hand.** Du siehst auf die meisten Menschen herab, denn je tiefer sie stehen, desto höher stehst du.
- **Du bist unnötig selbstkritisch, vor allem, wenn du einen Fehler begangen hast.** *Wie konnte ich nur? Du dummer Idiot!*, denkst du dann, und: *Ich kann mich da nie wieder zeigen!* Und das kann sich auf alles Mögliche beziehen, auf etwas, was du gesagt hast, getan oder nicht getan hast, einen vergessenen Geburtstag, einen verspäteten Bericht, einen doofen Witz, eine peinliche Situation. Du bist unerbittlich und selbstkritisch und bestrafst dich dafür.
- **Du bist felsenfest davon überzeugt, dass nur Äußerlichkeiten dein Selbstwertgefühl steigern können.** Darum glaubst du auch, dass alles besser würde und du glücklicher wärst, wenn du nur ein bisschen dünner, ein bisschen reicher wärst, einen schöneren Garten hättest, etwas mutiger wärst und so weiter.
- **Du leistest Dinge, damit die anderen sehen können, was du kannst und dass du kannst.** Statt einfach das zu tun, wozu du Lust hast, oder dich nicht darum zu kümmern, ob jemand zusieht. Du willst Anerkennung, also erbringst du Leistungen. *Sieh nur, wie gut ich das mache. Ach bitte, sieh her!*
- **Du grübelst die ganze Zeit, machst dir Sorgen und Gedanken über Großes und Kleines** und entwirfst einen Katastrophenplan nach dem anderen. Plan A, Plan B, Plan C, Plan D und so weiter. Das kostet dich unglaublich viel Energie, Zeit und Kraft. Dein Büro im Kopf hat vierundzwanzig Stunden geöffnet und arbeitet auch nachts auf Hochtouren, wenn du eigentlich Schlaf und Erholung benötigst. Woran liegt das? Du gehst davon aus, dass sich alle immer mit dir beschäftigen: wie du aussiehst, was du sagst, was du tust – du bist im Zentrum und alles geht von dir aus. Das ist keine besonders entspannte Haltung sich und seiner Umwelt gegenüber.

Eine Frau, die zu mir kam, um ihr geringes Selbstwertgefühl zu stärken, erzählte mir, was in ihrem Inneren passierte, wenn sie abends ausging. Sie glaubte, dass alle sie ansehen und denken: *Hilfe, was für eine hässliche Frau, dass so jemand einfach so durch die Stadt laufen darf!* Davon war sie tatsächlich überzeugt. Sie war auch davon überzeugt, dass die Leute im Supermarkt sie beobachten, wenn sie Süßigkeiten kauft, und denken: *Ja klar, und jetzt fährt sie nach Hause und stopft sich die Sachen rein, mit dem Körper sollte sie das wirklich nicht tun, wie eklig, was für ein Glück, dass wir da nicht zuschauen müssen!*

Und auch bei der Arbeit vermutete sie ein böses Getuschel hinter ihrem Rücken, das verstummte, sobald sie in den Raum kam: *Sschh, sie kommt!* Natürlich war es nicht so. Natürlich war es so, dass die Leute in der Stadt, im Supermarkt und bei der Arbeit vollkommen damit beschäftigt waren, an sich selbst zu denken! Denn das tun alle Menschen, an sich denken. Und das Grübeln über Gewesenes, Ereignisse, die Umwelt, Ansichten, Meinungen und so weiter raubt einem nur unnötig Energie, die man von niemandem erstattet bekommt.

- **Du bist fixiert auf die Ansichten deiner Umwelt.** *Was denken die Leute, wenn ich dies mache? Was sagen sie, wenn ich das mache?* – Diesen Fragen wird mehr Platz eingeräumt als deinen eigenen Werten, Ansichten und Gedanken. Und das führt dazu, dass du dir deiner Prinzipien und Werte gar nicht bewusst bist.
- **Du wartest darauf, dass deine Umgebung deine Fehler und Mängel entdeckt und sie enttarnt.** Ich meine dieses Gefühl, dass dir jemand von hinten auf die Schulter klopft und sagt: *Jetzt ist Schluss damit, wir sind dir auf die Schliche gekommen, du kannst das hier gar nicht bewältigen, wir haben dich entlarvt.* Ich habe eine tolle Autorin kennengelernt, die einen Haufen Bücher in der ganzen Welt verkauft, und sie sagte mir: »Jedes Mal, wenn ich dem Verlag ein neues Manuskript schicke, fürchte ich, dass sie mich anrufen und sagen, jetzt seien sie endlich dahintergekommen, dass ich sie reingelegt hätte, weil ich eigentlich gar nicht schreiben

könne und bisher nur unglaubliches Glück gehabt habe. Aber jetzt endlich wüssten sie, wie es um meine Kunst bestellt sei!« Es gibt so viele kompetente und bewanderte Menschen, die durchs Leben gehen und befürchten, dass sie bald entlarvt werden. Das ist kein schönes Gefühl.

Erkennst du dich in einigen der Punkt wieder? In vielen vielleicht? Oder sogar in allen?

Gib die Hoffnung nicht auf. Sag dir stattdessen, was für ein großes Glück du hast, dass du jetzt das Wissen und die Möglichkeiten zur Hand hast, dein Selbstwertgefühl aufzubauen!

Aber auch du, die sich nicht in den Punkten wiederfindet, kannst ein bisschen Aufbauhilfe leisten. So, wie ein altes Haus renoviert werden muss und ein Auto in regelmäßigen Abständen in die Inspektion sollte, ist das Selbstwertgefühl eine verderbliche Ware, die gehegt und gepflegt sein will.

Was du tun kannst, um dein Selbstwertgefühl aufzubauen:
- ♥ **Hör auf, dich immerzu mit anderen zu vergleichen.** Du bist genauso hübsch, auch wenn eine leibhaftige Schönheitskönigin um die Ecke biegt. Du hast einen guten Lauf gemacht, obwohl jemand anderes schneller gelaufen ist. Du kannst dich sehen lassen, genau so, wie du bist – lass das zu!

Miniaufgabe:

Wenn du das nächste Mal bemerkst, dass du dich mit jemandem vergleichst (und bedenke, dass es meistens jemand ist, der etwas praktisch nicht Sichtbares gemacht hat!), lass diese Gedanken sich nicht in deinem System festsetzen – denn negative Gedanken sind wie Schimmel: Sie verbreiten sich schnell und dringen tiefer und tiefer, und am Ende fangen sie an, zu stinken. Übe dich darin, diese vergleichenden Gedanken loszulassen. Durchbrich deine Gedankenschleife und betrachte dich und dein Tun als etwas, das für sich allein stehen kann, ohne jeden Vergleich!

♥ **Du hast eine eigene Stimme – hör auf sie.** Du bist wichtig. Deine Meinung ist wichtig. Deine Werte und Einschätzungen sind wichtig. Hör auf dich, interessiere dich dafür, was DU willst, wie DU eine Situation erlebst, wem Du zustimmen kannst. Je mehr du auf deine Stimme hörst, desto besser lernst du dich kennen.

♥ **Setz deine Grenzen.** Indem du NEIN sagst, wenn du Nein sagen willst und JA sagst, wenn du Ja sagen willst.

Miniaufgabe:

Lass in Gedanken die vergangene Woche Revue passieren; hast du JA zu etwas gesagt, wo du lieber NEIN gesagt hättest? Lässt sich das jetzt noch revidieren? Wenn nicht, nimm die Erfahrung mit fürs nächste Mal und entscheide selbst. Und hast du vergangene Woche NEIN zu etwas gesagt, was du trotzdem ganz gerne ausprobieren würdest? Etwas, von dem du glaubst, dass du es nicht schaffst, obwohl es spannend wäre, es zu versuchen? Lässt sich diese Entscheidung noch ändern? Wenn nicht, nutze diese Erfahrung fürs nächste Mal und sag JA!

♥ **Setz Grenzen, wie andere dir begegnen sollen.** Du musst nicht akzeptieren, wenn jemand in einer Weise mit dir spricht, die dir nicht gefällt, oder dich nicht liebevoll und respektvoll behandelt. Und da spielt es keine Rolle, ob das die Schwiegermutter, dein bester Freund, der Chef, der König, der Nachbar oder das jugendliche Kind ist. Es spielt auch keine Rolle, ob es schon immer so war und du es früher immer akzeptiert hast. Es ist nie zu spät, Grenzen zu setzen. Fang gleich heute an!

♥ **Sieh in jedem Misserfolg, in jedem Scheitern die Chance, etwas zu lernen.** Was kannst du aus dem, was schiefgelaufen ist, lernen? Was kannst du tun, damit es sich nicht wiederholt? Gibt es einen Grund, warum es dazu gekommen ist? Dabei ist es interessant und wichtig, wie du mit dir selbst sprichst und ins Gericht gehst.

Wenn ein Kollege zu dir kommt und erzählt, dass er sich blamiert hat, oder eine Freundin dich anruft und ihr Leid darüber klagt, dass sie einen Riesenfehler begangen hat – was tust du dann? Natürlich tröstest, umarmst und unterstützt du sie und sagst: »Das macht doch nichts, du wirst eine zweite Chance bekommen und dann wird es besser klappen, vielleicht ist es ja niemandem aufgefallen, das könnte doch jedem passieren!« Oder etwas anderes Nettes.

Aber wenn dir so etwas zustößt, klingst du dir gegenüber wahrscheinlich eher so: *Herrgott, wie bescheuert kann man eigentlich sein? Wie konnte mir das bloß passieren? Was für ein Idiot ich bin! Ich kann mich doch gar nicht mehr bei der Arbeit sehen lassen, alle denken bestimmt, was für ein Trottel ich bin, ich muss kündigen und wegziehen!* Oder etwa nicht? Ich wünsche mir, dass du mit dir selbst voller Liebe und Respekt sprichst und dich behandelst wie deinen allerbesten Freund.

- ♥ **Hör auf, es allen recht machen zu wollen.** Setz dich an eine höhere Position in deiner Prioritätenliste – warum nicht zur Abwechslung mal an die Spitze? Du bist der einzige Mensch, mit dem du garantiert eine lebenslange Beziehung haben wirst, dann kannst du dich eigentlich auch besonders gut behandeln – ja, geradewegs verwöhnen!
- ♥ **Schenke dir selbst Bestätigung und Lob.** Natürlich ist es schön, Komplimente und Bestätigung von anderen zu bekommen, aber wenn du davon abhängig bist, ist es gleich nicht mehr so schön. Es wird zu einer Droge, du willst immer mehr und mehr davon. Ohne die Bestätigung bist du ein Niemand, du misst deine Bedeutung daran. All die Dinge, die du von anderen hören möchtest – sag sie dir selbst!

Wenn du erwartest, gesehen zu werden, aber keiner nach dir schaut, folgt die Enttäuschung auf dem Fuße – so sicher wie das Amen in der Kirche. Natürlich ist es wunderbar, von anderen Komplimente und Aufmerksamkeit zu bekommen, aber diese Bestätigung ist ein Bonus! Lass nicht jeden Tag einfach so vorbeifliegen, sondern erlebe ihn bewusst und schenke dir selbst Anerkennung dafür, dass du der fantastische Mensch bist, der du bist. Heb deine guten Seiten und die schönen Eigenschaften hervor, damit du dich daran erinnerst, wie einzigartig du bist.

Wenn du dein halbes Leben damit verbracht hast, dir andauernd zu sagen, was für ein Trottel du bist, dann ist es allerhöchste Zeit, das zu ändern. Du bist deine Gedanken, und die Kraft der Gedanken ist so groß wie die eines Grizzlybären. Formuliere neue Gedanken über dich selbst, dann wirst du dich von einer neuen Seite kennenlernen. Hierbei gilt es, sehr hartnäckig zu bleiben.

Miniaufgabe:

Schreib Tagebuch! Mach dir Gedanken darüber, wer du bist, welche guten Eigenschaften du hast, wofür du an diesem Tag dankbar bist, was du geben und was du haben willst, was dir Energie und Freude spendet. Wie sehen deine Leidenschaften aus, deine Werte, deine innere Stärke? Schreib alles auf, blättere in regelmäßigen Abständen zurück und beobachte, wie sich deine Gedanken im Laufe der Zeit verändern. Wenn du früher bestimmte Vorstellungen von dir hattest, werden sie vielleicht dadurch herausgefordert und infrage gestellt, dass du dir deiner selbst mehr bewusst wirst, dich besser kennenlernst und dir selbst Bestätigung schenken kannst.

♥ **Sieh deine Mitmenschen als vom Himmel Gesandte, an denen du üben und dich so weiterentwickeln kannst.** Das ist ein ganz wunderbarer Gedanke des schwedischen Regisseurs Kay Pollak, den ich in einem Vortrag von ihm gehört habe und der mich tief inspiriert hat. Oh, und er ist so nützlich! Probier es aus! Diese Schnarchnase in der Schlange beim Bankautomaten zum Beispiel, wenn du es wahnsinnig eilig hast. Er bekommt eine ganz andere Aura, wenn du denkst: *Hm, dort steht einer, an dem ich etwas üben soll, um mich weiterentwickeln zu können, jemand hat ihn für mich dorthin gestellt.*

An einem warmen Frühlingsabend hielt ich vor mehreren Hundert Personen einen Vortrag über Selbstwertgefühl. Das Publikum war angenehm und interessiert und ich war in Topform. Und wie immer lud ich das Publikum ein, mir schon während meines Vortrags Fragen zu stellen und Überlegungen mit mir zu teilen, denn ich bin immer neugierig auf die Gedanken und Erlebnisse meiner Mitmenschen. Eine Frau im Publikum streckte ihre Hand in die Luft und zweifelte eine These von mir an. Das war vollkommen in Ordnung, schließlich können wir ganz unterschiedliche Auffassungen von den Dingen haben. Und das sei auch gut so, sagte ich. Aber dann meldete sie sich wieder und wieder und wieder, und schließlich begriff ich, dass sie allem widersprach, was ich sagte!

Das war nicht nur eine große Herausforderung für mich, sondern vor allem ziemlich anstrengend für die anderen Zuhörer im Saal. Und da kam mir der folgende Gedanke: *Aha, da hat mir das Leben einen Schlauberger vor die Nase gesetzt, an dem ich ein bisschen üben soll!*

Und das habe ich getan, ich habe ordentlich geübt.

Aufgabe 38

Bei einem großen Finanzdienstleistungsunternehmen führte ich ein Gruppencoaching durch, zu dem unter anderem eine Einheit über das Selbstwertgefühl gehörte. Alle Teilnehmer waren sehr interessiert und willens, sofort mit den Veränderungen anzufangen. Als sie sich aber der vielen Neuerungen bewusst wurden, die sie in ihren Alltag integrieren sollten, um ihr Selbstwertgefühl zu stärken, da stöhnten sie: »Oje, wie sollen wir das bloß alles schaffen? Wie können wir uns an alles erinnern, wenn uns der Alltag wieder im Griff hat und wir müde und gestresst sind?«

Indem ihr euch eine Sache auswählt, schlug ich vor, und die eine Woche lang ausprobiert. Und dann kommt die nächste dran. Wenn alle dran gewesen sind, fangt ihr wieder von vorn an. Genauso haben sie es gemacht und es funktionierte sehr gut. So kannst auch du vorgehen, wenn alles zu übermächtig wirkt. Wenn es zu viel wird, ist es oft leichter, alles sein zu lassen. Aber das wäre schade, findest du nicht?

Versuch zum Beispiel, dich eine Woche lang nicht mit anderen zu vergleichen, konzentrier dich ganz darauf, achte darauf, wann du es machst, mit welchen Personen, warum und so weiter. Und in der nächste Woche ist etwas anderes von der Liste dran.

Und schreib Tagebuch! Mach dir Notizen, wie es läuft.

Welche Reaktionen bekommst du?

Was fällt dir leicht und was schwer?

Wie fühlt es sich an, wenn es funktioniert?

Wie äußern sich die Veränderungen bei dir?

Bemerkst du einen Wandel in deinem Umfeld?

Schreib deine Gedanken dazu auf.

Aber wenn man nun einmal unbedingt gewinnen will?

Nützt ein starkes Selbstwertgefühl eigentlich auch Menschen, deren Beruf sich vorrangig dadurch auszeichnet, dass sie gewinnen müssen? Dass sie Leistungen erbringen oder zumindest Ergebnisse präsentieren müssen? Oder hat es negative Auswirkungen auf ihre Leistungen? Diese Frage wird mir häufig gestellt.

Ich antworte in der Regel, dass sich jemand mit einem guten Selbstwertgefühl nicht nur auf einen Wettkampf einlässt, sondern auch mit Rückschlägen oder Erfolgen besser umgehen kann. Er oder sie kann jederzeit seine Wettkampfader aktivieren, Gas geben und sein Äußerstes geben. Im Falle eines Sieges kann man trotzdem diesen Glanz von Bescheidenheit behalten, im Falle einer Niederlage prüfen, warum es nicht gereicht hat, und für das nächste Mal Verbesserungen erwägen.

Dann ist Perfektionismus genau das Werkzeug, das er sein soll. Ein Zugang, eine Methode, eine Herangehensweise, wenn das Meiste und das Beste gefordert werden. Ohne dass der Verlierer als wertlos deklariert wird und als jemand, der es kaum verdient, dieselbe Luft wie wir anderen zu atmen.

Warum dein Leben mit einem guten Selbstwertgefühl lebenswerter wird

♥ **Du übernimmst die Verantwortung für dein Leben.** Und erkennst, dass du im Laufe der Jahre viele Entscheidungen gefällt hast, die dich dorthin gebracht haben, wo du heute stehst. *Das kam einfach so*, sagst du nicht mehr – du triffst deine Entscheidungen.

♥ **Du übernimmst Verantwortung für deine Beziehungen.** Und bist nicht mehr das Opfer der anderen. Du hörst auf, den anderen die Schuld zu geben oder sie zur Rechenschaft dafür zu ziehen, dass dein Leben so aussieht, wie es aussieht, oder dass du dich eingeschränkt fühlst und dein Potenzial nur zu 70 Prozent ausschöpfst.

♥ **Du kannst besser mit Situationen umgehen, denen du ausgesetzt bist.** Du musst keinen WM-Titel in Vorbereitung gewinnen und alles unter Kontrolle haben. Du hast die Sicherheit, dass du dich jederzeit mit unterschiedlichen Menschen in unterschiedlichen Situationen zurechtfindest, ohne in Panik zu geraten.

♥ **Du hörst auf, dich über andere aufzuregen.** Zumindest ärgerst du dich seltener. Weil du erkannt hast, dass du niemanden ändern kannst, nur dich selbst. Aber du kannst dein Verhalten anderen gegenüber ändern. Sei neugierig und frag dich, was in dir immer wieder diese Irritation auslöst.

♥ **Du kannst dir selbst Lob und Anerkennung geben.** Und bist darum gefühlsmäßig nicht mehr abhängig von Bestätigung von außen. Ein Lobjunkie zu sein macht keinen Spaß.

♥ **Du verabschiedest dich von deinen Sorgen, Ängsten und dem ewigen Grübeln über Großes und Kleines.** Weil du weißt, dass sich alles regeln wird. Du hast eine innere Sicherheit. Du kannst deine Energie für andere Dinge verwenden als für Katastrophengedanken (man sagt ja, dass 85 Prozent der Dinge, über die wir uns Sorgen machen, nie eintreffen).

- ♥ **Du lernst ununterbrochen neue Dinge über dich und bist dadurch in der Lage, zu wachsen und dich zu entwickeln.** Weil du neugierig bist und wachsen willst!
- ♥ **Du kannst Kritik aushalten.** Weil du bereit bist, dir auch deine schwachen Seiten anzusehen. Denn du weißt, dass du nicht an Wert verlierst, nur weil eine (in Zahlen: 1) Leistung von dir kritisiert wurde. Du bist nicht eins mit deinen Handlungen, musst es nicht persönlich nehmen, wenn du dich ein bisschen dämlich angestellt hast. Hör einfach nur zu, versuch zu begreifen und mach es das nächste Mal anders.
- ♥ **Du schätzt dich selbst als Mensch.** Du hast eine hohe Meinung von dir selbst und weißt, dass du der einzige Mensch bist, mit dem du garantiert eine lebenslange Beziehung haben wirst. Alle anderen können sterben, verschwinden, wegziehen oder auf andere Weise Abstand nehmen. Aber mit dir selbst bist du fest verbunden, dann kannst du diese Person auch so annehmen, wie sie ist. Du musst auch nicht besser als alle anderen sein, um wertvoll zu sein. Das Leben ist kein Wettkampf.
- ♥ **Du wirst ruhig, fühlst dich sicher, geborgen und harmonisch und bist eine angenehme Gesellschaft, sowohl für dich selbst als auch für deine Mitmenschen.** Du springst nicht mehr so schnell auf Menschen und Situationen an, hast viel weniger Stimmungsschwankungen und unvorhersehbare Gefühlsausbrüche, was dir eine größere Sicherheit schenkt und andere sich in deiner Gegenwart sicher fühlen lässt.
- ♥ **Du traust dir neue Sachen zu.** Du bist viel neugieriger und traust dir zu, eine Niederlage auszuhalten. Es macht nichts, dass du nicht alles von Anfang an kannst, und außerdem ist das schlichtweg unmöglich.
- ♥ **Du traust dich, dich deinen Ängsten zu stellen.** Du bist neugierig, willst wachsen und dich entwickeln, statt in deinen alten Mustern und Ängsten und deiner Begrenztheit zu verharren.

Ein kleiner Rat für alle Mütter und Väter

Es ist schon sonderbar, dass wir als Eltern unseren Kindern etwas mitgeben wollen, was wir selbst nicht bekommen haben oder besitzen. Wir registrieren das sogar zwischendurch und machen uns darüber Gedanken: Mein Kind soll alles bekommen, was ich nie hatte – ob das kleine Geschöpf will oder nicht.

Wir konzentrieren uns darauf, dass die Kinder ordentlich am Esstisch sitzen, ihre Klamotten nicht auf den Boden werfen und Danke sagen sollen. Aber die schönsten Geschenke – so finde ich als Mutter von drei Kindern –, die Eltern ihren Kindern machen können, sind eine harmonische Persönlichkeit mit einem starken Selbstwertgefühl, ein gutes Selbstvertrauen, Sicherheit in sich als Mensch und eine große Neugierde aufs Leben.

Stärke das Selbstwertgefühl deines Kindes

♥ Heutzutage liest und hörst du überall, dass man seinem Kind nicht sagen soll, dass er oder sie brav oder fleißig ist. Und plötzlich hast du einen Knoten in der Zunge, weil du darin nicht geübt bist. Das Wort »fleißig« ist so präsent, dass es ganz automatisch herauskommt. Es ist vollkommen in Ordnung, seinem Kind zu sagen, dass es fleißig ist – aber geh einfach noch einen Schritt weiter und sage, warum, wie du das meinst, und verbinde es mit einer positiven Eigenschaft. Dann bekommt es eine tiefer gehende Bedeutung.

♥ Ich reagiere empfindlich darauf, wenn Eltern (und leider geschieht das viel zu oft) zu ihrem Kind, das hingefallen ist und seine Tränen unterdrückt, sagen: »Ach, du bist aber tapfer, dass du nicht weinst.« Warum ist das tapfer und gut, wenn man nicht weint, wenn es irgendwo wehtut? Diesen Kommentar solltest du gegen den folgenden austauschen: »Och, komm her, mein Süßer, raus mit allen Tränen, die da schon Schlange stehen, ich bin da und halte dich so lange fest, bis der Schmerz vorbei ist. Dann gehen wir ein Pflaster draufkleben, auch wenn es gar nicht blutet.« Es ist in Ordnung, seine Gefühle zu zeigen.

♥ Setz dich abends an die Bettkante, wenn dein kleiner Schatz schlafen soll – und damit musst du nicht aufhören, weil aus dem Schatz ein großer, cooler Teenager wird, der nur noch brummt und grummelt, statt normal zu sprechen – nimm dir Zeit und sprich über den vergangenen Tag, was gut daran gewesen ist und was nicht, wofür man dankbar sein kann und was für Herausforderungen in der Zukunft warten.

Denk daran, diesem Wunderwerk in seinem Bett zu erzählen, warum du es liebst, und erinnere dich an seine besonderen Eigenschaften: »Was für ein Riesenglück habe ich doch, dass ich mein Leben mit dir teilen darf. Du bist so freundlich, lustig und angenehm und bereicherst mein Leben.« Oder: »Die Welt wurde ein besserer Ort an dem Tag, als du geboren wurdest.« Oder: »Das war ein doofer Tag, nachdem das alles passiert ist (lies: das bezieht sich auf jede Art von Niederlage oder Fehlschlag), aber es ist auch gut, weil wir beide daraus etwas lernen konnten.« Und da wir jetzt besser Bescheid darüber wissen, können wir es das nächste Mal gleich ganz anders machen.

■ Hör deinem Sonnenstrahl zu, ohne zu bewerten, Verantwortung zu übernehmen, zu interpretieren oder auch alles verstehen zu müssen. Hör einfach nur zu und halt sie oder ihn fest im Arm. Liefere keine Expresslösungen, wenn er eigentlich nur eine Umarmung braucht. Je besser Kinder mit ihren Gefühlen umzugehen lernen – mit deiner liebevollen Unterstützung –, desto stärker entwickelt sich ihr Selbstwertgefühl.

■ Geh alle Punkte auf deiner Liste durch und nimm deinen Schatz mit auf die Trainingsreise. Leiste Hilfe, hör zu, heitere auf und unterstütze ihn auf dem Weg. Wenn ein Kind Nein sagen kann, wenn es Nein meint, und Ja sagen kann, wenn es Ja meint, ist das genauso viel wert, wie eine neue Fremdsprache fließend zu sprechen.

Und zum Schluss noch ein Wort an alle Chefs

Stärkt euer eigenes Selbstwertgefühl. Arbeitet hart daran. Die Kurse in Stärkung des Selbstwertgefühls sollten Vorrang vor allen Managementkursen und Seminaren für Führungskräfte haben. Das wird euch sehr zugutekommen, aber nicht nur euch persönlich, sondern auch allen Mitarbeitern, dem gesamten Unternehmen und der Organisation.

Diese Investition werdet ihr hundertfach zurückbekommen. Davon bin ich überzeugt.

Gut genug – und zwar ab SOFORT!

Ich glaube nicht an Perfektionismus. So etwas gibt es nicht. Aber die Energie, die wir einsetzen, um Großartiges zu erstreben, ist die Energie der Perfektionisten.

Reese Witherspoon, amerikanische Schauspielerin

Was bedeutet gut genug?

Was du tust, reicht aus, du kannst zufrieden sein. Es ist gut genug.

In jeder Situation, in die du dich begibst, kannst du von vornherein bestimmen, was gut genug in diesem speziellen Fall für dich bedeutet. Und dann kannst du das als Ziel verfolgen, anstatt das Unmögliche zu wählen, das Resultat, das du niemals erreichen wirst, weil es vollkommen unrealistisch ist. Wo du immer nur enttäuscht sein wirst, weil du den Weg nicht bis zum Ende gehen konntest.

Mit gut genug kannst du jedes Mal einen kleinen Sieg davontragen.

Ein Beispiel von mir: Ich bekomme das Angebot, einen Vortrag zu halten, sagen wir über Arbeitsfreude, in einem Unternehmen, das seine Mitarbeiter dazu inspirieren will, mehr Freude an ihrem Job zu empfinden. Sie sollen stolz auf ihren Beitrag sein und Verantwortung für ihre Arbeit übernehmen. Da kann ich mich natürlich vorbereiten, mich über das Unternehmen erkundigen, mir Gedanken über meine Auftraggeber machen, meine Unterlagen durchsehen und dann vor Ort mein Bestes geben. Denn natürlich will ich 100 Prozent abliefern, will nicht langweilig sein oder nur mein Ding abspulen. Ich bin stolz auf und dankbar für jeden Auftrag, den ich bekomme.

Wenn ich aber den Bogen überspanne und das Projekt mit dem Ehrgeiz in Angriff nehme, einen perfekten Vortrag halten zu wollen, wird mir das mehr Hindernis als Hilfe sein.

Wenn mein Ziel heißt, einen Job zu machen, der gut genug ist, entspannt mich das, macht mich flexibel und dadurch auch professioneller, weil ich mir Spontaneität erlaube. Ich bin auf alles gefasst und kann den Menschen wirklich auf Augenhöhe begegnen.

Begegne dir selbst auf eine neue Weise!

Doch, genau darum geht es doch; eine Herangehensweise, die anders aussieht als vorher. Eine gründliche Veränderung der Einstellung. Nämlich nicht mehr nach Perfektionismus zu streben, wenn er dir schadet und destruktiv wird.

Es geht darum, neue Gedankenmodelle zu entwerfen, neue Reaktionen und Perspektiven. Und das bezieht sich auf dein Verhalten, deine Denkweise und deine Seele.

Perfektionisten zu helfen ist schwer. Wenn sie einfach ihren Ehrgeiz ein bisschen drosseln würden – aber genau das können sie ja nicht! Stattdessen muss der Schwerpunkt auf Akzeptanz und Anteilnahme liegen, den grundlegenden menschlichen Bedürfnissen, die gesehen und berücksichtigt werden sollten.

Robert erzählte mir:
Ich habe eine tolle Dachgeschosswohnung, ein schnelles Auto, schicke Markenklamotten, teure Uhren, reise im Winter in die Wärme, gehe jedes Jahr Ski fahren und trinke Champagner. Aber ich bin verdammt nochmal nicht glücklich!

Robert weiß, dass das Glück nicht in der Kulisse seines Lebens sitzt, sondern in seinem Herzen. Das hatte er fast vergessen, weil er so damit beschäftigt war, Autos und Uhren zu kaufen und Reisen zu buchen. Da hatte er keine Zeit, über so etwas wie wahres Glück nachzudenken.

Hat er sich schon einmal darüber Gedanken gemacht, was er wirklich gerne tut? Wobei hat er am meisten Spaß? Bei wem fühlt er sich geborgen und wohl? Welche Eigenschaften an sich mag er am liebsten?

Wahrscheinlich hat er bisher noch nie in diese Richtung gedacht.

Was vermisst er in seinem Leben? Was kein Gegenstand ist!

Was braucht er, um Glück zu empfinden?

Robert hat sein Leben in die Hand genommen, weil er sich alles angeschafft hat und entdecken musste, dass er trotzdem nicht glücklich war. Er übernimmt die Verantwortung für sein Leben, hat angefangen, Coachingstunden zu nehmen, und lernt jedes Mal neue Sachen über sich selbst.

Perfekt sein oder perfekt scheinen?

Wenn Menschen in den unterschiedlichsten Zusammenhängen Perfektion verlangen, obwohl es keineswegs notwendig wäre, stelle ich mir oft die Frage: Geht es ihnen darum, zufrieden zu sein, oder steckt dahinter der Wunsch, dass es perfekt aussieht?

Es gibt unterschiedliche Gründe, warum man sich entscheidet, ein Perfektionist zu sein. Es gibt Menschen, die in allem, was sie tun, ein perfektes Resultat erzielen wollen, um ihrer selbst willen. Und es gibt jene, die anderen zeigen wollen, dass ihnen bei allem ein perfektes Resultat gelingt.

Bei Letzteren hängt alles von der Umwelt ab.

Vivian erzählte mir:
Solange meine Umwelt mir Anerkennung gibt, mich sieht, von mir beeindruckt ist, mich fleißig und begabt findet und mich mag, ist alles gut.

Amelie erzählte mir:
Wie ich mich auch bemühe, alles perfekt zu machen, es wird nie gut genug. Obwohl das, was ich abliefere, eigentlich perfekt ist. Es fühlt sich nur so an, als würde immer irgendetwas fehlen.

Amelie hatte mir eine Mail geschickt, in der sie ihr Leid klagte. Sie habe keine Lust mehr, sich anzutreiben und sich getrieben zu fühlen. Aber die Leere, die so viele Perfektionisten empfinden, lässt sich nicht von außen füllen. Das ist, als wolle man sich bei McDonald's satt essen – das geht nicht. Man isst schnell und gierig und ist pappsatt. Das hält ungefähr eine Stunde an und dann hat man mehr Hunger als vorher.

Amelie muss ihre Fahrtrichtung ändern und sich von innen füllen, ihr Selbstwertgefühl anfüllen.

Meine schlimmste Medienerfahrung aller Zeiten

Ich werde dir von meiner größten beruflichen Niederlage erzählen. Im Zusammenhang mit der Einführung des Digitalfernsehens wurde ich zur Koordinatorin und Projektleiterin der landesweiten Informationskampagne unseres Senders TV4 ernannt. Jeder Schwede musste sich mit diesem Technikwechsel vertraut machen, und ich sollte den Sender in der Öffentlichkeit repräsentieren, was bedeutete, in Debatten, Radiosendungen, Fernseh- und Zeitungsinterviews aufzutreten.

Mein erster Auftritt war auch gleichzeitig die Premiere; sie fand auf Gotland statt, weil sie dort das Digitalfernsehen als Erste einführten. Es war an einem Montag, ein richtiger Pressetag, und ich sollte an einer landesweit übertragenen Radiosendung teilnehmen, live und mit einem scharfzüngigen Moderator, der (meist aufgeregte) Zuhörer dazuschaltete, damit diese Fragen stellen konnten.

Ich fühlte mich wahnsinnig unwohl in diesem Studio und drückte mir unterm Tisch krampfhaft die Daumen, dass dieser Kelch an mir vorüberziehen möge!

Doch plötzlich wandte sich der Moderator mit einer Hörerfrage an mich. Es war ein echauffierter LKW-Fahrer, der den Kanal TV4 nicht empfangen konnte. Früher habe er ihn sehen können, aber jetzt sei er einfach weg und sei nirgendwo auf der Fernbedienung zu finden. Natürlich war das eindeutig eine Frage an mich, und es wurde ganz still im Äther.

Ich hatte keine Ahnung.

Und darum auch keine Antwort.

Was dem Moderator natürlich großen Spaß bereitete. Er bohrte noch ein bisschen mehr in der Wunde und stellte mich an die Wand. Aber ich hatte einen Blackout und hatte alles, alles, alles vergessen, was ich mir in den vergangenen Monaten angeeignet hatte. Alles, was ich über Digitalfernsehen und Fernsehpolitik und so weiter wusste, war wie weggeblasen!

Am Ende gab ich auf und jemand anderes musste für mich übernehmen und antworten.

Als ich das Radiostudio auf Gotland verließ, war ich so klein mit Hut. Wenn ich nur da schon gewusst hätte, dass dieses Erlebnis entscheidend sein würde für meinen weiteren Lebensweg, für das, was ich heute tue, unterrichte und praktiziere.

Ich ging ins Hotel und heulte, heulte so lange, bis die schönen, weißen Kissen von meiner Mascara ganz schwarz waren. Ich überlegte ernsthaft, zu kündigen. Hatte ich wirklich geglaubt, ich könnte einen Auftrag in dieser Größenordnung bewältigen? Im Radio sitzen und reden? Wie konnte ich nur so überheblich sein?

Aber es streifte mich noch ein anderer Gedanke: Wenn ich nach Hause fahren und kündigen würde, hätte dieser Moderator doch gewonnen. Und mit ihm alle anderen, die nicht an mich geglaubt hatten. Darum war ich gezwungen, dazubleiben, um ihnen zu beweisen (mir selbst am meisten, aber das wusste ich damals noch nicht), dass ich mich sofort wieder in den Sattel schwinge und es ein zweites Mal versuche. Dann rief ich zu Hause an und ließ mich trösten und streicheln und fühlte mich wieder gestärkt. Ich würde es ihnen schon zeigen!

Am nächsten Tag saß ich wieder auf dem Podium, diesmal zwischen dem Geschäftsführer von *Sveriges Television* und dem schwedischen Kulturminister. Vor uns das versammelte Presseaufgebot, dem ich alle Fragen beantwortete, als hätte ich in meinem Leben noch nie etwas anderes getan.

Das lief großartig!

Damals erkannte ich, wie stark die Kraft der Gedanken sein kann, wie viel unser mentaler Zustand für uns bedeutet. Und ich entschied mich, mein neues Wissen in der Zukunft anzuwenden.

Was für eine Lehre habe ich aus meiner Niederlage gezogen?

♥ Weder im Radio noch an anderer Stelle muss ich fehlerfrei und perfekt auftreten.

♥ Es wird selten so, wie ich es mir vorgestellt habe.

♥ Ich muss auf spontane Lösungen vorbereitet sein – flexibel im Kopf sein!

♥ Es ist in Ordnung, nicht alles zu wissen und nicht auf alle Fragen eine Antwort zu haben.

♥ Ich kann so tun, als wüsste ich Bescheid, und dadurch weiß ich auch fast Bescheid. Ich kann mir sagen, dass ich etwas weiß, es kann und die Situation beherrsche.

♥ Seit diesem Erlebnis trage ich unablässig Situationen und Momente zusammen, um sie in meinen Vorträgen, Kursen und anderen Zusammenhängen, ja auch in diesem Buch zu verwenden, indem ich mir meine Handlungen, Reaktionen, Verhaltensweisen und Entscheidungen genau ansehe.

♥ Ich habe gelernt, dass Studiogäste im Radio immer Fragen gestellt bekommen!

Wenn ich heute in einem Radiostudio sitze, interviewt werde oder an einer Fernsehsendung teilnehme und über Persönlichkeitsentwicklung, Coaching, Kommunikation, Beziehung oder was auch immer spreche, dann bedeutet gut genug für mich, dass ich 1. Spaß habe, 2. wenigstens eine schlaue und sinnvolle Sache gesagt habe und 3. in der Lage war, mindestens eine Person inspiriert zu haben – gerne auch mehrere.

Warum es überhaupt probieren, wenn man gar nicht gewinnen kann?

In dem Ausbildungscamp in Monte Gordo in Portugal, von dem ich schon erzählt habe, erfuhr ich noch eine Geschichte. Ich war dort, um über das Selbstwertgefühl zu sprechen und mit den Teilnehmern Übungen zu machen. Es wurde viel über Training, Laufen, Wettkämpfe, Muskeln, Distanzläufe, Sportverletzungen und Schuhe geredet. Da hörte ich von einem Mann, der nie bei einer Sportart antreten würde, wenn er nicht sicher sein konnte, zu gewinnen.

Ein Freund von ihm hatte sich für den Stockholm-Marathon angemeldet, was dieser Mann so kommentierte: »Spinnst du? Warum machst du bei so einem Wettlauf überhaupt mit, obwohl du weißt, dass du ihn niemals gewinnen wirst?«

Und dann lief er selbst den Marathon durch die Hauptstadt mit, brach ihn allerding vor dem Ziel ab, als er erkannte, dass er ihn nicht gewinnen würde. Für ihn kam keine andere Platzierung als die Nummer eins infrage. Er war total fixiert auf die Meinungen und Reaktionen seiner Umwelt: Was würden die anderen Läufer und Trainingskollegen sagen, wenn er schlechter abschnitt als mit Platz eins? Die Entscheidung, abzubrechen, traf er also im Hinblick auf die eventuellen Reaktionen anderer und nicht ausgehend von physischer Erschöpfung oder etwas Ähnlichem. Sein Blick auf sich selbst war nur auf seine Leistungen und die Reaktionen seiner Umwelt ausgerichtet.

Irgendwo habe ich gelesen, dass Thomas Edison mehrere Tausend Versuche unternommen und Kombinationen getestet hat, ehe die Glühlampe erfunden wurde. Was für ein Glück, dass er nicht aufgegeben hat, nur weil es beim ersten Mal nicht sofort klappte!

Ängste schränken uns ein

Die Angst, eine Niederlage zu erleben, ist bei Perfektionisten so stark ausgeprägt, dass er oder sie lieber gleich verzichtet. Es gibt verschiedene Arten von Ängsten:

- Die Angst, sich zu blamieren.
- Die Angst, die Kontrolle zu verlieren.
- Die Angst, nicht gefragt zu sein.
- Die Angst, abgewiesen zu werden.
- Die Angst, von anderen nicht anerkannt zu werden.
- Die Angst, sich selbst nicht anerkennen zu können.
- Die Angst, Gedanken zu entdecken, die man vor langer Zeit verdrängt hatte.
- Die Angst vor seiner dunklen Seite.
- Die Angst davor, das eigene Licht leuchten zu lassen.

Wenn du nicht von deinen Ängsten regiert werden willst, musst du dich ihnen stellen.

Ja, so ist das.

Hast du Angst vor der Dunkelheit, musst du dich dieser Angst stellen, damit sie nicht dein Leben bestimmt. Das kann sich in deinem Alltag auf ganz unterschiedliche Arten äußern. Vielleicht hast du Angst, allein zu schlafen, obwohl du schon lange erwachsen bist, oder du hast Flugangst, obwohl du gerne die Welt sehen möchtest, oder du traust dich nicht, vor einer Gruppe von Menschen zu reden, und hältst darum nie eine Rede oder meldest dich in Sitzungen nicht zu Wort, obwohl du einen Haufen kluger Argumente parat hättest.

Deine Ängste schränken dich ein, solange sie weiterhin deine Ängste sein dürfen – statt eine Schwierigkeit zu sein, der du dich stellst und die du bearbeitest.

Und Perfektionisten haben viele Ängste.

Aufgabe 39

Wovor hast du Angst?

Schreib deine Gedanken dazu auf.

Und jetzt heißt es U-Bahn fahren –
Beates Geschichte

Beate hatte Angst, mit der U-Bahn zu fahren. Sie hatte ein großes Sicherheitsbedürfnis, und in einem U-Bahn-Waggon mit verschlossenen Türen, in Tunneln, unter der Erde, fühlte sie sich nicht sicher.

Sie arbeitete Vollzeit in einer Firma in der Innenstadt und wohnte in einem Vorort westlich von Stockholm. Jeden Morgen nahm sie den Bus ins Zentrum der Stadt und musste danach noch zweimal umsteigen, bis sie ihren Arbeitsplatz erreicht hatte. Nach einem anstrengenden Arbeitstag stieg sie erneut zweimal in der Innenstadt um und fuhr zurück nach Hause.

Eine Strecke kostete sie anderthalb Stunden, und abends dasselbe wieder zurück. Das machte insgesamt drei Stunden Busfahrt, jeden Tag. Dabei wohnte sie gar nicht so weit von ihrer Arbeitsstelle entfernt. Hier hatte ihre Angst, U-Bahn zu fahren, die Regie übernommen; die Angst, eingesperrt zu sein, dass keine Hilfe kam, sie nicht gesehen wurde, schränkte ihr Leben und ihre Möglichkeiten einer besseren Lebensqualität ein. Denn es war nicht so, dass Beate eine Busfanatikerin war. Sie war gestresst, müde, musste um einen Platz im Bus kämpfen, die Busse hatten Verspätung, Beate kam manchmal zu spät zur Arbeit oder zum Kindergarten.

Dann fuhr sie mit ihrem Mann nach London. Ein freies Wochenende, an dem sie Tee trinken und Scones essen wollten, ins Musical gehen, bei Harrods shoppen und ein Bier in einem Pub trinken. Schon auf dem Flugplatz sagte ihr Mann zu ihr: »So, mein Schatz, jetzt heißt es U-Bahn fahren. Sonst sitzen wir das halbe Wochenende im Taxi oder in Bussen.« Beate musste schlucken, aber dachte sich, vielleicht ist es einen Versuch wert; ihr Mann an ihrer Seite verlieh ihr genug Sicherheit, sie hatten viel Zeit und es war tatsächlich das sinnvollste Fortbewegungsmittel.

Gesagt, getan. Bei Beates erster Fahrt mit einer U-Bahn, und damit meine ich wirklich die erste Fahrt seit sieben Jahren, kam es natürlich zu einem Stau im Tunnel und die Bahn blieb stehen!

45 Minuten steckte die Bahn reglos im Tunnel fest. Knackevoll mit Menschen, an einem Donnerstagabend zur Rushhour. Beate kaute Kaugummi und zählte die Minuten, konzentrierte sich auf etwas anderes, beobachtete die Mitreisenden, atmete tief und gleichmäßig. Und dann endlich setzte sich der Zug wieder in Bewegung – sie hatte es geschafft!

Vier Tage später, es war Montagmorgen und Beate musste zur Arbeit. Ihr Mann bestand darauf, dass sie die U-Bahn nahm und nicht den Bus. »Wenn man in London U-Bahn fahren kann, dann kann man das auch in Stockholm«, sagte er.

Beate stattete sich mit einem Vorrat an Kaugummis aus und fuhr los. Und es lief wunderbar! Am meisten begeisterte sie, dass sie über eine Stunde gewonnen hatte. Und die Erfahrung, mutig gewesen und als Mensch gewachsen zu sein.

Niemals zufrieden!

Cecilia erzählte mir:
Ich habe mir fürs Büro eine Eieruhr gekauft, die steht bei mir auf dem Schreibtisch. Bei jeder Aufgabe, die ich mir vornehme, schätze ich vorher ein, wie viel Zeit ich dafür anberaumen will, sagen wir zwanzig Minuten. Dann stelle ich meine Eieruhr, und wenn sie zwanzig Minuten später klingelt, muss ich fertig sein. Dann ist es gut genug. Besser als so wird es nicht.

Im Rahmen eines Seminars für weibliche Vorgesetzte, die auf der Karriereleiter an die Spitze des Unternehmens klettern wollten, lernte ich eine Frau kennen, die mir gestand, eigentlich nie mit irgendetwas zufrieden zu sein. Wenn sie zusammen mit anderen Gleichgestellten eine Aufgabe zugewiesen bekam, fühlte sie sich nie bereit dazu, wurde nie damit fertig. Wenn man fertig wird, ist man zufrieden, und wenn man zufrieden ist, wird man auch fertig. Das Problem war nur, so hatte sie erkannt, dass sie nie zufrieden war und darum auch nie fertig wurde. Zumindest nicht in ihren Augen. Natürlich war sie gezwungen, ihre Ergebnisse zu den vereinbarten Terminen vorzulegen, aber sie hatte nie das Gefühl, etwas wirklich abgeschlossen zu haben. Sie hätte alles immer noch ein bisschen oder sehr viel besser machen können.

Wie anstrengend!

Aber sie erzählte mir auch, dass schon diese Erkenntnis ihr geholfen hatte, sich darüber Gedanken zu machen, wie sie ihre Maßstäbe ändern konnte, damit es eine Skala gab und Nuancen. Was bedeutete »zufrieden« eigentlich für sie? Von dort aus konnte sie sich eine neue Haltung aneignen und auch mal sagen, doch, damit konnte sie zufrieden sein, sie würde das jetzt so abgeben, es ist gut geworden. Das fühlt sich okay an, also konnte sie sich zurücklehnen. Es war gut genug.

Aufgabe 40

Womit bist du zufrieden?

Schreib deine Gedanken dazu auf.

Aufgabe 41

Wenn du das nächste Mal vor einer Aufgabe stehst, die du erledigen musst – das kann eine Einladung zum Abendessen bei dir zu Hause sein, ein neuer Auftrag bei der Arbeit, der Hausputz, einen Zopf flechten, dich für eine Party zurechtmachen, eine Yogastunde oder deine Joggingtour, ein Ritt auf einer Kuh über eine Wiese, Luftgitarre spielen, ein Lied singen, ein Geschenk für einen Freund aussuchen – dann entscheide dich, was in diesem Zusammenhang *gut genug* für dich bedeuten könnte.

Nehmen wir zum Beispiel das Abendessen: Bist du zufrieden, wenn du einen Gang selbst zubereitest, den zweiten aber fertig kaufst, beispielsweise einen Kuchen als Nachspeise? Oder fühlt sich das faul an, wenn du kein Drei-Gänge-Menü inklusive Snacks zu den Drinks anbietest? Oder die Joggingrunde: Du hast nur dreißig Minuten Zeit, kannst du mit dieser einen Runde, die du schaffst, zufrieden sein? Oder ärgerst du dich, dass du nicht länger laufen kannst und somit dein Ziel vielleicht nicht erreichst, das da ist, bis zu Beginn der Bikinisaison noch fünf Kilo abzunehmen?

Spiel mit diesem Gedanken. Wie wäre es, wenn ich damit zufrieden wäre?

Und dann sag zu dir selbst: *Das ist gut genug. Jetzt habe ich acht Stunden lang gearbeitet, jetzt reicht es. Ich gehe nach Hause, ich bin zwar nicht ganz fertig geworden, aber ich bin hungrig und müde und will nach Hause, darum ist es jetzt gut genug. Ich bin zufrieden, mit dem, was ich in dieser Zeit geschafft habe.*

Schreib deine Gedanken dazu auf.

Ein paar Schritte auf deinem Weg zum »gut genug«:

♥ **Fang an, über deine Träume, Wünsche und Visionen nachzudenken, über das, was du wirklich willst.**

♥ **Sieh zwischendurch zurück und erkenne, was du schon alles geschafft hast.** Wir gewöhnen uns zu schnell an die nächste Stufe und vergessen dabei unsere Fortschritte, nehmen das Erreichte als selbstverständlich hin. Nimm zur Kenntnis, wie weit du schon gekommen bist, und sei stolz darauf. Das führt zu größerer Dankbarkeit und daraus resultierend zu einem gestärkten Selbstwertgefühl.

♥ **Denk darüber nach, was die Stufe vor »perfekt« für dich bedeutet.** Und der Druck, Fortschritte zu machen, Erfolg zu haben und Glück zu finden – was bedeutet das eigentlich für dich persönlich?

♥ **Du lernst aus deinen Niederlagen.** Mit ihnen wächst du als Mensch, darum lerne von ihnen, statt sie zu fürchten. Bestimmte Niederlagen müssen wir erleben, damit wir aus ihnen lernen können. Erinnere dich bloß an die Führerscheinstunden und die vielen peinlichen Augenblicke. Aber so hast du es gelernt, oder?

Miniaufgabe:

Erinnere dich an deine jüngste Niederlage und liste ein paar Dinge auf, die du daraus lernen konntest.

♥ **Aber du lernst auch aus deinen Erfolgen.** Darum sei wachsam und achte darauf, warum es so gut gelaufen ist. Warum hat das Meeting so gut funktioniert, warum ist das etwas heikle Gespräch mit deinem Mann so gut verlaufen oder warum ist an dem Tag, an dem alles irgendwie unmöglich schien, am Ende doch alles gut gegangen. Geh im Kopf das Ereignis durch und merke dir, worin der Erfolg bestand. Und wiederhole es beim nächsten Mal.

Miniaufgabe:

Erinnere dich an deinen jüngsten Erfolg und liste ein paar Dinge auf, die du daraus lernen konntest.

♥ **Setze dir realistische Ziele.** Sprich mit anderen darüber, was realistisch sein könnte, selbst ist man meistens ein bisschen blind, wenn es um so eine Einschätzung geht. Frag entweder einen guten Freund oder jemanden, der eine solche Aufgabe schon einmal erledigt hat oder ein ähnliches Ziel bereits erreicht hat.

Ist es nicht merkwürdig, dass eine Diätwillige sich mit anderen Gleichgesinnten liiert, die vielleicht auch schon zigmal gescheitert sind? Oder der zukünftige Nichtraucher, der sich mit den Kollegen zusammentut, die auch schon mehrmals wieder rückfällig geworden sind?

Mach es anders! Ruf die an, die schon auf der anderen Seite sind! Frag sie, wie sie es geschafft haben. Wie sah ihr Ziel aus, als sie angefangen haben? Welche Aspekte haben sie berücksichtigt? Welche Komplikationen sind entstanden? Warum ist es ihnen gelungen? Als ich mein Kleinunternehmen gründete und mit meiner Coachingtätigkeit loslegen wollte, rief ich die besten Coaches von Schweden an, lud sie zu mir ein und stellte ihnen Hunderte von Fragen. So erfuhr ich aus erster Hand, wie ich vorgehen sollte, wie lange es dauerte, ein Unternehmen aufzubauen, von dem ich auch leben konnte, wie die üblichen Fallstricke aussahen und so weiter.

Dir unrealistische Ziele zu stecken, die du nicht erreichen kannst, verringert nur dein Selbstvertrauen und dein Selbstwertgefühl, und dann musst du wieder von vorn anfangen. Realistische Ziele aber, die du erreichen kannst, werden dich stärken und stolz machen. Und vergiss bloß nicht, das zu feiern!

♥ **Teile dein Ziel in mehrere Etappen ein.** Geh einen Schritt nach dem anderen. Schätze vor jedem Schritt ein, was du dabei erreichen kannst, wie weit du kommen kannst. Und ich wiederhole mich: Vergiss bloß nicht, jedes Etappenziel zu feiern! Entscheide dich lieber für mehrere Etappen als für zu wenige. Wenn mein Weg weit ist, teile ich die Strecke in kürzere Abschnitte, nehme einen nach dem anderen und zack, habe ich schon die ganze Distanz überwunden.

♥ **Stärke dein Selbstwertgefühl.** (Lies das Kapitel *Selbstwertgefühl = lebensnotwendig.*) Ganz im Ernst, dadurch gewinnst du mehr innere Sicherheit und wirst erkennen, dass du genau richtig bist, so wie du bist. Du wirst in den unterschiedlichsten Situationen besser zurechtkommen, besser mit deinen Beziehungen umgehen können, du wirst dir zutrauen, zu scheitern, und am Ende zu einer inneren Harmonie gelangen, die so viele Menschen ersehnen und die ebenso vielen fehlt.

♥ **Hab viel Spaß auf diesem Weg!** Es dreht sich nicht alles immer nur um den Erfolg, sondern auch um Freude und die Entwicklungsmöglichkeiten auf dem Weg selbst. Manchmal tragen wir so große Scheuklappen, dass wir nur das ferne Ziel sehen, aber nicht den Weg dorthin. Und so versäumen wir während des Prozesses wichtige Erkenntnisse und Erfahrungen, aus denen wir unsere Lehren ziehen könnten.

Berücksichtige darum bei deiner Auswertung des Prozesses möglichst viele unterschiedliche Aspekte. Ich gebe dir ein Beispiel: Eine Werbeagentur bekommt den Auftrag für eine Kampagne, die eine bestimmte Botschaft verbreiten soll, durch die am Ende ein Produkt verkauft werden soll. Das Hauptziel ist natürlich, das Produkt an den Markt zu bringen und es zu verkaufen. Aber das Ziel der Werbeagentur ist es, eine Kampagne zu entwerfen, die den Bekanntheitsgrad des Produktes erhöht und überall zu sehen ist – vor allem für die Zielgruppe. Sagen wir, dass 80 Prozent Bekanntheitsgrad angestrebt werden. Das ist also das Ziel. Und es werden Untersuchungen gemacht. Und Berichte geschrieben. Und Auswertungen verfasst.

Aber was passiert alles auf dem Weg dorthin? Was wurde gedacht? Welche Schlüsse wurden im Laufe der Arbeit gezogen? Woher kamen die Ideen für die Kampagne? Für was hat man sich entschieden und warum? Was war daran lustvoll? Was war schwer und langweilig? Wann hatten die Teammitglieder am meisten Spaß, und hat sich das in der Kampagne niedergeschlagen, ist es sichtbar geworden?

Wann hast du Spaß an etwas und wie kannst du dafür sorgen, dass du noch mehr Spaß hast? Denk mal darüber nach.

♥ **Drossle deinen Ehrgeiz.** Ich weiß, es ist verlorene Liebesmüh, das einem Perfektionisten immer wieder zu sagen, aber dennoch: Versuch es!

Miniaufgabe:

Nimm jede beliebige Aktivität: ein Mittagessen, eine Joggingrunde, ein Meeting, das du führen musst, eine Postkarte, die geschrieben werden soll – und statt deine üblichen 100 Prozent anzustreben, drossle deinen Ehrgeiz auf 90 Prozent. Und beobachte, was passiert. Vielleicht das nächste Mal auf 80 Prozent? Was hat das für Konsequenzen? Experimentiere mit diesem Gedanken. Und weißt du was, du wirst es überleben! Auch wenn du es nicht für möglich hältst, dass ausgerechnet du dich mit 70 Prozent zufriedengeben könntest. Aber du kannst!

♥ **Stell nicht höhere Anforderungen an dich als an andere.** Will sagen, behandle dich selbst mit genauso viel Liebe und Respekt wie deinen Nächsten. Du bist der einzige Mensch, mit dem du garantiert eine lebenslange Beziehung haben wirst. Das ist wahr, alle anderen, die du liebst, können auf die andere Erdhalbkugel ziehen, dich verlassen, sterben, dir die Freundschaft kündigen, verschwinden, aber du – dich wird es geben bis zu dem Tag, an dem es Zeit wird, weiterzuwandern. Darum behandle dich wie deinen allerbesten, wertvollsten Freund. Mit Liebe und Respekt.

♥ **Wenn du den Verdacht hast, deinen Perfektionismus geerbt zu haben – du trägst die Verantwortung dafür, wie dein jetziges Leben aussieht.** Ganz unabhängig davon, wie oder wo oder mit wem du aufgewachsen bist. Setz dich mit den Beziehungen in deiner Kindheit auseinander.

♥ **Trau dich, alle Gefühle zu empfinden.** Verletzlichkeit, Freude, Trauer, Euphorie, Zweifel, Leere, Enttäuschung, Willensstärke, Wut, Unruhe, Aufgeregtheit – um nur ein paar zu nennen. Trainiere, jedes Mal wirklich nachzuspüren, um welches Gefühl es sich handelt, woher es kommt. Gefühle sind wie Farben – es gibt nicht nur Rot, Grün, Gelb und Blau, sondern Violett, Blutrot, Purpur, Kobaltblau, Jadegrün und andere. Es gibt so viele unterschiedliche Nuancen in unserem Gefühlsspektrum, und jedes Gefühl hat eine Farbe. Wenn du nachspürst, wirst du bewusster werden und dem wahren Gefühl entsprechend handeln können, die richtige Nuance treffen. Wenn dich etwas frustriert – geh einen Schritt weiter und frag dich, was dich frustriert hat, woher dieses Gefühl kommt.

♥ **Stell dich deinen Ängsten.** Ich weiß, das ist leichter gesagt als getan, und es ist eine Aufgabe, die es in sich hat. Bei einem Vortrag in Göteborg sollten die Zuhörer in Zweierteams miteinander über ihre Ängste sprechen, und wer sich traute, durfte es laut sagen. Eine mutige Frau rief: »Ich habe am meisten Angst davor, mein wahres Ich zu zeigen!« Wenn man davor Angst hat – und damit ist sie keinesfalls allein –, schränkt man sein Leben und seine Lebensqualität massiv ein. Man hat nur dieses eine Leben hier auf Erden und lässt nicht zu, dass sich seine ganze Persönlichkeit entfalten kann? Aber nicht nur wir selbst fürchten uns vor unseren Möglichkeiten und davor, unser eigenes Licht leuchten zu lassen – anderen geht es genauso. Wenn eine Kollegin im Büro kündigt und etwas Bedeutungsvolleres macht, einen besseren Job bekommt oder sich selbstständig macht, werden die anderen Kollegen genau daran erinnert: dass sie zurückbleiben, obwohl die Möglichkeiten ihnen praktisch zu Füßen liegen, wenn sie sich nur trauen würden. Stell dir diese Frage: *Was ist das Schlimmste, was passieren könnte?* Meistens sind wir über die Antwort maßlos enttäuscht.

♥ **Lerne, Prioritäten zu setzen.** Nicht alles ist gleich wichtig. Denk zum Beispiel mal an eine Notaufnahme und wie oft dort die Ärzte und Schwestern Prioritäten setzen müssen. Eine Person mit einem Herzinfarkt muss schneller behandelt werden als jemand mit einem gebrochenen Daumen. Aber allen wird geholfen – zu gegebener Zeit. Lerne, deine Prioritäten zu setzen, lerne zu sehen, was am wichtigsten, was danach dran ist und was vielleicht sogar von der Liste gestrichen werden kann. Worin steckst du unnötig Energie? Und wo wäre sie besser investiert?

Schreib deine Gedanken dazu auf.

Neues tun, um Neues zu erleben

Wenn du eine Veränderung willst, musst du eine Veränderung durchführen.

Oft muss ich schmunzeln, wenn die Leute mit einem Problem zu mir kommen und wollen, dass ich es in Ordnung bringe. In gewisser Weise ist das ja ganz reizend, aber die Arbeit muss derjenige allein leisten, obwohl ich als engagierte Begleiterin natürlich coache, führe, unterstütze und applaudiere.

Wenn du dich von deinem Perfektionismus befreien willst, musst du zuerst in die Richtung gehen, die dich dort hingebracht hat. Nimm dir eine Maßnahme nach der anderen vor, eine pro Woche vielleicht, und konzentriere dich ganz intensiv darauf. Werte die Ergebnisse aus, beobachte, wie es lief, und dann gehst du weiter zur nächsten.

Du wirst überrascht sein, wie viel besser deine Resultate ausfallen können, wenn du das als Ganzes betrachtest und vor allem auf dein Wohlbefinden achtest. Negativer Perfektionismus ist keine Verhaltensweise, die auf Dauer große Früchte trägt und zu Erfolg und Glück führt.

Wenn man mir früher gesagt hätte, dass ich eines schönen Tages so richtig aufs Gaspedal drücken und mein absolut Äußerstes leisten würde, meine Grenzen ausweiten und meine eigenen Rekorde schlagen würde, wenn es drauf ankommt, ich mich aber ansonsten mit *gut genug* zufrieden geben würde, mir selbst mit Milde begegnen könnte und mich bei einer Niederlage nicht noch mehr bestrafen müsste, sondern mich selbst anspornen würde, es erneut zu versuchen – da hätte ich es ihnen nicht geglaubt. Nie und nimmer hätte ich es geglaubt!

Heute weiß ich, wie weit man mit *gut genug* kommt. Und ich weiß, dass meine Sicherheit, meine entspannte, lebensfrohe und – wie andere mir sagen – angenehme Art andere dazu einladen, es mir nachzutun. Es war eine mitunter schwierige Reise, voller Zweifel, voller Schmerz, aber gleichzeitig aufregend: den alten Ansichten und Bildern von sich selbst zu entfliehen, den starren Vorstellungen, wie alles zu sein hat, sich nicht mehr von seinen Ängsten leiten zu lassen, die Beschränkungen zu demontieren und sich selbst nicht mehr zu entwerten.

Ab und zu tauchen versprengte Reste der alten Wettkampfgedanken auf, des Wunschs, sich zu vergleichen. Das Bedürfnis nach Bestätigung und der Perfektionismus melden sich, aber jetzt kann ich mich daran erinnern, wie ich darauf reagieren kann, statt mich hetzen zu lassen.

Und sollte ich tatsächlich einmal einen kleinen Rückfall erleiden, habe ich ja jetzt ein ganzes Buch, das ich lesen kann.

Literaturverzeichnis

Hier ein paar Tipps für andere interessante und lesenswerte Bücher und Verweise zu einigen der erwähnten Studien und Untersuchungen.

Patti Breitmann & Connie Hatch, *Sag einfach nein und fühl dich gut: Grenzen setzen in Partnerschaft, Familie und Beruf,* Goldmann Verlag 2005

Gordon L. Flett, Paul L. Hewitt, *Perfectionism: Theory, Research, and Treatment,* American Psychological Association (APA), Washington D.C. 2002

Klas Hallberg, *Hångla mer! (Knutscht mehr!/ Fummelt mehr!),* Natur och Kultur 2005

John James & Russell Friedman, *The Grief Recovery Handbook: The Action Program for Moving Beyond Death, Divorce, and Other Losses,* Harper Paperbacks 1998

Jesper Juul, *Das kompetente Kind,* Rowohlt TB 2003

ders., *Was Familien trägt, Werte in Erziehung und Partnerschaft. Ein Orientierungsbuch,* Beltz Verlag 2012

ders., Pernille W. Lauritsen, *Frag Jesper Juul – Gespräche mit Eltern. Familiencoaching,* Beltz Verlag 2012

Phillip McGraw, *Lebensstrategien. 10 Regeln, damit Ihnen das gelingt, worauf es im Leben wirklich ankommt,* Moderne Verlagsgesellschaft 2007

Kay Pollak, *Für die Freude entscheiden: Gebrauchsanweisung für ein glücklicheres Leben,* Südwest Verlag 2008

ders., *Durch Begegnungen wachsen: Für mehr Achtsamkeit und Nähe im Umgang mit anderen,* Südwest Verlag 2007

Sylvia Rimm, *Raising Preschoolers: Parenting for Today,* Three Rivers Press 1997

Anthony Robbins, *Das Robbins Power Prinzip: Wie Sie Ihre wahren inneren Kräfte sofort einsetzen,* Ullstein TB 2004

Ingalill Roos, *Energitjuvar (Energiediebe),* Forum 2006

Marshall B. Rosenberg, *Gewaltfreie Kommunikation: Eine Sprache des Lebens,* Junfermann 2007

Fredrik Saboonchi, *Perfectionism – Conceptual, Emotional, Psychopathological, and Health-Related Implications,* Doktorarbeit an der Universität von Stockholm 2000.

Benjamin Spock, Michael B. Rothenberg, *Säuglings- und Kinderpflege,* Ullstein 1997

Mia Törnblom, *Was bin ich mir wert? Selbstachtung als Schlüssel zu einem erfüllten Leben,* dtv 2008

Neale Donald Walsh, *Gespräche mit Gott Band 1: Ein ungewöhnlicher Dialog,* Arkana TB 2006.

Marianne Williamson, *Rückkehr zur Liebe: Harmonie, Lebenssinn und Glück durch »Ein Kurs in Wundern«,* Goldmann 1993

Danke!

Karin & Marie vom Forum Verlag

Bei einem Mittagessen mit Freundinnen klingelte das Telefon und Karin fragte mich: »Hast du Lust, ein Buch zu schreiben?« Ähm … Warte mal, muss nachdenken … Eine Nanosekunde später: »Jaaaa!«

Karin, am Ende haben wir den Kern, unseren Fokus doch noch gefunden!

Und wie gut es dadurch erst geworden ist!

Deine jubelnde Nachricht auf meinem Anrufbeantworter, nachdem du das Manuskript durchgelesen hattest, habe ich mir fünfzehnmal hintereinander angehört. Wunderbar!

Und Marie, so viel Sprachverständnis und Wissen in einem einzigen Menschen versammelt. Beeindruckend!

Emelie & Alexandra & Bianca

Die drei schönsten, coolsten und wunderbarsten Kids der Welt!

Eure lustigen Anmerkungen, was unbedingt in dem Buch stehen müsste, wären für sich schon ein echter Bestseller … Die vielen schönen Stunden mit euch am Küchentisch mit Filzstiften, Zeichnungen von Raumschiffen, Hausaufgaben, heißer Schokolade, Zimtschnecken, Stapeln von Zetteln und recherchiertem Material und dazwischen Mamas Manuskript.

Unschlagbar. Keine Stille und Einsamkeit in einer verlassenen Schreiberhöhle, niemals.

Ihr seid meine Diamanten, die schönsten, die es gibt. Und von ganzem Herzen schätze mich glücklich, dass ich eure Mutter sein darf.

Jonas

Hab Dank für die vielen Mahlzeiten, die du mir zubereitet hast, während ich am Rechner saß, für deine warmen Hände in meinem Nacken und all die Liebe, die du mir jeden Tag schenkst.

Deine Faxen, deine Zettel mit Liebesbekundungen, die ich überall finde, und das viele Lachen mit dir (wir werden steinalt!).

You had me by »hello«.

Minna & Elisabeth

Wie großartig, mit zwei so Superkolleginnen arbeiten zu dürfen! Locker, lustig, professionell, hübsch.

Mia & Mari & Agneta

Meine Freundinnen, die mir ein paar Bücher voraus sind. Dank für eure Antworten auf alle meine Fragen.

Allen Menschen Dank, die mit ihren Geschichten über sich selbst und andere zu diesem Buch beigetragen haben.

Ihr seid mutig und fantastisch und gut genug, genau so, wie ihr seid.

Dank an die Liebe.

Elizabeth